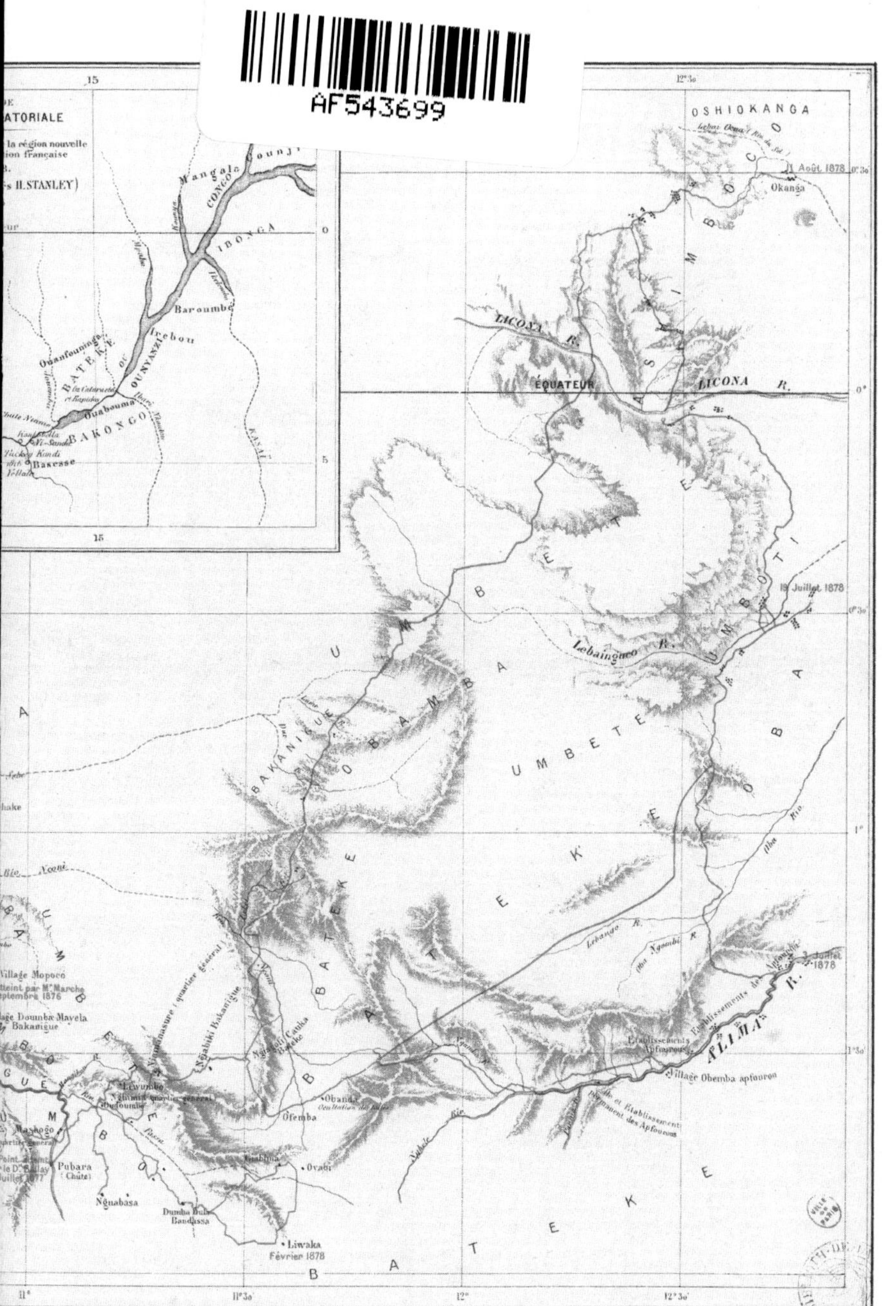

ATORIALE
OSHIOKANGA
Okanga
LICONA R.
ÉQUATEUR
LICONA R.
Lebainguco R.
19 Juillet 1878
U M B E T E
B A T E K E
ALIMA R.
Village Obemba apfourou
Établissements Apfourous
Ofemba
Obanda
Liwaka
Février 1878
Pubara
Ngabasa
Dumba Bula
Bandassa
Village Mopoco
Baroumbe
Irebou
Ouanfouninga
BAKONGO
IBONGA
Mangala

DIE 100 BEDEUTENDSTEN ENTDECKER

Pierre Savorgnan de Brazza (1852–1905)

Pierre Savorgnan de Brazza

Expeditionen nach Westafrika

Vom Ogowé zum Kongo

1875–1886

Ins Deutsche übersetzt von
Esther von der Osten und Anja Streiter

Herausgegeben und eingeleitet
von Anja Streiter

Inhalt

Vorwort

Italienische Vorfahren, Legenden, Vorbilder

Pierre Savorgnan de Brazza kam 1852 als Graf Pietro Paolo Camillo Savorgnan di Brazzà in Castel Gandolfo bei Rom zu Welt, als Kind römischer Bürger und Untertan des päpstlichen Kirchenstaates. Der Spross einer sehr kinderreichen alten römisch-venezianischen Adelsfamilie hatte mütterlicher- wie väterlicherseits berühmte Vorfahren, der Familienlegende nach u. a. einen römischen Kaiser sowie Staatsoberhäupter der Republik von Venedig. Ob Dichtung oder Wahrheit: Die Familie hielt große Stücke auf sich. Auch Reiselust und Abenteurertum gehörten zu ihrem Selbstbild: Schon der Urgroßvater von Pietro Savorgnan di Brazzà soll eines Nachmittags des Jahres 1785 ohne weitere Erklärungen zu einer Reise aufgebrochen sein, die sieben Jahre dauerte und u. a. ins Ottomanische Reich führte. Ein Großonkel fuhr per Schiff nach Indien, China und Japan und der Vater Ascanio reiste insgesamt rund 20 Jahre lang durch Europa, das Osmanische Reich, nach Syrien, Ägypten und den Nil hinauf bis in den Sudan. Unterwegs soll er einen Sklaven befreit haben. Die Urgroßmutter mütterlicherseits schließlich, Orsola Priuli, behauptete, von Marco Polo abzustammen.

Pietro Savorgnan di Brazzàs Vater Ascanio, bei Pietros Geburt schon 58 Jahre alt, war Maler, Bildhauer und Architekt und arbeitete als Konservator der Kapitolinischen Museen. Die wesentlich jüngere Mutter, Giacinta Simonetti, Enkelin und Tochter eines Marquis, wuchs wie ihr Mann in sehr kosmopolitischem, kulturell und intellektuell offenem Umfeld auf. Giacinta Simonetti erbte ein großes Vermögen, mit dem sie später die Expeditionen ihres Sohnes Pietro zu großen Teilen finanzierte. Giacinta und Ascanio hatten zusammen 16 Kinder, von denen 13 die frühe Kindheit überleben. Pietro ist das zehnte Kind und der siebte Sohn.

Pietro Savorgnan di Brazzà ist als Kind beeindruckt von den zeitgenössischen Expeditionsberichten und fasziniert von den weißen Flecken auf den europäischen Landkarten des 19. Jahrhunderts. Er liest die italienische Übersetzung von David Livingstones »Missionsreisen und Forschungen in Südafrika«. Mit 13 Jahren erklärt er, dass er zur See fahren und deswegen der französischen Marine beitreten wolle. Der Vatikan, der durch die nationalen Einigungsbewegungen im Land immer stärkeren Angriffen ausgesetzt ist, hat schließlich keine eigene Flotte und Schutzmacht des Stadtstaates ist Frankreich. Umtriebig soll der Junge seinen Wunsch 1865 selbst einem im Vatikan weilenden französischen Marineadmiral, dem Marquis de Montaignac, vorgetragen haben. Tatsächlich wird Marquis de Montaignac von dieser Zeit an Pietros Mentor und unterstützt ihn bei den zukünftigen Expeditionen und Missionen in entscheidender Weise. Die Eltern akzeptieren den Wunsch des Sohnes und so zieht der 14-jährige di Brazzà 1866 nach Paris.

Als Ausländer in der französischen Kriegsmarine

In einer Jesuitenschule wird Pietro auf die Aufnahmeprüfung der Offiziersschule der Marine vorbereitet, die er mit 16 Jahren besteht. Es ist durchaus ungewöhnlich, dass ein Ausländer es auf die Offiziersschule der Marine, »La Borda«, schafft. Diese befindet sich auf einem Dreimaster-Segelschulschiff, auf dem der junge Römer zwei Jahre lang lebt. In der Bordbibliothek findet Brazza die Berichte all der Forschungsreisen der letzten Jahrzehnte. Als Frankreich, zu diesem Zeitpunkt eine Militärdiktatur unter Kaiser Napoleon III., 1870 Preußen den Krieg erklärt, insistiert di Brazzà, am Krieg teilzunehmen. Als ausländischer Seekadett dient er auf der Fregatte *La Revanche*, die im Nordatlantik kreuzt.

Mit der Niederlage von Sedan und der Gefangennahme von Napoleon III. im September 1870 geht in Frankreich endgültig die Zeit der Monarchien zu Ende. Léon Gambetta ruft in Paris die Dritte Republik aus. Die Stadt ist weiterhin umkämpft und wird vier Monate lang belagert. Im Januar 1871 wird der Waffenstillstand unterzeichnet. Aus der Demütigung dieses verlorenen Krieges und einem sich anschließenden Bürgerkrieg, der mit dem Massaker an der Arbeiterbevölkerung von Paris endet, geht eine Republik hervor, die alles daran setzt, die innere Spaltung wie die äußere Demütigung vergessen zu lassen. Die Belastung durch deutsche Reparationsforderungen und der Verlust von Elsass und Lothringen führen allerdings dazu, dass koloniale Expansionen, in der französischen Geschichte zuvor schon als Weg zu neuem Glanz, alter Größe und innerer Einheit erprobt, jetzt sehr umstritten sind. Warum sich in fernen Ländern verausgaben, wenn zu Hause ein Territorium zurückzugewinnen und die Staatskasse leer ist?

In di Brazzàs Heimat hat sich derweil der piemontesische König Victor Emmanuel II. zum König von ganz Italien erklärt und ist im September 1870 mit seinen Truppen in den Vatikan eingefallen. Die Familie Savorgnan di Brazzà verlässt Rom und geht nach Neapel. Der Vater Ascanio beantragt für seinen noch nicht volljährigen Sohn Pietro in Frankreich die französische Staatsbürgerschaft.

Aber Pietro kann erst mit 21 Jahren, also 1873, Franzose werden. Seinen nächster Dienst als ausländischer Seekadett leistet er auf der Fregatte *Jeanne d'Arc*, die 1871 Kurs auf das von Frankreich annektierte Algerien nimmt, wo sich, ermuntert durch die französische Niederlage gegen Preußen, im Norden die Berber erhoben haben. Rund 150 000 Kabylen nehmen an dem Aufstand teil. Frankreich mobilisiert 100 000 Soldaten. Die *Jeanne d'Arc* transportiert einen Teil dieser Truppen, die den größten Aufstand seit dem Beginn der gewaltsamen Eroberung Algeriens im Jahr 1830 niederschlagen sollen. Die Kämpfe dauern von März 1871 bis Januar 1872. Mehrere 10 000 Kabyler werden getötet, viele Dörfer völlig zerstört. Bei dieser brutalen Repression der sogenannten »Revolte der Mokrani« wird Pietro di Brazzà an Land bei den kämpfenden Truppen eingesetzt. Er ist Teil eines der großen französischen Kolonialmassaker. Nach diesem Einsatz befördert man ihn zum Fähnrich zur See, ein Dienstgrad unter dem Leutnant zu See.

Anschließend wird di Brazzà zum Dienst in der südlichen Atlantikflotte auf die Fregatte *La Vénus* abkommandiert, mit der er zwei Jahre lang auf großer Fahrt ist, das Kap umsegelt und die Küsten Amerikas entlangfährt. Schließlich kreuzt die *Vénus* längere Zeit vor den Küsten von Senegal und Gabun, um eventuelle Sklavenschiffe aufzubringen und den Kontakt zu den französischen Handelsstationen zu halten. Pietro ist 20 Jahre alt, als er die Momente, in denen das Schiff länger an der Küste vor Anker liegt, dazu nutzt, in Pirogen, segelnd und rudernd, einen Teil der Küste Gabuns, die »Gabun« genannte Bucht von Libreville bis hinauf zur Mündung des Komo, sowie das Mündungsgebiet des bedeutendsten Flusses Gabuns, des Ogowé, zu erkunden.

David Livingstone, einer der großen zeitgenössischen Afrikareisenden, ist gerade gestorben. Livingstone hatte die »drei Cs« nach Afrika bringen wollen: Commerce, Christianity und Civilization. Noch gibt es Möglichkeiten,

Livingstone nachzueifern, noch gibt es von Europäern noch nicht erkundete Gebiete. Zufällig trifft di Brazzà in diesen Tagen den französischen Naturkundler Alfred Marche und dessen Expeditionsgefährten und Freund Marquis Victor de Compiègne, die gerade von ihrem gescheiterten Versuch, den Ogowé weiter im Inland zu erkunden, an die Küste zurückgekehrt sind. Pietro fasst den Plan, selbst die Erkundung des Ogowé zu versuchen.

An Bord der *Vénus* schreibt er im Juni 1874 einen Brief, in dem er sein Vorhaben skizziert. Er will die Erlaubnis seines Dienstherrn für eine Erforschung des Flusses bis zur Quelle und einen Auftrag der französischen Regierung dazu. Der Adressat des Briefes ist der »Minister der Marine und der Kolonien« und der heißt seit kurzer Zeit Admiral de Montaignac.

Wer Ende des 19. Jahrhunderts im Dienst der französischen Marine steht, läuft trotz der Debatten im Parlament um das Für und Wider neuer kolonialer Eroberungen Gefahr, Teilnehmer kolonialer Angriffskriege und militärischer Repressionen von Aufständen Einheimischer zu werden. Denn die Dritte Republik ist auch ohne Neueroberungen eine koloniale Republik, mit besetzten Territorien in der Karibik, in Algerien, dem Senegal und Stationen in Gabun. Die Kriegsmarine ist die entscheidende koloniale Streitkraft, das Ministerium der Marine ist auch das der Kolonien. Unter dem starken Einfluss von Jules Ferry und Léon Gambetta, den stärksten Befürwortern einer expansiven Kolonialpolitik unter den damals führenden Politikern, führt die Dritte Republik zudem in den nächsten Jahren Eroberungskriege, u. a. in den Gebieten des zukünftigen Indochina (Laos, Vietnam, Kambodscha), in Tunesien und Marokko sowie in verschiedenen anderen Teilen Afrikas.

Vor diesem Hintergrund lassen sich die Pläne, die Brazzà zwei Jahre nach seiner ersten Kolonialkriegserfahrung präsentiert und in denen es um die Erkundung eines Flusses geht, der ungefähr 1000 Kilometer weit ins Landesinnere von Gabun führt, auch als eine geschickte Strategie verstehen. Die folgenden Missionen ermöglichen es dem Unteroffizier, sich abseits dieser Kriege zu bewegen und auf eigene Faust sowie nach eigenen Prinzipien eine andere Art der Kolonisierung zu versuchen. Denn trotz seiner Erfahrung in Algerien glaubt Brazzà an das, was bis heute in Frankreich als die »positive Rolle der Kolonisierung« diskutiert wird.[1] Er glaubt an einen zivilisatorischen Auftrag, aus dem sich das Recht zu Kolonisieren ableitet. Er stimmt darin mit Jules Ferry überein, der auf dem Höhepunkt der zeitgenössischen Debatten um die Kolonialpolitik 1885 in einer parlamentarischen Debatte seine Kolonialpolitik mit dem Verweis auf das »Recht« verteidigt, dass »die höheren Rassen gegenüber den niedrigeren Rassen haben«, ein Recht, das sich aus der »Pflicht« ableite, diese »niedrigeren Rassen« zu »zivilisieren«.[2] Di Brazzà wird bis zum Tode Ferrys und Gambettas gute Kontakte zu diesen Befürwortern militärischer kolonialer Eroberungen unterhalten, sie werden seine Projekte unterstützen und gleichzeitig wird er eine andere Kolonialstrategie vertreten und sich den Kolonialkriegen, die sie auslösen, entziehen, auf leisen Sohlen, in Zivil, schwer erreichbar für Vorgesetzte und Dienstanweisungen.

Pietro Savorgnan di Brazzà reist nach Paris, um sich für sein Projekt einzusetzen. Im August 1874 wird dem Antrag auf Einbürgerung entsprochen. Doch auf die Freude folgt ein

---

1 Am 23.02.2005 wurde im französischen Parlament ein Gesetzesentwurf angenommen, der den schulischen Programmen vorschrieb, die »positive Rolle der Kolonisierung« durch Frankreich zu lehren. Dieses Geschichtsgesetz löste eine heftige, bis heute andauernde nationale Kontroverse über den französischen Kolonialismus aus.

2 Jules Ferry, Rede vom 28.07.1885, zitiert nach: Olivier Le Cour Grandmaison, La République impériale. Politique et racisme d'État, Ed. Fayard, Paris, 2009, S. 43.

großer Schreck: Das von Bürokraten ausgelegte Reglement der französischen Marine macht aus dem jungen Mann, der inzwischen sechs Jahre in der französischen Kriegsmarine gedient hat, einen ehemaligen italienischen Offiziersanwärter, der zwar kurz vor der Ernennung zum Leutnant zur See stand, aber nun, als Neu-Franzose, im untersten Dienstgrad von vorne beginnen muss. Graf di Brazzà, eben noch kurz vor der Ernennung zum Offizier, wird per Federstrich zum Matrosen Brazza. Der junge Mann, der sechs Jahre unfallfrei in den Wanten kletterte, fällt nach dieser Demütigung in einem Büro der Kriegsmarine die nächste Treppe hinunter und bricht sich einen Arm.

Derweil hat der Minister der Marine und der Kolonien, Admiral de Montaignac, den Plan seines Schützlings gegenüber der Regierung befürwortet und diese hat dem Projekt zugestimmt. Pierre Savorgnan de Brazza, wie sich der kürzlich Eingebürgerte nun nennt, könnte sein Expeditionsprojekt verwirklichen, wenn er sich nicht unversehens in einen einfachen Matrosen verwandelt hätte. Er muss einen Weg finden, schnell wieder Offizier der nationalen Marine zu werden, um eine derartige Leitungsfunktion zu übernehmen. Der Ausweg ist die Anmeldung zu den Prüfungen für das Patent der Handelsmarine »Kapitän auf langer Fahrt«. Brazza besteht sie im Februar 1875. Danach wird er im Rang eines Hilfs-Leutnants zur See wieder in die Reihen der Führungskräfte der Kriegsmarine integriert. In den Monaten in Paris hat der junge Mann die Zeit auch anderweitig genutzt und Kontakt zu einem Kreis von zum Teil erfahrenen Forschungsreisenden aufgenommen, sich dort informiert und Ratschläge geholt sowie einige Freunde, Unterstützer und Mitarbeiter gewonnen.

Kolonialer Forschungsreisender, Eroberer und Kommissar in Äquatorialafrika

Die nächsten 30 Jahre, von 1875 bis 1905, ist Brazza zunächst als Hilfs-Leutnant, dann als Leutnant zur See fünf Mal in sehr unterschiedlichen Missionen in Afrika unterwegs, wo er mehr Lebensjahre verbringt als in Frankreich. In diesem Zeitraum wird ihn die Marine nur noch ein einziges Mal befördern: zum Kapitänsleutnant. Das ist vergleichbar mit dem deutschen Grad eines Hauptmanns der Landstreitkräfte. Man kann daraus ablesen, dass Brazzas Verhältnis zur Marine zunehmend belastet war. Er wird, obwohl sein Dienstgrad ihm es erlaubt, nie ein Schiff auf hoher See führen, sondern in Einbäumen Flüsse hinauf- und hinunterfahren. Dabei aber setzt er sich dann, wie er 1877 in einem Brief an seinen Vater erzählt, in seiner »Admiralspiroge« gerne an die Spitze einer unter französischer Flagge fahrenden »Flotte« einheimischer Kanus.[3] Derart erkundet dieser in seinem Corps ungeliebte Unteroffizier als Leiter von staatlich unterstützten Expeditionen und später als Verwaltungs-Kommissar der französischen Regierung weite Gebiete der heutigen Staaten Gabun, Zentralafrikanische Republik und Republik Kongo und verschafft Frankreich mit seinem außergewöhnlich umsichtigen, diplomatischen und leidenschaftlichen Engagement fast im Alleingang ein riesiges, zusammenhängendes Kolonialterritorium in Äquatorialafrika.

Die erste Mission (1875–1878[4]) ist eine geographische Erkundungsreise des 23-Jährigen, der als erster Europäer den

3 S. S. 137/138.

4 Es finden sich immer wieder unterschiedliche Jahreszahlen für Beginn und Ende der Missionen. Meist erklärt sich das aus der Definition von Anfang und Ende der Mission, die entweder auf die Abreise von und Ankunft in Europa festgelegt werden oder, wie auch hier in diesem Vorwort, auf Ankunft in und Abreise von der Küste Gabuns. Die Schiffsreise zwischen Europa und der Küste von Gabun dauerte etwa einen Monat.

Ogowé bis weit zum Oberlauf hinauffährt und dann zu Fuß bis in die Nähe des Kongoflusses vordringt. Im Kontext des europäisch-imperialistischen Wettlaufs um Afrika, den Brazza sehr genau wahrnimmt, wird die zweite Mission (1880–1882) zu einem ausgesprochen militärischen Projekt, in dem es um die Sicherung von territorialen Ansprüchen am Nordufer des Kongo sowie um die Einrichtung von französischen Stationen dort und am Oberlauf des Ogowé geht. Auch während der dritten Mission (1883–1885[5]) steht noch ein militärisches Projekt im Zentrum: die Sicherung des Zugriffs auf das Kouilou-Niari-Tal als alternativen Wasserweg ins Landesinnere der zukünftigen französischen Kongokolonie. Brazza hat hier kaum mehr die Rolle des Forschungsreisenden. Es sind Mitglieder seiner Expedition, die noch nicht erkundete Flüsse hinauf- und hinabfahren und so zukünftige Ansprüche sichern; Brazzas Aufgabe ist jetzt die Organisation dieses Terrainzuwachses und der Besetzung strategischer Positionen sowie die Schaffung von Infra-und Verwaltungsstrukturen, die Einrichtung von Transportdiensten und die Ermöglichung schneller Vorstöße in die Randgebiete der zukünftigen Kolonien.

Alle drei Missionen verdanken ihren Erfolg u. a. der ausgeprägten Fähigkeit Brazzas schnell die Bedeutung und Dimension einer geographischen oder politischen Lage zu erfassen, eine Strategie zu entwickeln und diese dann geduldig und zielstrebig umzusetzen.

Während seiner vierten und längsten Mission (1887–1898) ist Brazza Generalkommissar des Teils des Kongobeckens, der aufgrund der drei vorherigen Missionen Frankreich auf

5 Der Herausgeber Ney nennt zudem als Enddatum der dritten Mission das Jahr 1886, obwohl Brazza im November 1885 nach Frankreich zurückkehrt. In diesem Fall hat Ney anscheinend Brazzas Rede vom 21.01.1886 im Cirque d'Hiver von Paris, die fast identisch ist mit dem von Ney präsentierten Text zur dritten Mission, als Endpunkt derselben betrachtet.

der Berliner Afrika-Konferenz zugesprochen wurde. Er hat jetzt vor allem die Aufgabe, dafür zu sorgen, dass die neuen kolonialen Gebiete für Frankreich gewinnbringend genutzt werden können, sei es als militärische Stützpunkte, sei es als Rohstoffquellen für die heimische Industrie. Da Savorgnan de Brazzas Vorstellungen von einer sinnvollen wirtschaftlichen Entwicklung und dem Umgang mit den Einheimischen sehr von den dominaten Vorstellungen in Kriegsmarine, Kolonialverwaltung und Bürgertum abweichen, wird er am Ende kurzerhand abgesetzt und das Land danach sofort zur Ausbeutung an 42 private Handelsgesellschaften übergeben.

Brazzas fünfte Mission ins Kongogebiet sieben Jahre später dauert nur sechs Monate (April–September 1905) und gilt nicht mehr den Erkundungen von Wasserwegen und ausbeutbaren Reichtümern des Kongogebietes, sondern der Überprüfung von Gerüchten und Nachrichten von Greueltaten, systematischen Menschenrechtsverletzungen, Folter, Mord, Willkür der bürgerlichen und militärischen Kolonialisten und der Verelendung der Einheimischen, die in Frankreich an die Öffentlichkeit gelangt sind.

Nachdem Brazza sich von seiner ersten Reise an dem auch von Einheimischen betriebenen Sklavenhandel entgegengestellt und geglaubt hatte, Zivilisation dorthin zu bringen, wo vorher Unzivilisiertes war, muss er nun von der Zerstörung der einheimischen Zivilisation durch seine unzivilisierten Landsleute berichten. Dazu gehört auch die Feststellung der massiven Dezimierung der Bevölkerung des Französisch-Kongo durch systematische koloniale Gewalt, die sich zu dem Zeitpunkt in ihren Opferzahlen dem Horror im benachbarten, jeder staatlichen Kontrolle entzogenen belgischen Kongo-Freistaat anzunähern droht. Brazza überlebt seine letzte Kongo-Mission nicht.

Vorträge, Berichte, Briefe zu den ersten drei Missionen

Der hier vorliegende Band ist die erste deutsche Übersetzung einer zeitgenössischen Zusammenstellung von Brazzas Vorträgen und Berichten zu den ersten drei Missionen. Es sind kalkuliert und strategisch formulierte Texte aus der Zeit, in der Brazza noch an ein brilliantes Lebenswerk glaubte und sich mit allem, was ihm zur Verfügung stand – und auch mit diesen Vorträgen und Berichten – für die Realisierung seiner Vision eines französischen Imperiums einsetzte. Zu diesem Imperium wollte er durch die Schaffung eines großen zusammenhängenden, von Äquatorialafrika bis an die algerische Küste reichenden Hoheitsgebietes beitragen.

Jeder der hier vorliegenden Texte hat als oberstes Ziel, die Unterstützung, die Mittel und den Auftrag für die nächste Mission zu bekommen. Brazza stand zeitlebens mit der französischen Schriftsprache auf Kriegsfuß und war für eine erfindungsreiche Rechtschreibung bekannt. Er war ein erfolgreicher Redner, aber er begann früh, seine Reden, die längeren Berichte an die Ministerien und die ihn unterstützenden geographischen Gesellschaften in ihrer Argumentation, dem Stil und dem allgemeinen Tonfall genau zu umreißen und in Auftrag zu geben.[6] Über die erste Mission schrieb er zusammen mit dem Arzt der Expedition, Noël Ballay, einen Artikel. Bei dem großen Vortrag vor der Pariser Geographischen Gesellschaft nach seiner zweiten Mission, der im Großen und Ganzen mit dem hier abgedruckten Vortrag übereinstimmt,

6 Ein Beispiel hierzu findet sich in einem Brief an Charles Chavannes vom Dezember 1885. S. Coquery-Vidrovitch, Catherine (Hg.), Brazza et la prise de possession du Congo 1883–1885. La mission de l'Ouest africain. Documents pour servir a l'histoire de l'Afrique Equatoriale Française, Ed. Mouton, École pratique des Hautes Études, Paris 1969, S. 430ff.

ist nicht bekannt, wer Brazza zur Hand gegangen ist, aber es ist unwahrscheinlich, dass Brazza diesen Vortrag allein geschrieben hat. Im Zuge der dritten Mission engagierte Brazza gleich zwei Autoren: den Juristen Charles de Chavannes, den er als seinen Sekretär einstellte und bei dem er die Rede in Auftrag gab, die er am 21.01.1886 in Paris vor 5000 Zuhörern hielt und die dem hier vorliegenden Text der dritten Mission im Wesentlichen entspricht. Außerdem beauftragte er Jules-Léon Dutreuil de Rhins (Kapitän der Handelsmarine, Geograph, Journalist und Forschungsreisender), ihn zu Beginn der dritten Mission sechs Monate lang zu begleiten, Notizen zur aktuellen und zu den vergangenen zwei Missionen zu machen, des Weiteren die private Korrespondenz der Teilnehmer der Mission zu sammeln, Berichte an die Ministerien zu verfassen und einen zusammenhängenden erzählenden Bericht über die drei Reisen zu schreiben.[7] De Rhins' Text über die erste Reise erschien dann unter Brazzas Namen in zwei Nummern (1887–1888) des populären Reisejournals *Le Tour du Monde.* Die Zusammenarbeit Brazzas und de Rhins' endete schon vor der Veröffentlichung 1886 im Streit, die geplanten Erzählungen von der zweiten und dritten Mission sind nie erschienen. Sehr wahrscheinlich hat Brazza daher Napoléon Ney, einen ehemaligen Offizier der französischen Kolonialarmee, der sich dem Journalismus zugewandt hatte, beauftragt, aus den existierenden Artikeln und veröffentlichten Berichten und Vorträgen den hier vorliegenden Band zusammenzustellen, um das Projekt einer zusammenhängenden Darstellung der drei Missionen dennoch zu realisieren. Der Band erschien 1887 und war wahrscheinlich als Teil der Medienkampagne geplant, die Brazza 1886 betrieb, um den Auftrag zu einer vierten Mission zu erhalten.

7 Vgl. hierzu Coquery-Vidrovitch, Catherine (Hg.), a. a. O., S. 18f.

Es handelt sich hier also um eine kompilierte Version von andernorts veröffentlichten Berichten und Vorträgen, in die der Herausgeber Ney nur geringfügig und den Sinn nicht verfälschend eingegriffen hat. Kürzungen gibt es in den Texten zur zweiten und dritten Mission vor allem in den einleitenden, auf den jeweiligen Kontext der Rede bezogenen Passagen. Für eine genauere wissenschaftliche Einschätzung der Texte können die Originalquellen sowie die von Historikern und Historikerinnen geleistete Kontextualisierung und Aufarbeitung einer Fülle von zeitgenössischen Dokumenten herangezogen werden.[8] Ney fügte den Vorträgen noch Abschriften bzw. Übersetzungen von privaten und dienstlichen Briefen und anderen Dokumenten hinzu. Für eine Einschätzung der Unternehmungen Pierre Savorgnan de Brazzas und seiner Motive reichen diese Vorträge und Berichte, wenngleich sie einen recht detaillierten Eindruck von den Reisen vermitteln, in keinem Fall aus. Es handelt sich um strategische Texte, die für einen komplexen politischen Kontext geschrieben wurden.

Brazza spricht hier als erklärter Patriot, der es sich selbst zur Aufgabe gemacht hat, für Frankreich in Afrika Gebiete zu erkunden, den Zugriff auf die Reichtümer der Gebiete für französische Akteure zu sichern und zu erschließen, weiteres Terrain militärisch zu besetzen und im Ganzen die einheimische Bevölkerung unter französische Hoheit zu bringen. Die Texte sind von einem imperialen Kolonialgeist durchzogen und nur in der Strategie der Kolonisierung unterscheidet sich Brazza von den zeitgenössisch dominanten französischen Positionen. In Berichten an Ministerien, in öffentlichen Vorträgen wie in privaten Briefen formuliert Brazza immer wieder die Überzeugung, dass nur ein Dialog mit den Einheimischen und die Berücksichtigung ihrer Inte-

8 S. Bibliographie.

ressen auf lange Sicht die Kolonisierung zu einem sinnvollen Unternehmen machen kann. Auch wenn Brazza in dieser Hinsicht eine ungewöhnlich zivile, auf durchdringende Handelsbeziehungen setzende Kolonialstrategie vertritt, mit der er sich viele Feinde in der Marine macht, so scheut er doch nicht davor zurück, im Notfall seine Interessen mit Gewalt durchzusetzen.

Die erste Mission – Erkundung des Ogowé. August 1875 bis Dezember 1878

Nur die erste von Brazzas Reisen ist eine ausschließliche Erkundungsreise, bei der er von der Westküste Afrikas aus in unbekanntes Gebiet Richtung Osten vordringen will. Sein Plan ist, den Ogowé stromaufwärts zu fahren, in der Hoffnung, dass der Fluss in östlicher Richtung einen schiffbaren Weg bis weit ins Innere Zentralafrikas eröffnet. Dabei gelangt er den Oberlauf bis an die Stelle hinauf, wo der Fluss nicht mehr schiffbar ist. Hier verlässt Brazza mit seinen Expeditionsteilnehmern das Tal des Ogowé in östliche Richtung und überschreitet schließlich eine Wasserscheide, jenseits derer die Flüsse nicht mehr westlich zum Atlantik, sondern südöstlich in unbekannte Gegenden fließen.

Brazzas erste Mission ist zwar noch geprägt von dem Willen, Leerstellen in den europäischen Landkarten zu füllen und Gebiete zu betreten, von denen noch kein Europäer berichtet hat. Doch seine Herangehensweise entspricht schon hier dem für die zweite Hälfte des 19. Jahrhunderts prägenden Typ eines wissenschaftlich-geographisch Reisenden im Kontext der europäischen kolonialen Expansion. Brazza legt bei all seinen Missionen ein sehr hohes Maß an Eigeninitiative an den Tag und denkt seine Unternehmungen schon zu einem Zeitpunkt im Kontext kolonialer Rivalität mit anderen europäischen Großmächten, als die wechselnden französischen Regierungen der jungen Dritten Republik nur wenig und höchst inkonsistentes Interesse an Gebieten in Zentralafrika haben. Auch wenn Brazza das Land unter geographisch-hydrographischer und anthropologischer Perspektive untersucht und beschreibt, bleibt er dabei immer bezogen auf Fragen der ökonomischen Nutzbarkeit dessen, was er vorfindet.

Als Brazza sich im August 1875 in Bordeaux für seine erste Expedition einschifft, ist er 23 Jahre alt und Hilfs-Leutnant zur See. Seine Vorgesetzten im Marineministerium erwarten nicht viel von ihm, da alle vorherigen Expeditionen nicht weit gekommen und die Forscher jeweils nach nur wenigen Monaten mit wenigen Erkenntnissen und krank zurückgekehrt waren. Das Ministerium gewährt Brazza ein Jahresgehalt Vorschuss und niemand kann sich vorstellen, dass er erst dreieinhalb Jahre später und mit substantiellen Erkenntnissen zurückkehren wird.

Doch Brazza hat sein Unternehmen gut durchdacht und geht in besonderer Weise vor. Er reist mit einer kleinen Gruppe fester Expeditionsteilnehmer – dem angehenden Arzt Ballay, dem Naturwissenschaftler Marche und dem Steuermannsmaat Hamon, sowie vier gabunesischen Dolmetschern und 13 senegalesischen Marinesoldaten. Gleichzeitig führt er mehrere Tonnen Material mit sich, von dem der Löwenanteil Waren sind, die Brazza bei den Verhandlungen mit den Einheimischen einsetzen will, als Zahlungsmittel, aber auch als Geschenke. Denn seine Expedition denkt Brazza nicht als Eroberungsfeldzug. Er organisiert seine Reise mehr als Erkundung nicht nur des Geländes und der für den Handel interessanten Wasserwege, sondern auch der Bevölkerung und der Möglichkeiten, sich mit ihnen über gemeinsame Interessen zu verständigen.

Diese Art zu Reisen birgt den Nachteil der Abhängigkeit von einer großen Zahl an Ruderern oder Trägern, die die vielen Tonnen Ausrüstung stromaufwärts schaffen müssen. So verbringt Brazza in den nächsten drei Jahren, die die Expeditionsgruppe im Wesentlichen im Ogowé-Becken unterwegs ist, sehr viel Zeit mit Verhandlungen zur Organisation der jeweils nächsten Etappe. Jeder Gebietswechsel, jeder Wechsel von einer Bevölkerungsgruppe zur nächsten, vom Einflussbereich eines Herrschers zu dem eines anderen braucht erneutes Kennenlernen, Verhandeln um Durchgangserlaubnis und die Bereitstellung neuer Ruderer. Auch kann nicht immer alles Material überallhin mitgenommen werden und die Expedition bewegt sich auf ihrem Weg mehrmals in Teilen hin und her, stromaufwärts und -abwärts, Personal und Material verteilen sich zwischen besser ausgebauten Hauptquartieren und den provisorischen Lagern der Vorhut, die das nächste Gebiet und seine Bewohner erkundet. Manche Strecken werden zuerst zu Fuß und dann noch einmal über den Flussweg zurückgelegt, manche Strecken müssen mehrmals gegangen werden, weil die Zahl der Träger für all die Kisten nicht ausreicht.

Unterwegs befreit Brazza immer wieder Sklaven und bietet ihnen an, gegen Lohn für ihn zu arbeiten. Der Ruf eines friedfertigen Weißen, eines »Vaters der Sklaven«[9] eilt Brazza voraus, auch weil er sich Zeit nimmt für Verhandlungen, diplomatische Strategien und für das Kennenlernen von Land und Leuten.

Die Expedition erreicht Libreville im Oktober 1875, Lambaréné im November, die Handelsstationen Samkita im Januar und Lope im Februar 1876. Von dort kann sie, in

9 Vgl. Georges Cerbelaud Salagnac, Biographischer Artikel zu Savorgnan de Brazza in: Hommes et Destins, Dictionnaire biographique d'Outre-Mer, Bd. 2, Teil 2, Verlag der Académie des Sciences d'Outre-Mer, Paris 1977.

Begleitung eines angesehenen Führers der Ossyeba, in von Europäern noch nicht beschriebene Gebiete weiterziehen. Im Juni 1876 erreicht sie zunächst zu Fuß die Doumé-Wasserfälle. Es dauert bis zum April 1877, bis die ganze Gruppe per Boot über den Fluss an den Booué-Katarakten vorbei zu den Doumé-Wasserfällen gelangt. Der Fluss wird in den nächsten Monaten bis zum Zusammenfluss mit der Passa erkundet und dann darüber hinaus bis zu den Poubara-Wasserfällen in der Nähe der Einmündung des Flusses N'coni in den Ogowé. All dies ist für europäische Forscher unbekanntes Territorium. Jedoch führt der Ogowé jenseits dieser Stelle weder weiter in den Osten noch ist er weiter schiffbar. Alfred Marche, der Naturforscher, der sich mit Brazza nicht sonderlich gut versteht, tritt schließlich die Rückreise an.

Brazza, der Arzt Ballay und der Steuermannsmaat Hamon beschließen gemeinsam, zu Fuß weiter in den Osten vorzudringen. Zunächst bleiben Ballay und Hamon an dem Ort, wo später Franceville entstehen wird, zurück und Brazza zieht allein weiter, bis er im Herbst 1877 das Bateke-Plateau erreicht und dort freundlich aufgenommen wird. Das Bateke-Plateau ist eine Wasserscheide: Östlich des Plateaus fließen die Flüsse nicht mehr zum Atlanik. Später wird hier die Grenze zwischen den französischen Kolonien Gabun und Französisch-Kongo verlaufen.

Brazza holt den Rest der Expedition nach. Dabei haben die Franzosen keine Schuhe mehr und gehen wie ihre afrikanischen Begleiter barfuß durch Regenwald, Buschwerk und Savanne. Nach der Winterregenzeit zieht die Gruppe Anfang 1878 vom Bateke-Plateau aus weiter Richtung Osten, bis sie auf den Fluss Alima stößt. Niemand weiß, wohin dieser Fluss sie führen wird. Brazzas Vorstellung ist geprägt von den letzten Entdeckungen der großen Seen wie dem von Livingstone für die europäische Welt entdeckten Tanganjika-See und er fragt sich, ob die Alima die Expedition zu einem noch unbekannten anderen großen See führen wird. Er und seine Begleiter können sich nicht vorstellen, dass sie sich nicht weit entfernt vom Kongo befinden. Es ist der Frühsommer 1878.

Brazzas Bild von der Welt ist, wie das der meisten europäischen Forschungsreisenden der Zeit, von den weißen Flecken auf den europäischen Karten bestimmt. Die Kartographie hat im 19. Jahrhundert in Europa im Zuge der Entwicklung der Geographie als Wissenschaft eine dramatische Änderung erlebt, die Joseph Conrad, ein anderer berühmter Afrikareisender dieser Zeit, in seinem Essay »Geography and Some Explorers« als Wechsel von der »fabulierenden« zu der »militanten« Geographie beschrieb.[10] Bis ins 18. Jahrhundert hinein waren die europäischen Karten der Welt genährt von Informationen aus allen möglichen Quellen, wie den Berichten der Seefahrer und Händler oder den Karten anderer Kulturen, und sie zeigten die Welt als belebte Orte voller Flüsse und Berge, Menschen, Flora und Fauna. In diesen älteren Karten waren große Flüsse und Seen des afrikanischen Kontinents teilweise durchaus korrekt dargestellt. Doch die neueren europäischen Karten des 19. Jahrhunderts zeigten nun überall da, wo keine exakten Messdaten vorlagen und kein europäischer Forscher seinen Sextanten zum Himmel gehoben hatte, weiße Flecken und forderten visuell zur Erkundung dieser vermeintlich unentdeckten Orte auf. Auch der Verlauf des Kongo war bei Brazzas Aufbruch aus Europa so wieder zu einem Rätsel geworden und Brazza vermutete, wie viele damals, den Verlauf des Flusses viel weiter südlich.

Die Expeditionsgruppe wagt im Juni 1878 eine Abfahrt auf der Alima, ohne zu wissen, wohin der Fluss sie bringen wird.

---

10 Joseph Conrad, Geography and Some Explorers, in: *The National Geographic Magazine*, New York, Bd. 45 (März 1924), S. 242–274, dort S. 243.

Doch nach wenigen Tagen hat der Widerstand der Anrainer, der Apfourou, gegen die Fahrt der Weißen auf dem Fluss solche Ausmaße angenommen, dass sie nach einem heftigen Schusswechsel um ihr Leben fürchten müssen und die Flucht ergreifen. Ein Teil der Expeditionsgruppe tritt an dieser Stelle den Rückweg an, teilt sich, wieder am Ogowé angekommen, in die, die so krank sind, dass sie gleich weiter zur Küste fahren, und die, die gesund genug sind, um am Ufer des Ogowé auf Brazzas Rückkehr zu warten. Dieser will den verbleibenden Monat bis zum Einsetzen der Regenzeit für weitere Erkundungen nutzen. Zusammen mit wenigen Trägern, Soldaten und einem Dolmetscher überquert Brazza noch mehrere Flüsse, die alle dieselbe Flussrichtung wie die Alima haben, was ihm später hilft zu verstehen, dass er nicht weit vom Kongo entfernt war. Bei Einbruch der Regenzeit kehrt er zu seinen Gefährten am Ogowé zurück und die Gruppe beginnt eine schnelle Abfahrt. Nach drei Jahren Expedition schifft die Expeditionsgruppe sich wieder nach Europa ein. Neben den botanischen und zoologischen Präparaten von Marche bringt Brazza weitere verwertbare Notizen, Skizzen und Messdaten nach Paris.

Durch die Berichte von Henry Morton Stanley, der in seiner zeitgleichen Expedition dem Verlauf des Kongo von den südöstlichen Anfängen bis zu seiner Mündung im Atlantischen Ozean über einen hohen, fast bis an den Äquator reichenden Bogen gefolgt war, versteht Brazza mit einem Schlag, wo er sich befunden hatte. Die Alima mündet oberhalb der großen Wasserfälle in den Kongo. Unterhalb der Wasserfälle ist der Kongo wegen vieler Katarakte und Stromschnellen nicht schiffbar. Aber von der Mündungsstelle der Alima aus ist die Weiterfahrt ins Innere Zentralafrikas möglich. Vom Oberlauf des Ogowé aus hat Brazza dahin einen gangbaren Weg über Land gefunden. So hat zwar Stanley in wenigen Monaten den Verlauf des ganzen Kongo erkundet, Brazza in drei Jahren nur einen Teil des Verlaufs des Ogowé. Dafür aber hat Brazza einen Zugang zum schiffbaren Teil des Kongo gefunden, der Tausende von Kilometern weit ins Landesinnere führt. Diesen Zugang kennt außer ihm und seinen Expeditionsteilnehmern noch niemand in Europa. Über ihn zum Kongo zu gelangen: Das ist der Plan der nächste Expedition, für die Brazza die nächsten Monate werben und kämpfen wird.

Vorbereitung der zweiten Mission

In Paris, insbesondere unter den Geographie- und Expeditionsbegeisterten, wird Brazza als Held empfangen. Auch die allgemeine Öffentlichkeit ist von der Reise und den Erkenntnissen, die Brazza mitbringt, beeindruckt. Er wird zum Kapitänsleutnant befördert, zum Ritter der Ehrenlegion ernannt (die unterste von fünf Stufen einer der höchsten Auszeichnungen in Frankreich). Die Geographische Gesellschaft von Paris und die Sorbonne ehren Brazza ebenfalls. Er ist gern gesehener Gast, ein guter Redner, hält Vorträge in Frankreich, Italien und England.

Die zweite Mission, für die Brazza sich überall einsetzt, wird einen ganz anderen Charakter haben als die erste. Nachdem Brazza einen der letzten noch unerforschten großen Flüsse Westafrikas erkundet hat, wandelt sich seine Rolle und entspricht nunmehr dem für die zweite Hälfte des 19. Jahrhunderts so prägenden neuen Typ des sogenannten Entdeckers: Er ist »imperialer Pionier, dessen Ziel die ›Inbesitznahme‹ von Territorien für seine Heimatregierung« ist.[11] Denn bei der zweiten Mission wird es weniger um die

11 Jürgen Osterhammel, Die Verwandlung der Welt. Eine Geschichte des 19. Jahrhunderts, Beck Verlag, München 2009, S. 134.

Exploration unbekannter Gebiete als um die Sicherung eines Anspruchs Frankreichs auf die erkundeten Gebiete und die Sicherung eines Zugangs zum Kongo gehen. Das ist, nach langer mühsamer Überzeugungsarbeit Brazzas, der geheime Auftrag der französischen Regierung, die Gelder verspricht, davon später aber nur einen Bruchteil tatsächlich anweist.

Es gibt jedoch noch weitere offizielle Aufträge und Geldgeber. Die Geographische Gesellschaft von Paris wünscht weitere topographische Erkenntnisse und die von Leopold II. 1876 gegründete und gesteuerte Internationale Afrika-Gesellschaft – eine Deckgesellschaft, mit der der belgische König seinen Eroberungs- und Ausbeutungszielen in Afrika einen humanitären Anstrich gibt –, bestellt die Einrichtung zweier Stationen. Brazza war von Leopold II. im August 1879 nach Brüssel eingeladen worden und hatte bei dieser Begegnung die angetragene private Zusammenarbeit mit dem Verweis abgelehnt, dass er für Frankreich arbeite. Schließlich ist es jedoch die französische Regierung, die sich an der Gesellschaft Leopolds beteiligt und ein nationales Komitee der Gesellschaft bildet, das den Auftrag für die Stationen erteilt. Damit hat Leopold II. das Recht, über das Fortkommen dieser Expedition unterrichtet zu werden. Brazzas Auftrag wird auf die Auswahl der Standorte beschränkt, den Auftrag für die spätere Einrichtung und Verwaltung übergibt das Ministerium der Marine und Kolonien dann an einen ehemaligen Marinekameraden Brazzas, den Kapitänsleutnant Louis Antoine Mizon. Dieser übt seine Funktion aber nicht als französischer Marineangehöriger, sondern als Agent der Internationalen Afrika-Gesellschaft aus.

Der belgische König will Zugriff auf ein so großes Kongogebiet wie möglich und das so schnell wie möglich. Längst hat er Henry Morton Stanley mit viel Geld ausgestattet und ihn beauftragt, eine Straße entlang des Unterlaufs des Kongo mit

Dynamit durch das Kristall-Gebirge zu sprengen, bis hinauf zu den großen Wasserfällen, um auch das ganze dahinterliegende Gebiet des Kongobeckens durchdringen, besetzen und dann ausbeuten zu können. König Leopold hat Stanley ebenfalls beauftragt, so viele Gebiete wie möglich per Vertrag dem von ihm geplanten zukünftigen Privatstaat Belgisch-Kongo zu unterstellen.

Brazza ist über die Pläne von Leopold II. von einem zukünftigen privaten Kongo-Reich durch Gespräche sowie durch Informationen, die ihm ein Diplomat zukommen lässt, im Bilde.[12] Er macht sich keine Illusionen über diesen selbsternannten Humanisten und Philanthropen. Brazza will Leopolds Beauftragten Stanley am Nordufer des Kongo zuvorkommen und Gebiete nördlich des Kongo durch Verträge mit den dortigen Herrschern zu Protektoratsgebieten Frankreichs machen. Öffentlich stellt Brazza die proklamierten humanitären Ziele des belgischen Königs nie in Frage, er tut sogar das Gegenteil, als könne er durch die Erinnerung an die Ideale, die Leopold II. bemüht, ihn und seine Nation dazu bringen, die Gier, mit der sich die Handelsgesellschaften auf die erschlossenen Gebiete im Kongo zu stürzen beginnen, ethisch und juristisch zu begrenzen.

Seine eigenen Pläne begründet Brazza wirtschaftlich und patriotisch. Er möchte in dem beschleunigenden Prozess der Besetzung und Ausbeutung Afrikas so viel französische Beteiligung als möglich. Er scheint, trotz seiner Erfahrung in Algerien, noch Vertrauen in Frankreich als eine Kolonialmacht zu haben, die die einheimische Bevölkerung nicht unterdrücken, sondern sie als Handelspartner gewinnen will, die nicht räuberisch ausbeutet, sondern im Gegenzug für wirt-

12 Maria Petringa: Brazzà, A Life for Africa. AuthorHouse, Bloomington 2006, S. 93.

schaftliche Nutzung fairen Handel, faire Arbeitsbedingungen und Investitionen in Infrastruktur, Bildung und Gesundheit bietet. Die Stellen in Brazzas Vorträgen, in denen er klingt wie ein Konvertit, der sich die Glaubenssätze seiner neuen Heimat in übertriebener Weise zu eigen macht und sich in extremer Form mit den Idealen seiner gewählten geistigen Heimat identifiziert, funktionieren wie die lobenden Worte an die Adresse Leopolds II.: Sie fordern eine Umsetzung der Werte und Ideale, ohne die all die kolonialen Unternehmungen der nächsten Jahre zu eben dem »abscheulichsten Hauen und Stechen um Plünderung« – »the vilest scramble for loot« – zu werden drohen, als das Joseph Conrad das Handeln der Europäer im Kongo dann 1924 beschreiben wird. Dieser berühmte Ausspruch Conrads findet sich in dem bereits erwähnten Essay: »Geographie und einige Forschungsreisende«.

Conrad war Brazzas Zeitgenosse und, bevor er als Schriftsteller berühmt wurde, Kapitän der britischen Handelsmarine. In seinem Essay beschreibt er die Verwandlung der Tagträume seiner Kindheit. Als Schüler, mit dem Finger auf dem weißen Flecken, der auf einer Weltkarte das unerforschte Zentralafrika markierte, hatte er Mitschülern gegenüber gesagt: »Hier werde ich eines Tages sein.« Im Moment der Realisierung dieses Traumes, als Conrad 1890 am Stanley-Pool vor Anker liegt, haben sich, so schreibt er, die idealisierten Vorstellungen von der Verwirklichung dieser Träume in ein »ekelhaftes Wissen« verwandelt und der Wettlauf um Afrika hat »die Geschichte des menschlichen Gewissens und der geographischen Forschungsreisen fratzenhaft verzerrt.«[13]

13 »A great melancholy descended on me. Yes; this was the very spot. But there was no shadowy friend to stand by my side in the night of the enormous wilderness, no great haunting memory, but only the unholy recollection of a prosaic newspaper stunt and the distasteful knowledge of the vilest scramble for loot that ever disfigured the history of human

Brazza glaubt 1879 noch an eine gute Verwirklichung der Tagträume seiner Kindheit, an ein schönes Ende der Geschichte der Forschungsreisen. Er glaubt, dass er, obwohl er nur ein Marineoffizier unteren Ranges und abhängig von Militär- oder Regierungsorder sowie staatlicher und privatwirtschaftlicher Subvention ist, dennoch all der mächtigen Interessen, die auf seine Unternehmung einwirken – die der Marine, der Regierung, der Banken, Aktionäre und Großunternehmer sowie die aller beteiligten Karrieristen – Herr werden kann und sie zu einem harmonischen, auch den Bewohnern der Gebiete, die er durchstreift, gewinnbringenden Entwicklungsprozess bändigen kann. Mehr und mehr wird er jedoch dem Zauberlehrling gleichen, der die Mächte, die er gerufen hat, nicht mehr aufhalten kann in ihrem Zerstörungswerk.

Die zweite Mission – der Vertrag mit dem Makoko. Januar 1880 bis Mai 1882

Am 27. Dezember 1879 verlässt Brazza Liverpool. Im Januar 1880 ist er im Senegal, wo wie zuvor senegalesische Marinesoldaten an Bord kommen, diesmal unter dem Kommando des senegalesischen Sergeant Malamine Kamara, der Brazza in entscheidender Weise unterstützen wird. Kamara, der Arabisch, Wolof, Peul, Mpangwe und Fang spricht, weiß in den nächsten Monaten immer wieder die Bevölkerung für Brazzas Unternehmen zu gewinnen.

---

conscience and geographical exploration. What an end to the idealized realities of a boy's daydreams!« Joseph Conrad, a. a. O., dort S. 271. Joseph Conrad fuhr 1890 auf einem Dampfschiff über den Kongo und ankerte am Stanley-Pool. Brazza war gleichzeitig dort. Die beiden hätten sich begegnen können.

Brazzas Strategie bei dieser Reise unterscheidet sich sehr von der seiner ersten Reise. Um möglichst schnell voranzukommen, reist er mit wesentlich weniger Gepäck. Dank seiner guten Beziehungen zu den von ihm freigelassenen Sklaven, den Ruderern und Trägern der letzten Expedition, die sich mit Unterstützung Brazzas zum Teil in Gabun niedergelassen haben, kann er diesmal Ruderer finden, die bereit sind, ihn über die ganze Strecke bis an den Oberlauf des Ogowé zu geleiten, was langwierige Verhandlungen mit neuen Ruderern an jeder Territorialgrenze überflüssig macht. Er reist mit wenigen festen Begleitern, darunter der Steuermannsmaat Hamon. Ballay soll, nachdem er in Paris sein Medizinstudium beendet hat, mit zwei zerlegbaren Dampfbooten im Gepäck nachkommen.

Die Dauer dieser Expedition ist bei Beginn auf neun Monate veranschlagt. Aber Brazza wird sich erst zweieinhalb Jahre später wieder Richtung Europa einschiffen. Zunächst geht alles ganz schnell: Im März 1880 bricht er von Lambaréné auf und fährt, nur unterbrochen von freudigen Treffen mit alten Bekannten am Ufer, über Lope, die Booué-Katarakte, die Doumé-Wasserfälle bis zum Zufluss der Passa, wo er im Juni ankommt. Für eine Reise, die beim ersten Mal mehrere Jahre dauerte, braucht Brazza jetzt nur drei Monate. Hier, in der Nähe von Maschogo (eigentlich Masuku), dem ehemaligen Hauptquartier der ersten Mission, richtet er am 13. Juni 1880 die erste Station in Westafrika ein, über der die französische Flagge weht. Er nennt sie Francheville, von »affranchi«: freigelassener Sklave. Doch bald gleitet Brazza selbst in seinen Berichten zu einem patriotischen Namen über: Franceville.

Nach der Flaggen-Zeremonie lässt Brazza einen französischen Matrosen als Verantwortlichen dieser Station zurück und schickt einen Mitarbeiter mit einer Armada von Booten und Ruderern zurück nach Libreville, in der Annahme, Ballay sei dort inzwischen mit den zerlegbaren Dampfbooten angekommen. Er selbst geht mit dem senegalesischen Sergeant Malamine Kamara, fünf Laptots*[14] und einigen Trägern in südöstlicher Richtung über Land. Sie treffen auf Aboma, die sie freundlich aufnehmen und von einem Herrscher der Bateke berichten, Makoko Iloo I. Dessen Gesandter kommt der Gruppe bald mit einer Friedenserklärung entgegen. Doch bevor Brazza den Makoko aufsucht, dessen Residenz 100 Kilometer nördlich des Kongoufers in Mbé liegt, will er endlich den großen Strom sehen. Nach zwei Tagesmärschen durch die Savanne erblickt Brazza am 26.08.1880 endlich den fast mythischen Fluss. Erst nachdem dieser Punkt vermessen ist, macht sich Brazza zum politischen Zentrum des Bateke-Reichs auf.

Die Verhandlungen über einen sogenannten Schutzvertrag und Gebietsüberlassungen dauern zwei Wochen. Da ein Makoko, mehr religiöser als weltlicher Führer, einen Vertrag über Gebietsabtretungen nicht abschließen kann, unterzeichnen ihn am 10.09.1880 in einer Zeremonie die politischen, d. h. weltlichen Regierenden, die dem Makoko unterstehen. Sie und der Makoko bekommen jeweils eine französische Flagge, als Zeichen für den Schutz, unter dem sie ab jetzt stehen. Mehr nicht. Das im Gegenzug von Brazza gewählte und Frankreich überlassene Gebiet ist ein Stück Ufer zwischen den beiden Kongozuflüssen, die weit flussabwärts am Nordufer den heutigen Malebo-Pool, damals Ncouna-Ntamo, umschließen. Bevor die Expedition den Kongo bis nach Ncouna-Ntamo hinunterfährt, schließt Brazza mit Unterstützung des Makoko Frieden mit den Apfourou, die flussaufwärts leben und die der Expedition im Juli 1878 so vehement und unter Schusswaffengebrauch die Durchfahrt auf der Alima verwehrten. Hohe Apfourou-Vertreter und Brazza begraben symbolisch den Krieg.

14 Mit einem Asteriskus* versehene Begriffe sind im Glossar erläutert.

Am 03.10.1880 erreicht die Expedition dann den Malebo-Pool. Hier staut sich der Kongo vor der Abfolge der beeindruckenden Katarakte der Niederguineaschwelle und bildet einen See mit vielen Inseln. Während der folgenden Kolonialzeit wird diese Stelle »Stanley-Pool« heißen. 1880 leben hier schon Tausende von Menschen in verschiedenen Dörfern und Brazza wählt ein Dorf dieser Agglomeration als Standpunkt der zweiten französischen Station. Er lässt die französische Flagge hissen. Später wird die Geographische Gesellschaft von Paris diesen Ort zu Ehren Brazzas »Brazzaville« nennen. Brazza beauftragt den senegalesischen Sergeant Malamine Kamara mit der Organisation und der Verteidigung dieser Station für den Fall eines Angriffs durch Vertreter Belgiens, namentlich Stanley.

Weiter geht es entlang des nicht schiffbaren Unterlaufs des Kongo Richtung Küste. Brazza weiß, dass er unterwegs wahrscheinlich auf Stanley treffen wird, der Leopolds Projekt eines Straßenbaus durchführt. An die 300 Kilometer weiter südwestlich trifft er, schon in Küstennähe, auf seinen Konkurrenten und die beiden verbringen einen Abend miteinander in höflichem Austausch der wenigen Worte, die sie von der Sprache des anderen verstehen und mit dem Versuch, die geheime Mission des anderen zu erraten. Es ist der 07.11.1880. Schließlich erklärt Brazza, dass er am Pool oberhalb der großen Katarakte eine französische Station unter Bewachung eines Sergeants der Marine etabliert hat. Ein Teil der geheimen Mission Stanleys war, genau das zu verhindern und beide Ufer des Kongo durch Verträge mit den Einheimischen für den belgischen König zu beanspruchen.

Brazza, der seine Mission nun beendet glaubt, erreicht am 15.12.1880 erschöpft und krank Libreville. Der seit sechs Monaten erwartete Ballay ist mit den Dampfbooten noch immer nicht angekommen. Damit aber fehlt es Stationen und Personal im Landesinneren an nötigen Dingen, u. a. an

Baumaterial. Von der Regierung ist für Aufbau und Unterhalt der Stationen nur ein Bruchteil des versprochenen Geldes überwiesen worden. Innerhalb von zwei Tagen beschafft Brazza dennoch das Nötigste und fährt erneut den Ogowé flussaufwärts. Er verletzt sich, braucht zwei Monate bis Franceville, das er im Frühjahr 1881 erreicht, und dort noch mehrere Monate zur Genesung. Er schreibt an seine Familie und die Regierung, bittet um Geld. Stanley unternimmt derweil am Kongoufer den vergeblichen Versuch einer Rückeroberung der von Sergeant Kamara gehaltenen Station.

Statt der versprochenen Staatsgelder bekommt Brazza jetzt Besuch von Kapitänsleutnant Louis Mizon. Dieser überbringt ihm überraschend den Befehl, nach Paris zurückzukehren, und die Nachricht, dass Ballay, der nach einem Schiffbruch mit Monaten Verspätung endlich in Libreville angekommen war, sofort wieder zurück nach Europa gereist ist, da die Dampfboote nicht wie vorgesehen auf dem Ogowé einsetzbar waren. Brazzas ganzer Plan, den Ogowé zum zentralen Transportweg zu machen, steht nun in Frage. Brazza übergibt im Oktober 1881 das Kommando der Mission an Mizon und geht, statt sich über den Fluss schnell an die Küste zu begeben, mit einigen Marinesoldaten und Trägern zu Fuß los, auf der Suche nach einem neuen Landweg von Franceville zum Atlantik. Unterwegs stößt er auf die Quelle des Ogowé-Flusses. Außerdem entdeckt er das Kouilou-Niari-Becken. Kouilou und Niari sind zwei Namen für Unter- und Oberlauf desselben Flusses, der die Region zwischen der Niederguineaschwelle und der Küste, in der das alte Reich Loango liegt, in endlosen Schleifen durchzieht und sich als alternativer Wasserweg ins Landesinnere anbietet. Die Einwohner der Gegend verhalten sich auf dem Weg zu Küste zunehmend feindselig, was Brazza dem Einfluss Stanleys zuschreibt. Im April 1882 erreicht Brazza mit seinen Leuten nach mehreren Kämpfen erschöpft eine französische Missionsstation, Landana.

Brazza ist zufrieden mit dem Verlauf der Expedition. Seine Aufträge hat er erfüllt und seinen vorherigen Erkundungen weitere hinzugefügt. Im Mai in Libreville angekommen, findet Brazza einen Brief von Leopold II. vor, der seinen Widerstand gegen den Vertrag mit dem Makoko ankündigt. Dazu passt, dass sein Nachfolger Mizon, wie Brazza hier erfährt, als erste Amtshandlung Sergeant Kamara vom Posten am Ufer des Pools abberufen hat. Brazza hat von nun an in Leopold II. einen mächtigen Gegner, da er dessen Plan, sich das ganze Terrain zwischen dem 14. und 26. Längengrad oberhalb und unterhalb des Äquators anzueignen, durchkreuzt hat.

Im Juni 1882 trifft Brazza völlig mittellos in Portsmouth ein. Er wendet sich an die französische Botschaft, die die rüde Anweisung bekommt, Brazza auf die billigste Art nach Frankreich zu schaffen. Nach dieser Demütigung erwartet ihn bei Ankunft am Pariser Gare du Nord am nächsten Tag ein privates Aufgebot an Unterstützern, die ihn wie einen Helden empfangen. Sein Mentor Admiral Montaignac, inzwischen Mitglied im französischen Komitee der Internationalen Kongo-Gesellschaft, und der Diplomat und Unternehmer Ferdinand de Lesseps sind darunter. Unter de Lesseps' Führung und auf seine Initiative hin war zwischen 1859 und 1869 der Suezkanal gebaut worden. De Lesseps ist seit 1881 Präsident der Pariser Geographischen Gesellschaft, die sich nun u. a. für den Bau eines Panamakanals unter de Lesseps' Leitung einsetzt.[15] Brazza wird vom Empfangskomitee zum laufenden Treffen der Geographischen Gesellschaft begleitet, wo sich bei seinem Eintreten alle erheben.

15 Dieses Projekt, das de Lesseps von 1879 bis 1889 beschäftigt, scheitert, die zu dem Zweck gegründete Gesellschaft geht bankrott. 1893 wird de Lesseps zudem in diesem Zusammenhang der Bestechung von 150 französischen Parlamentariern überführt und verurteilt. Es ist einer der großen Skandale der Dritten Republik. 1894 stirbt de Lesseps.

Vorbereitung der dritten Mission – die Ratifizierung des Vertrags mit dem Makoko

Im französischen Parlament war während der zweiten Brazza-Mission heftig über das Für und Wider einer kolonialen Expansion gestritten worden und die wechselnden Regierungen hatten unterschiedliche Interessen verfolgt. Jules Ferry, der seit September 1880 sowohl Premier- als auch Bildungsminister gewesen war, hatte sich mit der Einführung der freien, allgemeinen Schulpflicht für Jungen *und* Mädchen und der Verbannung der Religion aus dem Bildungssystem so viele Feinde geschaffen, dass seine Regierung im November 1881 zurücktreten musste. Ferrys Gegner hatten sich gegen Brazza und seine Mission gestellt. So erklärt sich zum Teil die inkonsistente Haltung der Regierung gegenüber Brazza.

In der Marine mehren sich die starken Gegner Brazzas, seit Admiral Montaignac nicht mehr Minister der Marine und der Kolonien ist und dem im Urwald umherlaufenden Kapitänsleutnant Brazza in Paris nun Ehrung auf Ehrung zuteil wird. Brazza und seine Unterstützer sind sich bewusst, dass es keine klare politische Linie im Land für die Kolonisierung Äquatorialafrikas gibt und dass im Hintergrund Leopold II. und seine Verbündeten daran arbeiten, die aktuelle Regierung zu einer Aufgabe des Projektes Kongo zu bewegen. Brazza setzt also auf die öffentliche Meinung und startet eine Werbekampagne. Er hält Vorträge und veröffentlicht Artikel, wo er nur kann. De Lesseps organisiert im Namen der Geographischen Gesellschaft am 23.06.1882 eine Gala im größten Vorlesungssaal der Sorbonne, auf der Brazza mit seinem Vortrag die Menge begeistern kann.[16] Seine Station am

16 Der Vortrag wird im Juli 1882 veröffentlicht und ist im Wesentlichen die Grundlage des hier vorliegenden Textes zur zweiten Mission.

Kongo bekommt von der Geographischen Gesellschaft den Namen »Brazzaville« verliehen. Am folgenden Tag sind die Zeitungen voll mit Artikeln. Brazza wird von der Historischen Gesellschaft empfangen und der Stadtrat von Paris zeichnet ihn aus. Außerdem lässt er sich vom Starphotographen Nadar ablichten, wobei er sich u. a. barfuß, in Landestracht und mit der Kufiya, dem arabischen Männerkopftuch, in Szene setzt. Diese Fotos passen zu den weiteren informellen Titeln, die Brazza nun verliehen werden: Vater der Sklaven, Apostel der Freiheit, Barfuß-Entdecker. Die Fotos sind überall in der Stadt zu haben, Brazza ist auf dem besten Weg, ein populärer Volksheld zu werden.

Am 12.09.1882 folgt Brazza noch einmal höflich einer Einladung von Leopold II. nach Brüssel. Doch auch diesmal lässt er sich nicht für die Interessen des belgischen Königs einspannen. Am 19.10.1882 begegnet Brazza in Paris Stanley, der von Brazzas Popularität entnervt ist. Stanley kündigt an, auf einem Gala-Empfang, den der Pariser Stanley-Club ausrichtet, zu sagen, was er von Brazza halte: nichts. Am Abend hält Stanley dort angetrunken eine Rede, in der er mit Verbalattacken über den seiner Meinung nach lumpigen Kollegen ein peinlich betretenes Schweigen auslöst. Da betritt überraschend Brazza den Saal, in Galauniform, bekommt einen Platz neben seinem Rivalen angewiesen und hält auf Englisch eine vorbereitete und auswendig gelernte Rede, voller Eleganz und Freundlichkeit dem Rivalen gegenüber.[17] Die Pariser Presse ist begeistert und arbeitet den Gegensatz zwischen Brazza und Stanley heraus: eleganter mediterraner Stil gegen das ruppige und brutale Vorgehen des Amerikaners britischer Herkunft.

---

17 Einen Teil der Rede hat der Herausgeber Ney in die hier vorliegende Fassung des Berichts zur zweiten Mission eingearbeitet.

Brazza befindet sich jetzt auf dem Höhepunkt seines Ruhmes. Er ist 30 Jahre alt, sein hübsches Gesicht ist in allen Zeitungen zu sehen und blickt von Zigaretten- und Seifenpackungen. Restaurants und Cafés werden nach ihm benannt, junge Männer lassen sich einen Bart im Stile Brazzas wachsen und rennen Brazza buchstäblich die Tür ein, um bei der nächsten Mission dabei zu sein.

Danach geht es Schlag auf Schlag. Ein Gesetzesentwurf auf der Basis des Vertrags mit dem Makoko der Bateke wird entgegen aller Prognosen und trotz der Interventionsversuche von Leopold II. im November 1882 von den Abgeordneten angenommen, danach stimmt auch der Senat zu. Am 30.11.1882 tritt dieses Gesetz durch Veröffentlichung in Kraft. Dass dieser Vertrag mit einem Volksvertreter der kolonisierten Bevölkerung Gesetzesform angenommen hat, bedeutet nicht, wie man meinen könnte und wie Brazza suggeriert, dass damit der Makoko als Souverän in besonderer Weise anerkannt wurde. Vielmehr wurde der Vertrag vom Parlament als komplette Aufgabe der Souveranität des Makoko verstanden. Zwischen 1819 und 1880 hatten Vertreter Frankreichs 118 Verträge mit afrikanischen Machthabern abgeschlossen, in denen es um Absprachen zwischen dem einheimischen Souverän und Frankreich ging. Das neue Gesetz jedoch schrieb die Auslöschung der Macht des traditionellen Souveräns über die abgetretenen Gebiete fest.[18] Insofern kündigt sich hier die zwei Jahre später beginnende Berliner Konferenz an, auf der sich die europäischen Großmächte zu den neuen Machthabern in Afrika erklären.

Am 27.12.1882 werden die Finanzmittel der neuen Mission diskutiert, am 11. Januar der Beschluss dazu veröffentlicht. Die Dimensionen der dritten Mission sind vergleichsweise

18 Vgl. hierzu: Manceron, Gilles: Marianne et les colonies. Une introduction à l'histoire coloniale de la France, Edition La Découverte, Paris 2003.

gigantisch: Hatten Brazza zuvor von Seiten der Regierung nominell 100 000 Francs zur Verfügung gestanden, die aber nie ganz ausgezahlt wurden, so werden ihm jetzt 1 275 000 Francs bewilligt. Brazza kann fast über die ganze Dauer dieser Mission mit Rückendeckung durch seinen Unterstützer Jules Ferry rechnen, der von Februar 1883 bis zum April 1885 sowohl Regierungschef (Premierminister) als auch erst Bildungs- und dann Außenminister ist und die Kosten der Mission geschickt auf mehrere Ministerien verteilt. Im Februar 1883 wird Brazza zum Kommissar der Regierung im Westafrika ernannt und mit der dritten Mission beauftragt. Er soll nun die Grundlagen für eine zukünftige französische Verwaltung der von ihm erforschten Gebiete legen, mehr Stationen gründen und freie Handelsbewegungen auf dem Ogowé und dem Kouilou-Niari sichern. Die von ihm bisher gegründeten Stationen wurden inzwischen alle der französischen Regierung unterstellt.

Die dritte Mission – der Zugriff auf Gebiete im Kongobecken. April 1883 bis Oktober 1885

Im März 1883 schifft Brazza sich mit 350 Tonnen Material nach Libreville ein. Zur Mission werden 48 Europäer, darunter ein paar alte Gefährten Brazzas, 25 algerische Scharfschützen und 130 senegalesische Matrosen, darunter Kamara, gehören. Brazzas jüngerer Bruder Giacomo[19] ist neben

19 Giacomo Savorgnan di Brazzà (1859–1888) war Brazzas sieben Jahre jüngerer Bruder. Er war promovierter Geologe. Giacomo di Brazzà erholte sich nie ganz von den Folgen der Malaria und den Strapazen der Reisen. Er starb kurz nach Rückkehr in seine Heimat im Februar 1888 mit nur 29 Jahren an Fieber. Giacomos Tagebuchnotizen, Skizzen und Hunderte seiner Fotos sind in verschiedenen Archiven aufbewahrt, u. a. im *Archivio Storico Capitolino* in Rom. Das Archiv veröffentlichte 2008 die Reisetagebücher. E. Mori und F. Savorgnan di Brazzà (Hg.),

anderen Biologen und Geologen als Naturwissenschaftler dabei. Ballay, der Arzt, befindet sich schon in Westafrika und beschäftigt sich dort noch immer mit den zusammenbaubaren Dampfern. Brazza hat bei dieser Mission im Vorfeld und in der Durchführung so viele administrative Aufgaben zu bewältigen, dass er den Posten eines Privatsekretärs mit dem Juristen Charles de Chavannes besetzt, der nach Vorgaben von Brazza auch den abschließenden, mit dem hier vorliegenden Text fast identischen Vortrag zu dieser Mission formulieren wird. Unter den 48 Europäern finden sich von Brazza selbst ausgewählte Personen sowie solche, die ihm aufgezwungen wurden, zumeist gescheiterte Existenzen.

Alkohol ist ein großes Problem der dritten Mission: Sowohl aus dem Führungsstab wie aus der Gruppe der Hilfskräfte müssen Personen wegen Alkoholismus nach Frankreich zurückgeschickt werden, andere bleiben, trotz ihres »soliden Rufs als Säufer«[20]. Die Mission hat enorme Mengen billigen Fusels als Zahlungs- und Bestechungsmittel dabei, den sie vor Diebstahl aus den eigenen Reihen schützen muss, sowie gute Weine und Schnäpse, die in sogenannten »Kisten für die Kranken« aufbewahrt werden. Mitarbeiter der Mission ziehen eine Schnapsbrennerei auf.

Bei Ankunft in Libreville im April 1883 sind, wie auch bei den vorherigen Missionen, von den lokalen Vertretern der Marine, die Gabun verwalten, die nötigen Vorbereitungen halbherzig oder gar nicht getroffen worden. Brazzas Konflikt mit der Marine, der eigentlichen Kolonialstreitmacht, an

Giacomo Savorgnan di Brazzà, Giornale di viaggio 1 gennaio 1883 – 31 dicembre 1885, Firenze, Verlag Olschki.

20 Vgl. zu diesem Thema Coquery-Vidrovitch, Catherine (Hg.), Brazza et la prise de possession du Congo 1883–1885. La mission de l'Ouest africain. Documents pour servir a l'histoire de l'Afrique Equatoriale Française, Ed. Mouton, École pratique des Hautes Études, Paris 1969, dort S. 42.

deren Hierarchie und Gepflogenheiten vorbei Brazza eine koloniale Unternehmung aufzieht, die das bisher praktizierte System der Marine (kriegerische Besetzung der Küsten, dann kaum weiteren Kontakt mit der Bevölkerung im Inland), auf den Kopf stellt, entbrennt nun ganz offen. Niemand hilft, die 800 schweren Kisten auszuladen. Lagerräume und Unterkünfte stehen nicht bereit. Die Mission steht im Regen, die ersten Leute erkranken, Material verrottet oder verschwindet. Innerhalb weniger Tage gehen der Mission enorme Ressourcen verloren. So wird auch diese so reich ausgestattete Mission von einem Mangel an Personal und Material geprägt sein.

Dennoch kann Brazza schon im Mai einen großen Erfolg verbuchen: Dem auf seine Bitte hin von der Regierung mit einem Kanonenboot schon an die Küste von Loango geschickten Kapitänsleutnant Cordier ist es gelungen, einen Vertrag mit dem dortigen Souverän abzuschließen, der Frankreich Zugriff auf das Gebiet des Kouilou-Niari-Tals sichert. Auch hier kommt Brazza den Beauftragten des belgischen Königs zuvor und schafft mit diesem Gewinn an Territorien für Frankreich die Möglichkeit einer weiteren guten Flussverbindung vom Meer zum Stanley-Pool. Damit ist eines der Hauptziele der dritten Mission schon erfüllt.

Im Juli 1883 erreicht Brazza Franceville, wo ihn Ballays Nachricht von einer Einigung mit den Apfourou erreicht, die der Nutzung der Alima als Verbindungsweg zum Kongo zustimmen. So kann Brazza seinen Plan von einer Transportlinie, die über den Ogowé, dann ein Stück über Land und weiter über die Alima bis zum Kongo führen soll, umsetzen. Ballay gründet am Ufer der Alima die Station Diélé. Brazza und Ballay sehen sich dort im September 1883 nach drei Jahren zum ersten Mal wieder. Schon im Oktober kann die Transportlinie auf der Alima durch die Fahrt auf einer riesigen Piroge mit einer Ladekapazität von acht Tonnen eingeweiht werden. Vier Jahre lang wird die Linie funktionieren. Brazza wird nicht müde, in seinen Berichten diesen Erfolg zu feiern. Was er in seinen Darstellungen gegenüber der Öffentlichkeit und auch in einem Brief an seine Mutter verschweigt, ist, dass die Träger, denen nun ununterbrochen enorme Lasten aufgebürdet werden (Zahlen in Brazzas Briefen irrlichtern zwischen Gewichten von 30 und 120 Kilogramm pro Person), an Erschöpfung sterben. Das Unternehmen kommt zum Stillstand, schreibt Brazza selbst, weil die Träger »tot waren, wie ich gut verstehen kann, so groß war der Hunger, die Erschöpfung, das Elend und vor allem, so sehr waren sie im Stich gelassen.«[21] Die Todesrate pro Transport liegt nach Brazzas eigenen Angaben in einem Brief bei 15 %. Letztendlich unterscheiden sich hier Brazzas Methoden wesentlich weniger von denen Stanleys, als er es in seinen Berichten darstellt.

Leopold II., der sich in verschiedene französische Zeitungen eingekauft hat, arbeitet seit Beginn der Mission daran, Brazzas Arbeit in einem schlechten Licht erscheinen zu lassen. Es gibt in Frankreich so viele Falschmeldungen, in denen unter anderem auch der Tod Brazzas, seines Bruders und des Makoko verkündet wird, dass Brazzas Mitarbeiter Dutreuil du Rhins in Paris alle Hände voll zu tun hat, Gegendarstellungen zu liefern.

Derweil überreicht Bazza im April 1884, vier Jahre nach dem ersten Zeremoniell bei Mbé, dem Makoko feierlich den von Frankreich ratifizierten Vertrag. Doch ist der Ton schon gedämpfter. Zwei Jahre lang war die Station nach der Abberufung von Malamine durch Mizon verwaist und die

---

21 Vgl. Catherine Coquery-Vidrovitch, Les idées économiques de Brazza et les premières tentatives de compagnies de colonisation au Congo Français 1885–1898, in: *Cahiers d'études africaines*, 1965, Bd. 5, Nr. 17, S. 57–82, dort S. 60. Coquery-Vidrovitch zitiert hier aus Briefen von Brazza an Chavannes aus den Jahren 1887 und 1889. Brazza berichtet auch von Morden der Bateke an den Trägern anderer Gruppen.

Vasallen des Makoko haben inzwischen auch mit den Belgiern verhandelt. Die dritte Mission steht also ganz im Zeichen des Wettlaufs um den Kongo. Brazzas Mission »Westliches Afrika« und Mitarbeiter der neuen Organisation von Leopold II., des Komitees zur Erforschung des oberen Kongo (Comité d'Études du Haut-Congo), machen sich die Flussufer und das Recht der Erstbetretung streitig. Der Druck, Verträge zu schließen und Stationen zu gründen, ist hoch, denn in wenigen Monaten beginnt die Kongo-Konferenz in Berlin, auf der diese Aktionen Ansprüche auf Territorien begründen sollen.

Deswegen verfälscht Brazza in seinen Berichten an Ministerien und später auch in seinem Vortrag zur dritten Mission absichtlich die Namen zweier Flüsse. Er erfindet den Fluss Ubangi-Nkundja oder Nkundja-Ubangi und behauptet, diesen Fluss erkundet zu haben. Tatsächlich aber waren Brazza und seine Missionsmitglieder auf dem wesentlich weiter westlich gelegenen Kongozufluss Licona-Nkundja oder Licona-Kundja unterwegs. Heute heißt dieser Fluss am Oberlauf Licona, weiter unten Licouala und an der Mündung Licouala-Mossaka. Auf zeitgenössischen Karten heißt der Unterlauf Kounya oder Nkundja. Brazza war auf den Oberlauf des Flusses im August 1878 am Ende seiner ersten Mission gestoßen, als er zu Fuß das Alima-Becken verließ. Er hatte Mitarbeiter im Oktober 1884 und im Juli 1885 mit der Erkundung der Flusses beauftragt. Brazza will aber das rechte Ufer des Ubangi, der einen ganzen Breitengrad weiter östlich in den Kongo mündet als die Likouala-Mossaka, als Grenze des französischen Territoriums durchsetzen, was er letztlich auch erreicht. Es ist ein gutes Stück Hochstapler-Arbeit, denn schon im April 1884 waren der Unterlauf des Ubangi und Gebiete an dessen rechtsseitigem Ufer von einem Mitarbeiter der Internationalen Kongo-Gesellschaft, Edmond Hanssens, erkundet worden. Das Gebiet hätte eigentlich ganz den Belgiern zufallen müssen. Doch Hanssens stirbt kurz nach der Erkundung und die belgische Seite will zum Zeitpunkt der Kongo-Akte nicht offenlegen, wie weit sie in ihrem Wettlauf um Afrika in dieser Gegend schon vorgedrungen ist. So wird die endgültige Grenzziehung im Gebiet zwischen der Licona-Nkundja, deren ganzes Becken Frankreich zugesprochen werden wird und dem Ubangi, dessen linke Uferseite die Belgier zugesprochen bekommen, in den nächsten Jahren zu einem Streitpunkt zwischen Frankreich und Leopold II.[22]

Während Brazza und seine Mitarbeiter in den nächsten Monaten noch 20 weitere Stationen gründen, Wege sichern, sie untereinander verbinden, weitere Flüsse erforschen, Karten zeichnen, eine Bestandsaufnahme der Tiere und Pflanzen machen, findet zwischen November 1884 und Februar 1885 in Berlin die Afrika-Konferenz statt. Anfang 1885 ist Ballay mit einer Abschrift des Vertrages mit dem Makoko in Berlin und belegt damit Frankreichs Anspruch auf das Gebiet nördlich des Kongo. Leopold II. setzt die Anerkennung seiner nächsten Gesellschaft, der Internationalen Kongo-Gesellschaft, als Souverän über die eroberten Gebiete durch. In der abschließenden Kongo-Akte wird am 26.02.1885 festgelegt, dass alle Gebiete, auf die neue Anprüche gestellt werden, effektiv besetzt sein müssen. Vereinzelte Handelsstationen reichen nunmehr für einen Hoheitsanspruch nicht mehr aus. Damit läutet die Kongo-Akte den eigentlichen Sturm auf Afrika ein. In den nächsten zehn Jahren wird fast der gesamte Kontinent besetzt.

Mit dem Abkommen in Berlin sind die 600 000 Quadratmeter des nördlichen Kongobeckens, die Brazza auf seinen Reisen oft ohne Unterstützung seiner Regierung oder seiner

22 Vgl. Catherine Coquery-Vidrovitch: Brazza et la prise de possession du Congo 1883–1885, a. a. O., dort S. 135–141.

Vorgesetzten durchquert hatte, französisches Staatsgebiet geworden. Jetzt wird dieser hemdsärmelige und idealistische Afrikareisende nicht mehr gebraucht. Frankreich schickt Truppen in den Kongo, um von dort aus in aller Eile Richtung Tschad und Sahara vorzustoßen. Das Ministerium der Kolonien und der Marine schickt Brazza am 26.03.1885 eine Depesche mit der Order, nach Paris zurückzukehren. Sein Nachfolger soll, so eine weitere Order im Mai, der Kommandant von Gabun, ein ausgesprochener Gegner Brazzas, werden. Einer der Auslöser dieser Entscheidung ist auch der Sturz der Regierung Ferry im März 1885.

Brazza und einige Mitglieder seiner Mission widersetzen sich passiv der Übernahme der Mission Westafrika durch die Marine. Brazza reist ohne Bekanntgabe seines Aufenthalts durch das Kongobecken. Erst im Juli erfährt er in Diélé von all den Neuigkeiten und beschließt, sich auf eine große Inspektionstour zu begeben. Auf seiner letzten geographischen Erkundungssreise fährt er die weit östlich gelegenen, großen rechtsseitigen Zuflüsse des Kongo, Sangha und Ubangi hinauf. Dann erst begibt er sich an die Küste und erreicht Libreville im Oktober 1885. Nach einem Zwangsaufenthalt in Portugal, wo man den völlig abgemagerten Mann mit Verdacht auf Cholera in Quarantäne hält, kommt er erst am 10.11.1885 in Paris an. Wieder wird er von einer kleinen Gruppe von Politikern, Intellektuellen und Forschungsreisenden in Empfang genommen. In seiner Abwesenheit wurde er schon im August 1885 zum Offizier der Ehrenlegion ernannt.

Die Vorbereitung auf die vierte Mission – eine Rede vor 5000 Leuten

Aber Brazza ist nicht mehr der strahlende Held. Er ist krank, Lunge, Leber und das Fieber machen ihm immer wieder zu schaffen. Er hat inzwischen viele seiner Mitarbeiter am Fieber sterben sehen. Auch Malamine Kamara ist schwer erkrankt und stirbt im Frühjahr 1886. Außerdem wird Brazza schlechte Verwaltung vorgeworfen, seine Arbeit sei ineffektiv, orientierungslos und nicht regelkonform. Seine langjährigen Mitarbeiter Ballay und Dolisie beginnen, sich von ihm zu distanzieren. Brazza nimmt eine kurze Auszeit und reist zur Familie nach Italien. Er ist 33 Jahre alt, könnte sich zurückziehen, heiraten: Er ist ein begehrter Junggeselle.

Dann fällt er die Entscheidung: Er will eine vierte Mission. Wieder sucht und nutzt er Möglichkeiten, die breite Öffentlichkeit und die intellektuellen Kreise für sein Anliegen zu gewinnen, denn im Ministerium der Kolonien und der Marine hat er keine Unterstützer. Sein politischer Freund Léon Gambetta ist gestorben und Ferrys Ruf noch durch eine verlorene Kolonialschlacht, bei der Frankreich China im Kampf um Tonkin unterlag, beschädigt.

Es ist wieder Ferdinand de Lesseps, der Brazza die ganz große Bühne bietet und eine außerordentliche Versammlung der Geographischen Gesellschaft ansetzt. Diese wird öffentlich an einem auch im Winter betriebenen Veranstaltungsort stattfinden, dem Cirque d'Hiver. Am 21.01.1886 ist die Halle ausverkauft, Brazza spricht vor 5000 Leuten. Die Rede, die er hier hält, ist fast identisch mit dem Vortrag, den der Herausgeber Ney für seine Zusammenstellung gewählt hat. Brazza hatte die großen Linien dieser Rede seinem Sekretär Chavannes diktiert, der sie für ihn ausarbeitete. Der Brief mit Brazzas Skizze zur Rede ist erhalten und verrät viel über

Brazzas klares strategisches Denken. Der Vortrag ist ein Manöver in einem komplexen politischen Schachspiel, indem Brazza seinem Sekretär die Anweisungen für die richtigen Züge gibt. Sein eigener Name, schreibt er, dürfe in der Rede nicht auftauchen. Es gelte zu beweisen, dass er, Brazza, seine Mitarbeiter in sein System eingewiesen habe und dass diese dann gehandelt haben, was beweise, »dass mein System gut ist.« Er gibt bei Chavannes für einen gestorbenen Mitarbeiter ein paar »spirituelle« Worte in Auftrag und für einen anderen, der aus bloßem Kalkül nicht unerwähnt bleiben darf, ein paar »leere Worte«.[23] Es gilt mit dieser Rede zu erreichen, dass die Arbeit der letzten zehn Jahre nicht zur Verwaltung den Funktionären der Marine übergeben wird, deren Vorgehensweise der seinen komplett widerspricht.

Die Rede wird ein voller Erfolg. In den folgenden Tagen verlangen die Presse und Organisationen wie die Geographische Gesellschaft von Paris, dass Brazza sein koloniales Projekt für den Kongo fortsetzten kann. Die Marinevorgesetzten wissen sich nur noch damit zu wehren, dass sie versuchen, Brazza einen Maulkorb zu verpassen, indem sie ihm untersagen, sich ohne vorherige Absegnung seiner Redebeiträge weiter öffentlich zu äußern. Schließlich werden am 26.04.1886 per Dekret die Kolonien Gabun und Französisch-Kongo geschaffen und Brazza zu deren Generalkommissar ernannt. Die Kolonien unterstehen dem neuen, von der Marine getrennten Kolonialministerium. Im Juni wird Ballay zum Gouverneursleutnant in Gabun ernannt, im August Chavannes zum Beauftragten des Generalkommissars.

23 Vgl. Coquery-Vidrovitch, Catherine (Hg.), Brazza et la prise de possession du Congo 1883–1885, a. a. O., S. 430ff.

Die vierte Mission. April 1887 bis Januar 1898

Im April 1887 ist Brazza wieder in Libreville. Seine Aufgaben sind jetzt die Schaffung der Grundlagen einer Verwaltung, der gute Einsatz der zur Verfügung gestellten Mittel und die wirtschaftliche Entwicklung des Gebietes. Sein Konzept hat er in seinem Vortrag zur dritten Mission am Ende formuliert und in den folgenden 13 Jahren versucht er, seinen Plan umzusetzen.

Wie bei den vorherigen Missionen mangelt es letztlich an echter Unterstützung. In Frankreich glauben die einen nicht daran, dass er erfolgreich sein kann, die anderen wollen es nicht. In letzteren hat Leopold II. Verbündete. Französische und belgische Geschäftsleute arbeiten gemeinsam daran, die jetzt unter staatlicher Kontrolle stehenden Gebiete doch noch dem Privatstaat Leopolds zuzuschlagen.[24] Brazza steht der im rechtsfreien Raum des belgischen Freistaats möglichen schrankenlosen Ausbeutung im Weg. Man versucht ihn u. a. durch Bestechung zur Aufgabe zu bewegen. Während er unter solchen Bedingungen kaum eine nennenswerte Entwicklung vorweisen kann, stellt die belgische Seite die Straße von Vivi über Matadi nach Léopoldville fertig, womit Brazzas eigenes Projekt einer Eisenbahn hinfällig geworden ist und seine Abhängigkeit von Leopold II. wächst. Weil Brazza unter diesen Bedingungen halsstarrig an seinen Visionen und Ideen festhält, sich einer ordentlichen Kommunikation mit den entscheidenden Ministerien in Frankreich entzieht und damit sein Unternehmen weiter in Schwierigkeiten bringt, verliert er hier auch noch die Unterstützung von Freunden und langjährigen Mitarbeitern.

24 Hierzu und im Folgenden s. Coquery-Vidrovitch, Catherine, Les idées économiques de Brazza et les premières tentatives de compagnies de colonisation au Congo Français 1885–1898, 1965, a. a. O.

Brazza versucht zum Schluss, private Gesellschaften zu einem Engagement im Kongo zu bewegen, indem er ihnen immer bessere Konditionen einräumt, d. h. die Auflagen in Hinblick auf die Löhne, die Rechte der Einheimischen immer weiter abschwächt. Seine Überlegungen gehen nun auch in die Richtung, den Handelsgesellschaften zum Teil polizeiliche Gewalt zu übertragen, d. h. sie immer mehr zum unkontrollierten Herrscher auf den ihnen überlassenen Gebieten zu machen. Damit bereitet er selbst den Weg für eine Übernahme des Regimes der Konzessionen, das im Freistaat schon installiert ist und in dem die Gesellschaften in den riesigen Gebieten, die sie ausbeuten dürfen, schalten und walten, wie sie wollen. Als Brazza gerade auch durch die schrecklichen Nachrichten aus dem Freistaat beginnt zu begreifen, wie desaströs und gefährlich dieser Aspekt des Konzessions-Regimes ist, ist es zu spät.[25] Er wird von den Geistern, die er gerufen hat, überwältigt. Die französischen Gesellschaften erhöhen den Druck auf die Regierung und Brazza wird am 05.05.1898 als Generalkommissar abgesetzt. Er erfährt davon aus der Zeitung, dann aus einem Telegramm, in dem ihm seine Absetzung in kürzester Form mitgeteilt wird. Unmittelbar danach beschließt die französische Regierung die Anwendung des Regimes der Konzessionen auf die Kolonien Gabun und Kongo. Das Land wird unter 44 privaten Gesellschaften aufgeteilt. Zwar gibt es staatliche Vertreter der Exekutive und Jurisdiktion, aber so wenige, dass bald neben

25 Vgl. Coquery-Vidrovitch, Catherine, Les idées économiques de Brazza. a. a. O. 1965. Für den belgischen Kongo gehen Historiker heute für den Zeitraum von 1885 (Gründung des Kongofreistaates) und 1908 (Unterstellung dieses Privatstaates unter die Aufsicht des belgischen Parlaments) von fünf bis acht Millionen Opfern des von Leopold II. als humanitär und zivilisatorisch angekündigten Werkes aus. Vgl. Hochschild, Adam, Schatten über dem Kongo. Die Geschichte eines der großen, fast vergessenen Menschheitsverbrechen, Klett-Cotta, Stuttgart 2000.

Zwangsabgaben, Misshandlungen und Zwangsarbeit auch kollektive Geiselnahme, kollektive Strafen wie das Niederbrennen ganzer Dörfer, willkürliche Hinrichtungen, Folter und die Einrichtung von Gefängnissen und Lagern, in denen die Gefangenen an mangelnder Ernährung und Versorgung sowie an Gewalt sterben, an der Tagesordnung sind.

Familienleben in der weißen Stadt

Brazza zieht sich ins Privatleben zurück, er ist desillusioniert und sein guter Ruf dahin. Schon drei Jahre zuvor hatte er dem Werben von Thérèse Pineton de Chambrun, einer Frau aus altem französischem Adel, nachgegeben und geheiratet. Jetzt verlegt er seinen Lebensmittelpunkt vom Kongo aus nicht nach Paris, sondern nach Algier, in die weiße Stadt, den Ort seiner ersten kolonialen Kriegserfahrung. Viele seiner Freunde und Wegbegleiter sind sowieso nicht mehr in seiner Nähe. Gambetta, Ferry, Admiral Montaignac, sein Bruder Giacomo: Sie alle sind gestorben. Dolisie und Ballay haben sich mit ihm über die Fragen der Verwaltung und sein Vorgehen und Verhalten zerstritten. Brazza gründet eine Familie, 1899 wird der erste Sohn geboren und auf den Namen Jacques (Giacomo) getauft. 1900 erscheint die französische Übersetzung von Joseph Conrads »Im Herzen der Finsternis«. Brazza liest sie. Der im selben Jahr geborene zweite Sohn wird auf den Namen Antoine-Conrad getauft. 1901 kommt der dritte Sohn zur Welt, Charles, 1903 die Tochter Marthe. Im selben Jahr stirbt der Erstgeborene, Jacques, an einer nicht diagnostizierten Blinddarmentzündung.

Während Brazza in Algier ganz von seinem neuen Leben als Vater und Ehemann absorbiert ist, ändern sich die Dinge in Frankreich. Die Dritte Rebublik ist seit Jahren von großen

Skandalen erschüttert, in denen es um Korruption unter Parlamentariern (die Panamaaffäre), Fälschung von Beweisen durch hohe Offiziere und einen darauf basierenden Justizirrtum gegen einen jüdischen Offizier (die Dreyfus-Affäre) sowie militärische Fehleinschätzungen (die Faschoda-Krise) geht. Das französische Establishment steht unter Druck.

Brazza bekommt diese Änderungen zu spüren. 1902 erinnert man sich seiner und spricht ihm eine hohe lebenslange Staatsrente zu, eine seltene Ehre, die zuvor nur 1874 Louis Pasteur zuteil geworden war.

Die fünfte Mission – ins Herz der Finsternis. Mai bis September 1905

Als drei Jahre später die Nation auch von Greuelnachrichten aus ihrer Kolonie erschüttert ist, wird die Aufgabe, die Zustände zu untersuchen, mit großer Einmütigkeit Brazza übertragen. Fünf Monate lang durchquert Brazza die vertrauten Gebiete, bekommt von Einheimischen wichtige Hinweise und beginnt einen Bericht, den er nicht mehr fertigstellen kann. Er, der ausgezogen war, um Sklaven zu befreien, durch fairen Handel zu mehr Wohlstand im Land beizutragen und durch Verträge die Einheimischen unter den Schutz einer für Freiheit, Gleichheit und Brüderlichkeit stehenden Republik zu stellen, muss sehen und hören, dass er durch seine Reisen und seine Initiativen die Tore für willkürliche Gewalt, Entrechtung, Enteignung und Verelendung weit geöffnet hat. In den letzten Tagen seiner Reise verschlechtert sich Brazzas Gesundheitszustand rapide und er stirbt am 14.09.1905 in Dakar, Senegal, im Alter von nur 53 Jahren. Offiziell heißt es, er sei am Fieber gestorben, aber es gibt auch die Hypothese eines Giftanschlags. Brazzas Ehefrau widersetzt sich dem

Ansinnen der Regierung, Brazza als Nationalheld im Pantheon zu begraben. So wird er zuerst auf dem Pariser Friedhof Père Lachaise beerdigt. Mehrere Jahre später wird die Leiche exhumiert und nach Algier gebracht.

Der Nationalheld

In der ehemaligen Kolonie Französisch-Kongo und auch in der heutigen Republik Kongo hatte der Name Brazza bis vor wenigen Jahren einen für einen Agenten der Kolonisierung erstaunlich guten Klang. Die Hauptstadt von Französisch-Kongo heißt bis heute Brazzaville.

Erst als die Regierung der verarmten Republik Kongo 2006 beschloss, ein absurd teures Mausoleum für den Namensvater der Hauptstadt des Landes zu errichten, statt Schulen und Krankenhäuser zu bauen, und Brazzas bis dato in Algier begrabene Gebeine mitsamt derer seiner engsten Familie, Frau und vier Kinder, ins Mausoleum umzubetten, flammte in der Republik Kongo eine hitzige Debatte über diesen bis dahin als sanftmütig geltenden Entdecker auf.

Für den Nationalmythos der Franzosen, der zu Beginn der Dritten Republik (1871–1940) seine bis heute wirksame Form annahm, war Brazza mit seinem Einsatz für die Sklavenbefreiung, seinem Bezug auf die französische Flagge und seinem enthusiastisch vorgetragenen Glauben an die Werte Frankreichs der idealtypische Held. Er war der Mann, der Frankreich »das große Land ›Kongo‹ gegeben hat«[26], ohne einen Tropfen Blut zu vergießen, der barfuß laufend entlang

26 Vgl. Ernest Lavisse, Histoire de France, Cours élémentaire, éd. Armand Colin, 1913, S. 168f.

seines Weges den Afrikanern die Liebe zu Frankreich vermittelt hat.

Brazza selbst hatte sich stark mit der strahlenden Vision der französischen Nation identifiziert, die in der Dritten Republik als liturgisch-sakraler Text in einem Geschichtsunterricht vermittelt wurde, der in dem jetzt säkularen Bildungssystem den Religionsunterricht ablöste. An dieser neuen Geschichtsschreibung, die das republikanische Frankreich durch ein intensives patriotisches Gefühl stützen sollte, hatte Jules Michelet, Historiker der Revolution, von 1837 an 30 Jahre lang gearbeitet und so über mehrere Bände die erste »Geschichte Frankreichs« geschrieben. Für Michelet hat »der Gott der Nationen durch Frankreich gesprochen«.[27]

Diese nationale Geschichtsschreibung wies Brazza ungefähr zehn Jahre nach seinem Tod einen festen Platz im imaginären Pantheon der Nation an. Die Geschichte seiner »Entdeckungen« und seiner »edlen Taten« war seit 1913 fester Bestandteil der im Märchenton gehaltenen französischen Geschichtsbücher für Schulkinder der Dritten Republik, die Ernest Lavisse, Historiker, zunächst für die Grundschule, später auch für die gesamte Schulzeit schrieb und die bis 1950 in unzähligen Wiederauflagen erschienen und eingesetzt wurden. Brazza ist dort die Hauptfigur eines Kapitels mit dem Titel: »La Bonté de la France« – »Die Güte Frankreichs«:

»Brazza war ein bewundernswerter Mann. Er reiste durch ein großes afrikanisches Land, der ›Kongo‹ genannt. Er tat den Bewohnern nicht weh. Er sprach sehr sanft mit ihnen und bat sie, Frankreich zu gehorchen. Wenn sie das versprochen hatten, steckte

27 Jules Michelet: Le Peuple (1846), Ed. Flammarion, Paris 1972, dort S. 243, zitiert nach Suzanne Citron, Le Mythe National. L'histoire de France revisitée, Les Éditions de L'Atelier, Paris 2008, dort S. 32.

er eine große Stange in die Erde, an der man die französische Flagge hochzog. Das besagte, dass dieses Land zu Frankreich gehörte. Eines Tages, als die Flagge in der Nähe eines Dorfes im Kongo gehisst wurde, kam eine Gruppe Sklaven vorbei. Brazza ließ sie anhalten und sprach: ›Überall, wo die Flagge Frankreichs weht, darf es keine Sklaven geben.‹ (...) Das beweist noch einmal, dass Frankreich gut und generös den Völkern gegenüber ist, die es unterworfen hat.«[28]

Noch bis 1971 wurde das Schulbuch, in dem Brazza die Güte Frankreichs verkörpert, neu aufgelegt, wie überhaupt die Kolonisierung bis weit in die 1970er-Jahre hinein in Frankreich fast ausschließlich als positiv dargestellt wurde. Der jahrhundertelange französische Beitrag zu Sklaverei und Sklavenhandel wird in denselben Schulbüchern verschwiegen. Dabei hatte das Ancien Regime intensiv Sklavenhandel betrieben. Zwar wurden mit der Französischen Revolution durch den Nationalkonvent die Sklaverei und der Sklavenhandel für einen Moment verboten, aber kurz darauf wurden sie von Napoleon wieder erlaubt. Französische Siedler konnten sich in den Kolonien Sklaven halten. Erst 1848 wurde durch eine erfolgreiche Gesetzesinitiative von Victor Schœlcher, damals Abgeordneter für die Kolonie Martinique, die französische Sklaverei im Mutterland und allen Kolonien abgeschafft.

Auf Michelets Vision von Frankreich basiert die Geschichtsdarstellung in den Schulbüchern von Lavisse. Brazza, der gebürtige Römer, zeigt sich in seinen eigenen Berichten und Vorträgen zutiefst durchdrungen von diesem neuen Patriotismus. Er scheint geglaubt zu haben, was nachher in den

28 Vgl. Ernest Lavisse, Histoire de France, Cours élémentaire, éd. Armand Colin, 1913, S. 168f.

Schul-Geschichtsbüchern über ihn zu lesen war: Dass er durch seine Taten beweisen konnte, dass Frankreich gut war.

In einer nicht von Frankreich, sondern von der »Verwandlung der Welt« im 19. Jahrhundert berichtenden aktuellen Geschichtsdarstellung des deutschen Historikers Jürgen Osterhammel ist Brazza dagegen nur einmal und eher abfällig in einer Zeile erwähnt, im Kontext einer Analyse der Verbindung von imperialen und nationalstaatlichen Entwicklungen des 19. Jahrhunderts. Dort heißt es:

»... auch Frankreich hatte seine Kongo-Kolonie: Congo-Brazzaville, ein Ergebnis des privaten Flaggenhissens durch den Abenteurer Pierre Savorgnan de Brazza seit 1880.«[29]

Auch diese Darstellung wird Brazza nicht gerecht, denn er band seine Unternehmungen immer sehr sorgfältig in einen institutionellen Rahmen ein. Trotz der Konflikte und Differenzen, die er mit seinen Auftraggebern bei allen Unternehmungen hatte: Immer beanspruchte er, im Namen und Interesse Frankreichs zu handeln, eben jenes Frankreichs, das die Geschichtsschreibung der Dritten Republik als eine leuchtende, lebendige, geistige, für die Menschenrechte eintretende gütige Wesenheit konstruiert hatte, ein Wesen, an dem die Welt genesen sollte.

Brazzas Bericht von dieser fünften Reise, durch eine Kommission unter der Leitung des ehemaligen Gouverneurs von Indochina, Jean-Marie de Lanessan, fertiggestellt und in zehn Exemplaren dem Parlament zur Verfügung gestellt, wurde nach einer Debatte in verschiedene Archive gebracht und eilig vergessen. 2014 erst grub die französische Histo-

29 Jürgen Osterhammel, Die Verwandlung der Welt. Eine Geschichte des 19. Jahrhunderts. Beck Verlag, München 2009, S. 634.

rikerin Catherine Coquery-Vidrovitch ihn wieder aus und veröffentlichte das immer noch äußerst aktuelle Dokument, das der in Frankreich noch immer hoffähigen Ideologie vom vermeintlich positiven kolonialen Werk Frankreichs die historische Wahrheit entgegenhält.

Dr. Anja Streiter, Berlin

Vorwort von Napoléon Ney

Dieses Buch war zunächst unter dem Titel angekündigt worden:

Drei Forschungsreisen in Westafrika
Ausgeführt zwischen 1876 und 1885[30]
Von P. Savorgnan de Brazza

Illustriert durch zwei Radierungen, durch Zeichnungen und Skizzen nach der Natur, ausgeführt von Giacomo di Brazzà. Zusammengestellt und herausgegeben von Napoléon Ney

Da Herr Pierre de Brazza fürchtete, der ursprüngliche Titel könne beim Publikum eine falsche Vorstellung von der Natur des vorliegenden Werkes wecken, habe ich ihn in Absprache mit Herrn Dreyfous verändert, um jedes Missverständnis auszuschließen.

Es ist mir eine echte Freude, ankündigen zu dürfen, dass unser wackerer Forscher bald im *Tour du Monde*[31] mit der Erzählung seiner sämtlichen Expeditionen beginnen wird.[32]

30 Die Differenz in den Zahlen erklärt sich z. T. aus den unterschiedlichen Möglichkeiten, Anfang und Ende der Reise zu definieren: Abfahrt in Europa oder Ankunft an der Küste von Gabun und umgekehrt Abfahrt von Gabun oder Ankunft in Europa oder Paris.

31 Eines der ersten bebilderten und mit Landkarten versehenen Reisemagazine. Veröffentlichte als Wochenzeitung zwischen 1857 und 1914 Berichte der »großen« Reisenden, wie Scott, Amundsen, Livingstone, Stanley.

32 *Le Tour du Monde: nouveau journal des voyages*, publié sous la direction de M. Édouard Charton et illustré par nos plus célèbres artistes, Ed. Hachette (Paris) 1887, Nr. 7–12.

Sein endgültiges, vollkommen von ihm persönlich verfasstes Werk wird später drei umfangreiche Oktav-Bände umfassen, die von der Librairie Hachette in Folge publiziert werden.

Selbstverständlich trägt Herr de Brazza weder eine politische noch eine private Verantwortung für dieses Buch.

Die französischen und italienischen Texte der Vorträge und der Briefe usw., in denen Pierre de Brazza, mit dem ich seit zehn Jahren befreundet bin, seine Reisen in Westafrika erzählt hat, wurden schon vor langer Zeit veröffentlicht und in verschiedenen Werken nachgedruckt. Diese bilden das Material für dieses Buch, für das ich die Texte selbst, in der Gestalt, in der sie vorliegen, verwende; ich habe deren Form respektiert und daher auch überall das »Ich« erhalten, dessen sich der Forschungsreisende in seinen öffentlichen Vorträgen bedient hat.

Zur Vervollständigung habe ich den Vorträgen mitunter interessante Einzelheiten beigegeben, die Mitteilungen Brazzas an die Geographischen Gesellschaften entnommen sind.

Auch habe ich bisweilen – aber sehr selten und nur soweit es unumgänglich war, um Wiederholungen zu vermeiden –, durch kleine Übergänge die Zwischenräume zwischen zwei Zitaten überbrückt.

Um die Lektüre für den Geist zu erleichtern und dem Auge entgegenzukommen, habe ich den Text der Vorträge in Kapitel unterteilt. An den Beginn eines jeden Kapitels habe ich eine Inhaltsübersicht gesetzt.

Das ist eigentlich mein einziger nachbildender Eingriff.

Der erste Teil mit dem Titel »Vortrag« gibt ein allgemeines Bild dessen, was bei der jeweiligen Forschungsreise vollbracht wurde.

Der zweite Teil enthält Herrn de Brazzas Briefe an seine Familie.

Großen Dank für ihre Hilfe möchte ich hier Frau Gräfin de Brazza zollen, die so freundlich war, diese Sammlung von Briefen aus Rom kommen zu lassen und mir auszuhändigen.

Die Vorträge geben eine Gesamtschau über die Forschungsreise, die Briefe erzählen vom Leben des Erforschers. Ihr impulsiver, fiebriger, intimer Charakter verleiht dem etwas strengen Panorama der Erzählung noch einmal eine ganz andere Lebendigkeit. Die Vorträge sind der Körper des Buches, die Briefe seine Seele.

Die Korrespondenz, die sich auf die dritte Reise bezieht, stammt größtenteils von Herrn Giacomo di Brazzà, dem Bruder des Forschers, und zum anderen Teil von Herrn Attilio Pecile,[33] Naturforscher und Mitglied der dritten Mission. Sie wurde aus dem »Bollettino della Società Geografica Italiana«[34] übersetzt.

Am Ende des Bandes findet sich eine Reihe von Dokumenten, die den Öffentlichen Archiven Frankreichs[35] und den Kurzmitteilungen der »Gelehrtengesellschaften Frankreichs«[36] entstammen. Sie vervollständigen die Informationen, die in den ersten Teilen des Buches gegeben werden.

---

33 Attilio Pecile (1856–1931) stammte aus einer gutsituierten Friauler Familie mit Landbesitz und politischem Einfluss. Pecile war u. a. ausgebildet in Geologie, Vermessungskunde (Geodäsie), Agrarwissenschaften sowie dem Präparieren und Konservieren von Tieren und Pflanzen. Mit Giacomo di Brazzà verband ihn eine sehr tiefe Freundschaft. Beide waren leidenschaftliche Alpinisten. Gemeinsam nahmen sie an der dritten Mission teil. Literatur u. a. Vittorio Carini, Luciano Martinis (Hg.): L'Africa di Attilio Pecile. Gli oggetti di un itinerario (Gabon, Repubblica del Congo), in der Reihe: *Artes Africanae*, Heft 4, 2012, Ed. Gaspari.

34 Es gibt nur eine Società Geografica Italiana. Deren Bollettino ist nach eigener Auskunft die älteste italienische geographische Zeitschrift, sie existiert seit 1868.

35 Dieser Begriff umschreibt die Gesamtheit der nationalen Archive, die auf staatlicher Ebene oder der Ebene der Regionen, Departements und Städte geführt werden, sowie die Archive aller Verwaltungsstrukturen, Ministerien etc. Alle Dokumente von Personen, die im staatlichen Auftrag handeln, liegen in solchen Archiven.

36 Diese Gelehrtengesellschaften Frankreichs veröffentlichten ihre Arbeiten in den verschiedensten Druckmedien (Zeitschriften, Bulletins, Annalen, Monographien usw.).

Wie man sieht, ist meine Arbeit von recht bescheidener Bedeutung. Sie diente einem einzigen Ziel: dem Publikum an den erreichten Resultaten zu zeigen, dass es ganz zu Recht seit zehn Jahren Herrn de Brazza sein Vertrauen schenkt.

Ehe ich zum Ende komme, möchte ich Herrn Maurice Dreyfous für die Sorgfalt und Gewissenhaftigkeit danken, mit denen er all die authentischen Dokumente versammelt hat: Stiche, Zeichnungen, Radierungen usw., darunter einige von Herrn Giacomo di Brazzà. Dank ihnen konnte ein so gut illustriertes Werk, in einer überdies so klaren und vollkommenen typographischen Ausführung, geschaffen werden.

Napoléon Ney

Zu Übersetzung und Glossar

Die hier vorliegenden Texte sind zur Hochzeit des kolonialen Imperialismus entstanden, der sich selbst durch die Behauptung einer Hierarchie von höheren und niederen menschlichen Rassen legitimierte. Die Texte berichten von kolonialen Erkundungen, der Aneignung von Territorien und wirtschaftlicher Ausbeutung derselben. Insofern ist es nicht verwunderlich, in ihnen auf rassistische Wortwahl, rassistische Verallgemeinerungen und Wertungen zu stoßen. Einige davon sind im Glossar aufgeführt.

Es handelt sich nicht um literarische Texte, dennoch hat Brazza, der hier nicht in seiner Muttersprache schreibt und sich bei der Abfassung seiner Reden zunehmend helfen ließ (siehe Vorwort der Herausgeberin), bisweilen die Ambition, das literarische Genre zu bedienen, nicht zuletzt aus rhetorischen Gründen, da er sein Publikum, insbesondere die Zuhörer seiner Vorträge, vom Sinn seines Unterfangens überzeugen will. Vor diesem Hintergrund haben wir, wo Formulierungen unbeholfen scheinen, Zeitenfolgen nicht ganz der Grammatik und Logik entsprechen o. ä. bisweilen leicht geglättet.

Dagegen haben wir Stellen, die in ihrer Logik, etwa der geographischen, verwunderlich sind, nicht versucht, deutlicher zu machen oder zu korrigieren, da sie von dem Prozess der Erkundung unbekannter Gebiete zeugen.

Auch Ungewöhnlichkeiten, in denen wohl ein Affekt die Worte wählt, haben wir so belassen und beispielsweise im folgenden Satz kein »dort« oder eine andere logische Verknüpfung eingefügt: »... fand in der Handelsniederlassung gegenüber von Lambarene ein großes Fest statt, und ich erinnere mich an dieses Datum, weil ich Brot gegessen habe, das einzige Mal, dass ich im Jahr 1876 welches gegessen habe.«

Wenig eingegriffen haben wir weiterhin bei den Namen von Flüssen, Orten, bestimmten Gebieten wie Tälern oder Gebirgen, Küstenvorsprüngen etc. sowie den Namen von Bevölkerungs- und Sprachgruppen sowie den Personennamen. Diese Namen variieren bisweilen nicht nur von Reise zu Reise, sondern sogar innerhalb einer Reisebeschreibung. Es ist zu bedenken, dass die einheimischen Namen in keiner einheimischen Schriftsprache fixiert waren und die europäischen Eroberer diese Namen dem Klang nach in ihre jeweilige Schriftsprache übertragen haben. Brazza konnte bei seinen Missionen auf Karten vor allem der portugiesischen Händler und seiner französischen Vorgänger zurückgreifen, in denen Namen gemäß der portugiesischen und französischen Art der Umschrift von Lauten verzeichnet waren. Er fügt neue Namen gemäß der italienischen Art der Umschrift hinzu.

In den wenigen Fällen, wo seit langem bekannte deutsche Schreibweisen oder Namen existieren, haben wir diese der besseren Wiedererkennung wegen eingesetzt (z. B. Wadai statt Ouadaï). Die große Ausnahme dabei ist die gewählte Schreibweise für den Ogowé. Das lange Zeit übliche »Ogowe« bildet die Betonung auf dem letzten »e« nicht ab. Deswegen haben wir uns für die seltenere, aber durchaus auch andernorts genutzte Schreibweise »Ogowé« entschieden. Der Variantenreichtum in der Umschrift kennzeichnet den Moment, in der die europäische wissenschaftliche Geographie, die sich zusammen mit dem Kolonialismus entwickelte, Landschaft und Menschen noch nicht vollständig in ein vereinheitlichtes System der Welterfassung gepresst hatte. Noch konnte ein und derselbe lange Fluss, an dem verschiedene Bevölkerungsgruppen leben, sehr verschiedene Namen haben.

Die meisten Namen von einheimischen Bevölkerungsgruppen, die in diesem Text erwähnt werden, bezeichnen Sprachen bzw. Dialekte einer Sprache. Für all diese Sprachen und Dialekte und damit auch für die jeweilige Bevölkerungsgruppe gibt es alternative, ebenso gültige Schreibweisen. Sie sind, mit Andersschreibungen, heutigen Bezeichnungen usw. im Glossar aufgeführt.

Die Übersetzerinnen

Forschungsreisen von 1875 bis 1878

Vortrag der ersten Reise

Kapitel I

Vor den Küsten Afrikas kreuzend – An Bord der Vénus *– Pläne zu Erkundungen – Reise der Herren de Compiègne und Marche – Das Geheimnis des Ogowé*[37] *– Im Innern des geheimnisvollen Kontinents – Misserfolg der ausländischen Expeditionen – Mein Brief an den Minister – Plan der Reise – Organisation der Expedition – Verschiedene Missionen*

1842 besetzte Frankreich, wie allgemein bekannt, die verlassene Küste von Gabun. Da nämlich seine Schiffe in westafrikanischen Gewässern kreuzten, um den Sklavenhandel zu verhindern, benötigte es einen Ort, an dem sie Schutz suchen und ihre Vorräte auffüllen konnten.

Damals war den Geographen die Existenz des Ogowé noch nahezu unbekannt. Obwohl dieser Fluss den südlichen Atlantik mit wahrhaft ungeheuren Wassermengen versorgte, war er bis in die jüngste Zeit allen unbekannt geblieben. Denn seine unzähligen Mündungen verlieren sich unsichtbar in seinem langen Lauf durch baumbestandene, Pestilenz ausdünstende Sümpfe, die sich von der Bucht von Nazareth bis zum Kap Sainte-Catherine erstrecken. Tatsächlich fanden sich auf den jüngeren Karten keine Spuren des Ogowé.

Du Chaillu, der auf dem Landweg einem der linksseitigen Zuflüsse des Ogowé gefolgt war und so 1862 Ngunié

37 Zur Schreibweise der Namen von Flüssen, Orten, Sprachen und Bevölkerungsgruppen, größeren Gebieten etc. s. Glossar.

erreichte, erahnte als Erster seine Bedeutung. Die Ehre aber, auf die Existenz des großen Flusses an dieser abgelegenen Küste aufmerksam gemacht zu haben und ihn als Erste fast bis oberhalb des riesigen Deltas hinaufgefahren zu sein, gebührt zwei Offizieren der französischen Marine: den Herren Seval und Grifon du Bellay. 1867 fuhr dann Herr Aynes den Ogowé bis zum Zufluss Ngunié hoch. 1873 erweiterte Herr Walker, der als erster die Stromschnellen hinauffuhr, die Kenntnisse über den Fluss bis Lope in der Nähe der Okanda.

Im folgenden Jahr wollten Herr Compiègne und Herr Marche noch weiter vordringen. Mit Pirogen, die von den Okanda gesteuert wurden, kamen sie bis zur Konfluenz[38] des Ogowé und des Ivindo.

Dort aber, als sie eben in schönsten Hoffnungen gewiegt den Fluss erblickten, wie er sich mit seinen ungeheuren Wassermassen in aller Breite vor ihnen erstreckte, griff eine große Anzahl von Ossyeba (ein kriegerischer, angeblich anthropophager* Stamm*) sie mit Vorderladergewehren und Speeren an, und in größter Hast mussten Compiègne und Marche umkehren, fortgerissen von der Strömung und dem Entsetzen der sie begleitenden Schwarzen*, die eilig zu den Rudern gegriffen hatten. Dieses Unglück wurde heftig beklagt, und umso heftiger, als die Frage der großen hydrographischen Linien Afrikas so ungelöst blieb.

Fast zeitgleich schließlich hatte Livingstone im Herzen Afrikas einen großen Wasserlauf entdeckt: den Lualaba, der aus dem Süden kommend Richtung Norden floss.

Zwei Möglichkeiten standen im Raum: Ergoss sich der Lualaba in die riesigen Seen am Äquator oder mündete er direkt in den Atlantik – oder wie endete er sonst? All das war fragwürdig, und die Vermutung, dass der Ogowé seinen

38 Zusammenfluss.

Ursprung im Lualaba oder in den Seen am Äquator habe, galt bis in die jüngste Zeit als die glaubhafteste.

Um diese gewagte Frage zu beantworten, waren Cameron und Stanley schon von Sansibar aus aufgebrochen, doch man hatte von ihnen keine Nachricht. Ich unterbreitete das Projekt einer Erkundung des Ogowé, die dessen Bedeutung als Verbindungsweg in die zentralen Regionen Afrikas erweisen sollte.

Seit zwei Jahren war ich auf dem Marinestützpunkt im südlichen Atlantik stationiert, und in den dienstfreien Zeiten meines afrikanischen Lebens hatte ich die Überzeugung gewonnen, dass der Ogowé jenseits der ersten Stromschnellen ein sehr beachtlicher Fluss sein müsse und ein möglicher Weg war, um in den geheimnisvollen Kontinent vorzudringen.

Am 23. Juni 1874 schrieb ich an Bord der Fregatte *La Vénus* dem Minister der Marine und der Kolonien, damals der Admiral de Montaignac, einen Brief mit dem Absender: »Gabun, An Bord der *La Vénus*«. Hier teilte ich meinen Vorgesetzten zum ersten Mal offiziell mein Vorhaben einer Erforschung des Ogowé mit. Sollte der Fluss keinen so beachtlichen Verlauf haben, wie ich dachte, bräuchte ich nicht mehr zu tun, als einfach weiter in Richtung Ostnordost vorzudringen. Ich würde mich bei den verschiedenen Bevölkerungsgruppen aufhalten, allmählich deren Sprache lernen und meinen Weg auf der Suche nach Seen oder Flüssen fortsetzen, durch die jene großen Regenmassen abfließen müssen, die unter dem Äquator fallen.

Die den südlichen Seen entströmende Wassermenge ist viel zu beträchtlich für die Durchflussrate am Oberlauf des Nils. Diese Durchflussrate müsste in der Tat zwei- oder dreimal so hoch sein wie die von den Forschern bezeugte. Die Auffassung, dass die Gewässer des Lualaba einen Abfluss gen Westen finden und entweder ein großes, äußeres Meer oder vielmehr einen der Flüsse versorgen müssten, die in den Atlantik münden, war allgemein anerkannt.[39]

Diese Auffassung hatte zu den schönen Unternehmungen von Cameron und Stanley im Osten und auf der westlichen Seite geführt, wie auch zu den schwierigeren Unternehmungen der Deutschen in Richtung Kongo und des Österreichers Lenz auf dem Ogowé.

Der Kongo konnte aufgrund seiner Durchflussrate teilweise als ein Auffangbecken der großen Seen des Äquators betrachtet werden, und die südliche Lage seiner Mündung sowie die große Anzahl und Bedeutung seiner schon bekannten Zuflüsse schien die enorme Wassermenge zu erklären, die er in den Atlantischen Ozean ergießt.

Der Ogowé dagegen brachte in seinem Unterlauf eine große Zahl an weiten und tiefen Seen hervor. Der größte Teil seines Wassers schien sich in einem ausgedehnten Vorgebirge aus Sand und Schwemmland zu verlieren, das sich von Gabun bis in den Süden des Kap Lopez erstreckt. Der Ogowé schien also entweder dem Lauf des Lualaba oder dem eines abseitigen Nebenarms dieses großen Flusses zu folgen.

Die Reise der Herren Compiègne und Marche hatte im Übrigen einige wichtige Ergebnisse geliefert. Wirft man einen Blick auf die Karte von Äquatorial-Afrika, die der Doktor Petermann in seinen berühmten *Mittheilungen* 1874 veröffentlicht hat, so sieht man, dass die Reiseroute unserer Landsleute, die von dem deutschen Geographen übrigens mit vollkommener Redlichkeit wiedergegeben wurde, viel weiter in das Innere des Landes hineinreicht als die Route der englischen oder deutschen Reisenden.

---

39 De Brazza scheint hier davon auszugehen, dass der Lualaba und der Nil denselben Seen entspringen. Das aber stimmt nicht.

Gleichzeitig mit der bescheidenen Expedition, die Herr Bouvier, ein französischer Naturforscher, auf eigene Kosten unternommen hat, waren drei weitere Expeditionen organisiert worden: eine von England – die der Herren Grandy –, und zwei von Deutschland – die der Herren Bastian und Güssfelds. Obwohl sie mit den üppigsten Mitteln ausgestattet waren, schlugen sie aus etlichen Gründen – zu viele, um sie hier zu nennen – völlig fehl. Währenddessen hatten unsere Landsleute, wie Malte-Brun in seinem *Jahresbericht* an die Geographische Gesellschaft 1875 sagt, »die Französische Flagge jenseits der Wasserfälle von ›Samba‹ aufgepflanzt, im Land der Iveia, wohin noch kein Weißer je einen Fuß gesetzt hatte. Vor allem hatten sie sich unter diesen wilden* Stämmen so benommen, dass man sich ihrer Menschlichkeit, ihrer Würde und ihrer Aufrichtigkeit erinnern wird, was zweifellos dazu beitragen wird, die Reisenden und vor allem den französischen Reisenden, der ihnen nachfolgen wird, gut zu empfangen.«

Der Befehlshaber des Stützpunktes Südlicher Atlantik, Admiral du Quilio, wollte sich selbst von der Bedeutung dieses Flusses überzeugen. So fuhr er in Begleitung des Admiral Duperré, damals Kommandant der *La Vénus*, und des Doktor Gaigneron bis zur Konfluenz. Dort schloss er Verträge mit Renoki, Oberhaupt* der Inenga, und mit N'gombi, Oberhaupt der Galoa.

In meinem Brief an den Minister stellte ich mein Projekt nur in groben Zügen vor. Zunächst wollte ich der einzige Weiße der Expedition sein. Bald aber verstand ich, dass es die Aussichten auf Erfolg erheblich verbessern würde, wenn ich einen oder höchstens zwei andere Weiße mit hinzuziehen könnte: Weiße, die, weil sie wie ich schon in einem ähnlichen Klima gelebt hatten, sich den Strapazen der Expedition gewachsen fühlten. – Denn dort, wo der Okanda in den Ogowé strömt, bei Pointe Fétiche, würde die Expedition erst wirklich beginnen.

In diesen ungesunden Landstrichen, unter Völkern, die den Handel monopolisieren und befürchten müssen, das Monopol auf unsere Handelsgüter zu verlieren, wenn die Weißen den Fluss hinaufkommen, gebieten Vernunft und Vorsicht, entschlossen ins Landesinnere vorzudringen, indem man so schnell wie möglich den Lauf des Flusses hinauffährt und mit den Dörfern am Ufer nur die allernotwendigsten Beziehungen unterhält.

Mein Brief endete wie folgt:

»Ich weiß, Herr Minister, um die Gefahren, denen ich mich aussetze. Wenngleich meine Gesundheit während meines Aufenthaltes an der Küste Afrikas von den Anstrengungen, die ich mir in Vorbereitung auf diese Expedition zugemutet habe, nicht beeinträchtigt wurde, so weiß ich doch, dass selbst die robusteste Gesundheit in diesem Klima nicht ungestraft solchen Strapazen und Entbehrungen ausgesetzt werden kann. Ich weiß auch, dass ich sehr viel Glück brauche, damit der erhoffte Erfolg schließlich meine Anstrengungen krönt. Dennoch – fest entschlossen und mit dem brennenden Verlangen nach Erfolg gehe ich es an, und falls der Ogowé in mir sein erstes Opfer finden sollte, werde ich nicht nutzlos gewesen sein. Denn ein anderer, dem mehr Glück beschert sein möge, wird den Weg, den ich eröffnet habe, weitergehen.«

In der Folge meines Briefes lieferte der Direktor des *Dépot des cartes et plans de la Marine*, des staatlichen Instituts für Seekarten, dem Minister einen Bericht, der mein Projekt befürwortete. Ich erhielt den Befehl, eine umfassendere und besser ausgearbeitete Skizze der von mir geplanten Expedition zu liefern. Diese Angaben überbrachte ich selbst am 14. Dezember 1874 in Paris.

Ich erläuterte den allgemeinen Plan meiner Reise.

Es galt zunächst, den Fluss bis zur Pointe Fétiche zum Dorf Lambaréné hinaufzufahren. Dort gab es einen alten König,

Eine Stromschnelle des Ogowé.

Renoki, der, obwohl blind, der einflussreichste Herrscher des Flusses war. Seine Macht erstreckte sich bis zu den Okanda, die den Teil oberhalb der Stromschnellen bewohnen. Da diese Völker das größte Interesse daran hatten, ihre Handelsbeziehungen zum Oberlauf des Flusses wieder aufzunehmen, wären sie mir bei meiner Ankunft sicher wohlgesinnt. Am anderen Ufer allerdings wohnten seit einiger Zeit die Ossyeba (ein Stamm anthropophager Mpangwe), die einen sehr schlechten Ruf haben.

Nichts indessen, abgesehen von der Vorliebe für menschliches Fleisch – und das Fleisch der Weißen gilt keineswegs als schmackhaft – wies darauf hin, dass die Ossyeba uns feindselig begegnen würden. Ein Reisender, der in Begleitung zweier Fang vom Kongo als Dolmetscher bei ihnen ankommt,

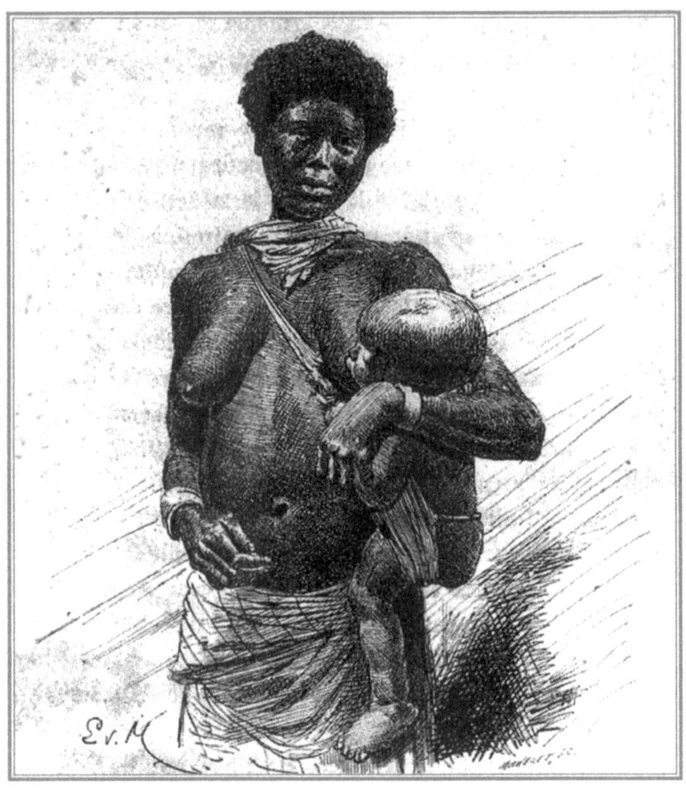

Ossyeba- oder Fang-Frau mit Kind.

würde wahrscheinlich gut empfangen werden, wenn er einige Geschenke mitbrächte und vor allem wenn er eine Kostprobe von der Wirkung ausgefeilterer Waffen gäbe. Sollten sie sich meiner Durchreise tatsächlich entgegenstellen wollen, so würden doch ihre Vorderladergewehre, die von geringer Reichweite und mit Metallstückchen geladen sind, für mich keine ernste Gefahr bedeuten.

Einmal an den Ossyeba vorbei, würde ich zu den Aduma gelangen, einem mit den Okanda befreundeten Volk, das

Kleine Piroge auf dem Ogowé.

ab Lope die Ruderer der Pirogen stellt. Der Ogowé, dessen Stromschnellen vor dem Fluss Ivindo aufhören, bereitet dann in seinem weiteren Verlauf, soweit bekannt, der Schifffahrt keine Schwierigkeiten mehr.

So gab es Anlass zu der Hoffnung, dass ich mit Hilfe des Flusses schon sehr weit ins Innere würde vordringen können. Für den Fall, dass die Umstände mir erlauben sollten, auf einem anderen Weg als dem Fluss noch weiter Richtung Osten vorzudringen, so war meine Absicht selbstredend, die Reise über Land fortzusetzen. Ich würde mich dann in einem gänzlich unbekannten Landstrich befinden, um dessen

Eine große Piroge für Stromschnellen.

Erforschung bereits ein Wettlauf zwischen den Engländern und den Deutschen begonnen hatte.

Es war wünschenswert, dass Frankreich die Ehre dieser Erforschung, die von französischem Boden aus unternommen wurde, nicht anderen überließ. Und ich hatte die unerschütterliche Hoffnung, eine solche Unternehmung zu einem guten Ende zu bringen.

Der dampfbetriebene Aviso[40] *Le Marabout* sollte mich bis zur Pointe Fétiche bringen. Von da an waren für die Weiterfahrt unweigerlich vier große Pirogen mit Raum für jeweils 20 bis 24 Ruderer vonnöten. Sie mussten ohne Kiel und denen ähnlich sein, welche die Galoa und die Inenga verwenden, um die Stromschnellen hochzufahren. Als Mannschaft brauchte ich zwölf gut ausgewählte Laptots, darunter Männer, die die Sprachen des Binnenlandes beherrschten. Meine Wahl war bereits auf vier Männer gefallen: den Gabuner Chilo[41], der

40 Ein Schnellboot zur Nachrichtenübermittlung.

41 Später steht im Text Chico und auch Cico, dann wieder Cilo. In einem anderen Bericht über die Reise gibt Brazza den Namen seines Dolmetschers ebenfalls mit Chico an. Vermutlich handelt es sich immer um denselben Dolmetscher, der auch schon bei der Expedition von Compiègne und Marche gedolmetscht hat. Vgl. Brazza: Voyages dans l'Ouest africain, Monographie, Hg. *Le Tour du Monde*, Paris 1887, dort. S. 292.

bei den Okanda gewesen war; Shallon, ein Fang, ehemaliger Hausangestellter von Herrn Tinclair, und schließlich zwei Fang aus dem Kongo, welche die Mpangwe-Sprache beherrschten. Meine Ausrüstung würde aus Waffen, Beobachtungsinstrumenten und Schiffsausrüstung bestehen, aus Munition, Medikamenten und Lebensmitteln.

Folgendermaßen setzte sich meine Ausrüstung zusammen:

Waffen: 14 Zündnadelgewehre vom Typ Artillerie Chassepot mit metallenen Kartuschen; vier Senegalschützen-Gewehre; Revolver.

Instrumente: Zwei Taschensextanten; zwei Spiegelsextanten, zwei Öl- und zwei Quecksilber-Horizonte; ein Quadrant; drei Flüssigkeitskompasse; drei Taschenkompasse; drei Aneroidbarometer; vier Thermometer; zwei Chronometer.

Schiffsausrüstung: Vier Draggen mit Ersatzhaken; 200 Meter Leine von geringem Durchmesser; Bootshaken, Hämmer, Äxte, Sägen etc.

Lagerausrüstung: 17 Wolldecken (Mannschaftsdecken); drei Wolldecken (Offiziersdecken); 17 Seemannssäcke (sorgfältig verarbeitet), Kisten zum fugenlosen Verstauen zu transportierender Gegenstände; acht Fässer, Tauwerk, etc.

Munition: Fünf Kriegsraketen in einer wasserdichten Bleikiste; 24 Signalraketen, je acht in einem Paket, in drei wasserdichten Bleikisten; 2000 Chassepot-Metallkartuschen, um die Laptots vor der Abfahrt im Schießen zu trainieren; 500 Revolverpatronen; 20 Kilogramm Schießpulver.

Medikamente: Chininsulfat, Alkohol und Chininpulver, Natriumarsenit, Emetikum[42], Morphinsulfat, Laudanum, Arznei-Rhabarber, Eisenpillen, Silbernitrat, Glycerin, Karbolsäure, Bleiessig, Kampfer, Senfpflaster, Tuch für

42 Allgemeine Bezeichnung für Brechmittel.

Breiumschläge, Heftpflaster, Agaricus-Pilze, Scharpie[43], Mullbinden.

Lebensmittel: Kekse, Reis, Kaffee, Zucker, Sardinenkonserven, Schnaps, Spitalskost, Schokolade.

Als Waren nahm ich 600 Kilogramm Salz sowie 40 Vorderlader mit, die als Geschenke dienen sollten, außerdem Stoffe, Glasperlen, Messer, Rasierklingen, weitere Vorderlader, lauter Gegenstände, die in Afrika das Geld ersetzen und die einzigen Mittel sind, um die Freundschaft der Herrscher zu gewinnen und von ihnen die nötigen Lebensmittel zu bekommen.

Als Mitarbeiter bei dieser mühevollen Unternehmung gab man mir Doktor Ballay an die Seite, einen Schiffsarzt, Herrn Alfred Marche, der an der vorherigen Expedition teilgenommen hatte und mich in der Funktion des Naturforschers begleitete, sowie den Steuermannsmaat Victor Hamon, der mir mit seiner robusten Gesundheit und seiner Gewandtheit und Erfahrung in seinem Metier von größtem Nutzen sein sollte.

Unser Begleitzug bestand aus 13 schwarzen mohammedanischen* Matrosen aus dem Senegal, die im Gebrauch des Chassepot-Gewehrs trainiert waren, sowie vier dolmetschenden Gabunern, darunter ein gewisser Cico, ein konvertierter Christ aus der katholischen Mission, der Dolmetscher und Koch der Expedition war – für sein Kochtalent allerdings sollte es nicht viel zu tun geben. Den Zuschüssen an Waren und Waffen, die mir die französische Regierung und einige wissenschaftliche Gesellschaften gewährten, hatte ich einige Ressourcen aus meinem persönlichen Vermögen hinzufügen können.

Nach einem Jahr sorgfältigster Vorbereitungen waren die ganze Ausrüstung und die Waren, die wir mitnehmen mussten, bereit.

---

43 Wundverbandsmaterial.

Kapitel II

Abreise aus Bordeaux (4. April 1875) – Im Senegal, dann in Gabun – Im Ogowé – Lambaréné, äußerster Punkt europäischer Niederlassungen – Begehrlichkeiten der Einheimischen – Von Pirogen und Trägern – Schwierigkeiten mit den Okota – Der kranke Dr. Ballay – Das Fieber (1876) – Bei den Apingi – Schiffbruch in den Stromschnellen – Ausgeraubt – Die Okanda – Lope, Hauptquartier – Verhandlungen – Evakuierung der Kranken über den Gabun – Mit drei Männern auf Exkursion zu den kannibalischen Fang – Beschwerliche Reise. Leid und Entbehrungen – Zaburets Loyalität – Dr. Lenz – Ankunft der Herren Ballay und Marche im Land der Sébé – Sehr krank – Herr Marche am Fluss Lékélé – 1877. In Lope aufgehalten – Der kranke Herr Marche kehrt nach Europa zurück*

Wir hatten Bordeaux im August 1875 verlassen und legten am 4. September in Saint-Louis im Senegal an, wo wir unsere Laptots an Bord nahmen. Seit einer Weile hatten sie sich im Umgang mit den neuen, ausgefeilteren Waffen geübt, mit denen wir sie nun ausrüsten würden. Wir erreichten Gabun am 20. Oktober. Das französische Dampfboot *Le Marabout*, das unter dem Kommando vom Kapitänsleutnant Le Troquer fuhr, brachte uns bis nach Lambaréné, dem äußersten Punkt der europäischen Niederlassungen.

In Lambaréné selbst konnten wir feststellen, dass die Einheimischen sich wenn nicht feindselig, so zumindest wenig bemüht zeigten, uns freundlich entgegenzukommen. Wegen der großen Menge an Handelsgütern, die wir in Afrika stets mit uns führen mussten, konnten wir auf ihre Arbeit als Ruderer unserer Pirogen nicht verzichten. Da wo es keine europäischen Einrichtungen mehr gibt, ist es unmöglich, sich gegen Gold oder Silber die nötigsten Dinge und Lebensmittel zu verschaffen. Alles wird in Stoffen, in Glasperlen, Schießpulver, Waffen oder anderen Tauschwaren bezahlt, denen die Schwarzen einen willkürlichen Wert beimessen, der oft je nach Land variiert.

Wir mussten auch noch Schwierigkeiten anderer Art bewältigen. An den Ufern des Ogowé leben verschiedene Stämme, und jeder von ihnen stellt seine eigenen Forderungen und erhebt Anspruch auf Lösegeld von den Weißen, welche die Vorsehung ihnen schickt. Zudem liegen diese Stämme meistens im Streit, wenn sie nicht gerade Krieg gegeneinander führen.

So gelang es uns daher nicht ohne Mühe, mit den ersten Bevölkerungsgruppen, deren Gebiete wir durchqueren würden, in Kontakt zu treten. Diese Verhandlungen zogen sich recht lange hin. Aber sie erlaubten mir, acht große Pirogen zu erwerben und die Dienste von rund 100 Einheimischen anzumieten.

Bei den Okota, zu denen Herr Marche vorausgeeilt war, um die Ruderer anzuheuern, erwartete uns die nächste Ernüchterung! Fern davon, unseren Wünschen zu entsprechen, hatten diese es vielmehr fertiggebracht, die von uns angeworbenen Bakalai zur Desertion anzustiften.

Wir gelangten recht schnell bis nach Samkita zu den Bakalai, mussten allerdings zu unserem Bedauern Doktor Ballay zurücklassen, der bereits den ersten Fieberschüben Tribut zollte.

Ein erstes und letztes Wort sei hier über das Fieber gesagt, den traurigen Begleiter europäischer Reisender in Äquatorial-Afrika. Tatsächlich hatten wir seit jener Zeit beständig dagegen anzukämpfen. Es kostete uns viel Kraft, uns von der körperlichen Schwächung und der Blutarmut, diesen unausweichlichen Folgen des Übels, nicht entmutigen zu lassen. Als ich mich nun anschickte, mit den treu gebliebenen Männern

Große Piroge auf dem oberen Ogowé.

voranzuschreiten, wurde ich selbst von der Krankheit ereilt und zur Unbeweglichkeit verdammt.

Diese Ereignisse trugen sich in den ersten Januarwochen 1876 zu. Bald schon hatte ich mich ausreichend erholt, um mit den Pirogen die ersten Stromschnellen hinaufzufahren.

Zum ersten Mal musste ich hier meine Autorität einem der mich begleitenden Oberhäupter gegenüber geltend machen. Er hatte sich eine Frau des Landes, durch das wir kommen würden, als Sklavin angeeignet. Nun weigerte er sich, diese Frau an ihren Stamm zurückzugeben und bedrohte den Laptot, der ihm auf meinen Auftrag hin die Sklavin abnehmen sollte, mit einem Messer. Daher ließ ich ihn entwaffnen und ihm die Hände fesseln. Ob aus Angst oder aus stillschweigender Zustimmung zu meinem Verhalten: Die Piroge dieses

Anführers war fortan die, über die ich mich, solange sie meinem Befehl unterstand, am wenigsten zu beklagen hatte.

Ende Januar kamen wir zu den Apingi, in der Gegend, wo der Fluss sehr gefährliche Stromschnellen bildet. Ungeschicklichkeit oder böse Absicht der Ruderer brachte sieben Pirogen zum Kentern. Der daraus entstandene Verlust erschien uns umso grausamer, als wir erst am Anfang unserer Expedition standen. Die Apingi fanden sich zum rechten Zeitpunkt an der Unglückstelle ein, um einen Ballen Tabak und einen großen Teil unserer Waren zu plündern. Noch schwerwiegender war der Verlust mehrerer Instrumente, von denen die einen verschwanden und die anderen beschädigt wurden.

Mitte Februar endlich erreichten wir Lope, ein Dorf der Okanda, das 9 Grad 16 Minuten östlicher Länge von Paris liegt. Ich beschloss, dort mein Hauptquartier aufzuschlagen. Denn es galt nun, einerseits Verhandlungen mit den Anrainern des Oberlaufs aufzunehmen, von denen die vorhergehende Expedition so schlecht empfangen worden war, und andererseits musste Ersatz für die verloren gegangenen Waren beschafft werden.

Ich ließ nach Doktor Ballay schicken, der krank in Samkita zurückgeblieben war, und bat ihn, uns die fehlenden Waren zu bringen.

Als der Doktor zurück war, wollten die Einheimischen den Fluss erst in der wasserarmen Saison hinauffahren, und so waren wir zu einem mehrmonatigen Zwangsaufenthalt verurteilt. Ich nutzte diesen Stillstand, um eine gewisse Zahl an kranken Männern oder solchen, die außerstande waren, diese Unternehmung fortzusetzen, nach Gabun zurückzuschicken. Doktor Ballay begleitete sie, mit dem Auftrag, andere anzuheuern.

Ich war in dieser Zeit mit den Fang Ossyeba in Verbindung getreten, welche die Herren Compiègne und Marche an

Absender

Name, Vorname

Straße, Nr.

Plz, Ort

Telefonnummer*

Faxnummer*

E-Mail*

Unterschrift

*freiwillige Angabe

Für Ihre schnelle Anfrage:
info@verlagshausroemerweg.de

Bitte
ausreichend
frankieren

Rückantwort

Verlagshaus Römerweg GmbH
Römerweg 10
D-65187 Wiesbaden

der Weiterreise gehindert hatten. Eines ihrer Oberhäupter, Mamiaka, zu dem ich einige Male fast allein und ohne Eskorte gegangen war, beschloss, mich mit mehreren seiner Männer aufzusuchen und versicherte mich seiner guten Absichten. Er ließ mich auf dem Landweg die schwierige Reise zu den Wasserfällen von Booué machen, wo ich Beziehungen zu weiteren Oberhäuptern aufnahm. Schließlich bot er mir an, mich durch seinen Neffen Zaburet bis zum bisher unerforschten Land der Aduma führen zu lassen.

Die Unternehmung war gefahrenreich, doch verlockend. Ich würde das Land der Ossyeba oder auch anthropophagen Mpangwe durchqueren, welche die Herren Marche und Compiègne an der Weiterreise gehindert hatten. Ich brach mit nur drei Mann Eskorte auf, darunter zwei Senegalesen, und nahm einige Fang mit, die mein Gepäck tragen sollten. Diese Reise war äußerst beschwerlich. Wir mussten Leiden und Entbehrungen aller Art ertragen und ich war gezwungen, zwei meiner Männer im Wald zurückzulassen, die krank und nicht in der Lage waren, mir zu folgen. Später holte ich sie nach.

Bei unserer Ankunft in Lope trafen wir auf einen österreichischen Forscher, Doktor Lenz, den die Deutsche Geographische Gesellschaft geschickt hatte und der ungefähr acht Monate vor mir aufgebrochen war. An der Schwelle zum unbekannten Land angekommen, wurde er dort jedoch von den Ossyeba-Stämmen festgehalten und am weiteren Fortkommen gehindert. Nachdem er mehrmals vergeblich versucht hatte, in das Innere vorzudringen, war dieser Reisende unter verschiedenen Vorwänden von einer Bevölkerungsgruppe nach der anderen abgewiesen worden. Seit zwei Jahren setzte er sich mit äußerster Energie und Ausdauer ein, aber seine Gesundheit war angegriffen und seine Ressourcen gingen zur Neige. Dennoch machte er in diesem Moment einen neuen Versuch, ging mit den Fang über Land und traf im Land der Ossyeba mit mir zusammen. Gemeinsam wanderten wir bis ins Land der Aduma, wo ich anhielt, während er seine Erkundung des unbekannten Laufs des Ogowé bis zum Fluss Sébé vorantrieb. Das war sein letzter Anlauf. Danach kehrte er nach Europa zurück.[44]

Ich hatte gehofft, die Ossyeba und die Aduma dazu zu bringen, bis hinunter zum Land der Okanda zu gehen, konnte jedoch nichts ausrichten. Die Unwissenheit darüber, was meine Kameraden machten, die heftige Erregung über die Lügen, die Verschlagenheit und Doppelzüngigkeit der Einheimischen und die Erschöpfung vom langen Marsch über Land griffen meine Gesundheit solchermaßen an, dass ich glaubte, mein letztes Stündlein habe geschlagen. Doktor Ballay ließ mir all seine Pflege angedeihen und brachte mich

44 Fußnote des Herausgebers Ney: Die Ehre, dieses Land als Erste erkundet zu haben, gebührt den Franzosen. Der untenstehende Brief von Dr. Ballay zeugt davon.

Lope, 21. Juli 1876

Herr Doktor Lenz, der sich hier seit einem Jahr aufhielt und keine Möglichkeit gefunden hatte, weiter voranzukommen, machte sich den gerade von Herrn Brazza gebahnten Weg zu Nutze und folgte seiner Spur mit mehreren Tagen Abstand. So gelang es ihm, Herrn Brazza ins Land der Aduma nachzufolgen. Während sich Herr Brazza darum kümmerte, die Aduma wieder zurückzuschicken, um die Ausrüstung der Expedition nachzuholen, drang Dr. Lenz über den von Herrn Brazza erreichten Punkt hinaus drei Bootstagesreisen weiter vor; allerdings in ein Gebiet, das ihn vor keinerlei Schwierigkeit stellte. Dr. Lenz ist jetzt zurück und fährt weiter nach Gabun [...]
Es war mir daran gelegen, Herr Kommandant, Ihnen von diesen Dingen umgehend Mitteilung zu machen, ohne die Rückkehr von M. Brazza abzuwarten, damit der Verdienst, als Erster diese schwierige Passage bewältigt zu haben, dem zufällt, dem er gebührt. Und der Verdienst gebührt Herrn Brazza und nur ihm.
Ich bin [...]
Ballay.
(Brief des Doktor Ballay an den Oberkommandanten von Gabun)

im Dorf von Gième unter, wo ich zwei Monate zwischen Leben und Tod schwebte.

Um diese lange Zeit der Untätigkeit, die durch meine Krankheit entstand, nicht zu verlieren, hatten die Herren Ballay und Marche es unternommen, den Ogowé hinaufzufahren. Überall an den Ufern, wo die Fang lebten, die ihnen am Wasserfall von Booué und an einigen anderen schwierigen Passagen Hilfe geleistet hatten, waren sie bestens empfangen worden. Nachdem sie über den Fluss Ivindo, den letzten von der vorherigen Expedition erreichten Punkt, hinausgelangt waren, trafen sie im Land der Ossyeba, just als ich gerade erschöpft flussabwärts kam, um ihre Hilfe zu suchen, wieder mit mir zusammen.

Ich übergab dann das Kommando der Expedition an Doktor Ballay, der von heftigen wiederholten Fieberschüben selbst sehr geschwächt war. Ich beauftragte Herrn Marche, das Terrain über den Punkt hinaus zu erkunden, den Herr Lenz erreicht hatte. Er gelangte bis zur Konfluenz des Flusses Lékélé, beim Dorf M'poco, wo er im September 1876 ankam. Er erweiterte so unsere Kenntnisse über den Oberlauf des Ogowé um 75 Kilometer.

Leider hatten wir eine gewisse Menge unserer Waren unter der Aufsicht des Steuermannsmaats Hamon und einiger Männer zurücklassen müssen. Deshalb fuhr ich, sobald ich mich ein wenig von meiner Krankheit erholt hatte, hinunter zum Hauptquartier von Lope, um dort einen letzten Nachschub zu holen.

Im April 1877 war ich mit allen Teilnehmern der Expedition zurück in Doumé. Zu unserem Bedauern mussten wir uns dort von Herrn Marche trennen, den sein Gesundheitszustand nach Europa zurückrief.

Kapitel III

Der zweite Teil der Reise – Im Unbekannten. Wohin geht es? – Unfruchtbare Verhandlungen mit den Aduma – Ein großer Féticheur wird geschmiert: opportune Verwünschung des Unterlaufs – Aufbruch von den Aduma – Die guten Kisten – Ein Schiffbruch nach dem anderen – Ich verliere meine Messinstrumente – Neues Hauptquartier bei den Poubarafällen (Konfluenz des Ogowé) – Das unbekannte Afrika – Geheimnis des Ostens – Keine Träger mehr*

Wir nahmen nun den zweiten, mühseligsten Teil dieser Unternehmung unter wenig ermutigenden Umständen in Angriff, ohne Verbindung zur Küste, also zu den zivilisierten* Ländern, geschwächt von diversen Strapazen, doch von dem Wunsch getragen, die geographische Erkundung des Ogowé zu einem guten Ende zu bringen und nur mit einem befriedigenden Ergebnis nach Europa zurückzukehren.

Der Wasserfall von Poubara, von dem wir die Aduma hatten reden hören, wurde als neues Hauptquartier bestimmt, und Doktor Ballay und der Steuermannsmaat fuhren mir mit allen Waren voraus. Sie erreichten den Ort im Juli 1877. Was mich betraf, so machte ich mich erst später dorthin auf, als ich wusste, dass sie angekommen waren.

Schwierigkeiten aller Art entstanden durch die Eitelkeit, Dickköpfigkeit, Unaufrichtigkeit und Gier der Aduma, die jeden Vorwand nutzten, um unsere Waren auf ihrem Gebiet zu behalten, und diese Schwierigkeiten waren so massiv und zahlreich, dass wir an ihrer Überwindung fast verzweifelten.

Wir konnten aber Oberhand über sie gewinnen, als wir uns die Gunst des großen Féticheurs erkauften. Sie kam uns teuer zu stehen, denn wir opferten einen guten Teil unserer Waren, aber damit brachten wir ihn dazu, eine Art Verbot über den Unterlauf des Flusses zu verhängen und Pirogen, die sich erkühnen sollten, den Ogowé hinabzufahren, das fürchterlichste Unheil anzudrohen.

Für diese abergläubischen Völker hätte ein offener oder verdeckter Widerstand gegen einen Féticheur ganz entsetzliche Katastrophen zur Folge, nicht nur für den Schuldigen, sondern für seinen ganzen Stamm.

Um abzureisen, verlegten wir uns auf eine List.

Gut sichtbar platzierten wir eine Anzahl leerer Kisten, die sorgfältig verschlossen und mit wertlosen Gegenständen beladen waren und den größten Teil unseres Kapitals auszumachen schienen. Als die Stunde des Aufbruchs gekommen war, luden Doktor Ballay und der Steuermannsmaat Hamon die richtigen Kisten auf die Pirogen und fuhren den Fluss hinauf. Um kein Misstrauen zu erwecken, blieb ich mit einigen meiner Laptots im Hauptquartier zurück.

Als die Aduma in ihr Gebiet zurückkehrten, zeigte ich ihnen die leeren Kisten und kündigte ihnen an, dass ich nun meinerseits aufbrechen würde, aber keiner von ihnen wollte mich begleiten. So musste ich mich also allein mit meinen Laptots einschiffen, um zu meinen Kameraden zu gelangen. Der Versuch war recht gefährlich, denn der Teil des Ogowé, den wir hinauffahren mussten, ist voller Stromschnellen, und meine Männer waren das Bootfahren in solchen Gewässern nicht gewohnt. Alles in allem riskierten wir aber kaum mehr als unsere Haut. Die musste tatsächlich einiges aushalten, denn unsere Unerfahrenheit ließ uns etliche Male kentern. Mein bester Kompass, mein Chronometer und mein Sextant wurden dabei irreparabel beschädigt. Doch nach einer Reihe unfreiwilliger Bäder, Zusammenstößen und allerlei anderen Missgeschicken gelang es uns, unsere Gefährten und ihre kostbare Fracht einzuholen.

Herr Ballay hatte das neue Hauptquartier bei den Poubara-Wasserfällen im Land der Avumbo aufgeschlagen. Hier teilt sich der Fluss in zwei Arme, den Ogowé, den die Einheimischen »Rebagni« nennen, und den Fluss Passa. Beide Flussläufe, die eine rasche Folge von Wasserfällen und Stromschnellen immer wieder unterbricht, haben ihre Bedeutung verloren und dienen nicht mehr als Verbindungsweg. Nur hier und da sind noch ein paar kleine, schlecht gebaute Pirogen zu sehen, die auch nur dazu dienen, von einem Ufer zum anderen zu gelangen. Die Bedeutung von Passa und Ogowé nimmt sehr schnell ab, und bald schon wird man sie durchwaten können.

In diesem Teil des Oberlaufes sind die am Ufer lebenden Bevölkerungsgruppen recht zahlreich und miteinander zerstritten.

Die Okota, die Sciache, die Awandji, die Scébé und die Obamba folgen kurz aufeinander; dann kommen die Odimbo, deren bevorzugte Waffe ein Kurzbogen ist, mit dem sie Pfeile abschießen, deren Spitze vergiftet und so geformt ist, dass sie in der Wunde stecken bleibt.

Die Avumbo besiedeln das Gebiet, das sich im Norden der Poubara-Wasserfälle und der Passa erstreckt. Dieser Fluss bildet die Grenze zwischen ihrem Territorium und dem der Bateke im Osten und der Umbete im Norden. Die Umbete sind ein kriegerisches Volk, das meines Erachtens im Osten und sehr bald auch im Norden das ganze linke Ufer des Ogowé von Poubara bis Doumé besetzen wird. Ein paar Dörfer der Indumbo liegen oberhalb des Flusses Passa an einem Weg entlang der Hügel.

Wie überrascht war ich, als ich eines Abends einigen Oberhäuptern der Indumbo einen Besuch abzustatten hatte und plötzlich vor einer grandiosen, allein aus Lianenseilen geknüpften Hängebrücke stand, die die Ufer der Passa miteinander verband. Das Gewicht einiger Männer, die in

Bakalai-Männer (nach einer Photographie von 1876).

ihrer Mitte auf meine Ankunft warteten, gab ihr eine leichte Krümmung, und die Brücke beschrieb am Horizont eine fast gerade oder vielmehr konvexe Linie.

Die Frauen der Avumbo betreiben Fischfang und sind berühmt für ihre besondere Weise, Maniok zuzubereiten, der bei ihnen zweimal gekocht wird. Die Männer sind außerdem in der Eisenverarbeitung sehr bewandert. Sie sammeln das Erz in ihren Bächen und gewinnen daraus mit der katalanischen Methode[45] das Metall. Dann schmelzen sie es zu Barren von einem Kilo ein; diese Barren sind Gegenstand von Handel und Tausch mit den benachbarten Stämmen. Die Avumbo haben Hämmer und Ambosse, mit denen sie Messer und Waffen verschiedener Form herstellen.

Die Kaskade, die der Ogowé bei Poubara bildet, wo er aus einer Höhe von 20 Metern hinunterstürzt, ist recht malerisch anzusehen. Ungefähr drei Tagesreisen von seiner Einmündung entfernt bildet der Passa einen ganz ähnlichen Wasserfall. Er fließt dort eingekesselt zwischen Felsen hindurch, die senkrecht wie Mauern aufragen, und all die Bäche, die dort zuströmen, bilden ebenso viele Wasserfälle, deren Höhe zwischen 15 und 20 Metern liegt. Diesem Wasserfall des Passa, der bei den Einheimischen keinen besonderen Namen trägt, habe ich selbst den Namen »Cascade de Montaignac« gegeben, um auf diese Weise dem berühmten Admiral, der mich an die Spitze dieser Expedition gestellt hatte, einen kleinen Dank abzustatten.

Von der Höhe des Passa und des Ogowé aus zeigte man mir die Bergkette, die Richtung Süden verläuft und deren

45 Bei der früher auch in Katalonien üblichen Methode wurde das Eisenerz nicht in abwechselnden Schichten mit Holzkohle, sondern in einer einzigen Schicht in den hinteren Teil des Ofens, hinter die Holzkohle, gefüllt.

westlicher Hang die Wasser zum Atlantik, in die Gegend von Mayombé, führt.

Der Ogowé barg für uns keine Geheimnisse mehr. Es war nun klar, dass sein Verlauf von zweitrangiger Bedeutung war und keinen direkten Weg ins Zentrum des afrikanischen Kontinents bot. Die Mission des Ogowé fand in diesem Fluss, der unsere Hoffnungen so lange betrogen hatte, keine zufriedenstellende Antwort. Aber unsere Aufgabe war keineswegs beendet: Unser Ziel war nun, uns gen Osten vorzuwagen und zu versuchen, den Schleier zu lüften, unter dem sich das immense unbekannte Gebiet verbarg, das uns von den Regionen des Oberen Nil und des Tanganjika-Sees trennte. Auf diese nämlich konzentrierten sich, so glaubten wir, die Bemühungen von Stanley und Cameron.

Jetzt mussten wir uns einen Weg über Land bahnen, und unser Gepäck musste geschultert werden. Doch wie verschafft man sich Träger in einem Land, in dem es keine gibt?

Kapitel IV

Unerhörte Schwierigkeiten, Träger zu finden – Einsatz von Freigelassenen, die künftige Sklaven sind – Schändliche Sklaverei – Im Land der Bateke – Das Reich des Löwen – Ohne Schuhe: Dann gehen wir barfuß! – In Gefahr – Unsere Bateke begehren auf – Zunehmende Feindseligkeit – Auf das Schlimmste gefasst – Heilige Pulverkiste – Explosionsbereit – Fetisch! – Gerettet – Die Alima – Das Salz des Sudan – Gehe ich ins Wadai?[46]

Die vielen Stämme, mit denen wir in Kontakt getreten waren, lagen damals miteinander im Krieg. Unser Hauptquartier in Maschogo war ein neutraler Punkt, an dem sich oft die Oberhäupter der Krieg führenden Volksgruppen trafen.

Welchen Pfad einschlagen, wenn kein Weg vorgezeichnet ist, ohne einen Faden, um sich in diesem Labyrinth unbeugsamer Völker zurechtzufinden, ohne eine Kenntnis des Landes, das uns umgab? Wie sollten wir die für unsere Verpflegung notwendigen Mittel finden, für Vorräte, die dreimal so groß sein müssten und zugleich: Sollten wir den Landweg nehmen und unsere Pakete von Männern schultern lassen? Doktor Ballay hatte unser Gepäck auf 80 Kisten reduzieren müssen.

Wo immer sich eine Möglichkeit bot, mussten wir jeden Mann einzeln anwerben und hatten sie erst einmal ihren Lohn erhalten, ließen sie nur allzu oft ihre Last auf der Hälfte des Weges liegen. Und zu allem Überdruss stellten wir am Ende

46 Das Wadai liegt so weit vom Oberlauf des Ogowé entfernt (1800 Kilometer in nordnordöstlicher Richtung), dass es hier nur als mythisches Ziel auftauchen kann. Brazza glaubt bei der Entdeckung der Alima, auf die er hier zum ersten Mal stößt, dass sie ihn in den Sudan und damit wie ersehnt in das Zentrum des afrikanischen Kontinents bringen könnte.

des Transportes fest, dass mehrere unserer Kisten geöffnet und zum Teil geplündert worden waren.

Auf so trübselige Handlungsmöglichkeiten eingeschränkt, war ein Vorankommen unmöglich. Wir schickten uns ja an, das weite Land zu durchqueren, welches die Bevölkerungsgruppen des Ogowé von denen des Ostens trennt. Doch diese lieferten sich einen erbitterten Krieg, und niemand hätte mir in dieses Gebiet folgen wollen, das gerade von unaufhörlichen Kämpfen verwüstet worden war. Und die Leute unserer Eskorte bereiteten uns ihrerseits, entgeistert, den Fluss verlassen zu müssen, der sie doch in ihre Heimat zurückbringen sollte, mit ihrem passiven Widerstand die ernstlichsten Schwierigkeiten.

Uns blieb noch ein letzter Ausweg: Sklaven als Träger einzusetzen. Ich hatte bereits im Jahr zuvor versucht, Sklaven als Dolmetscher einzusetzen, aber der Versuch war gänzlich fehlgeschlagen. Kaum betraten sie wieder den Boden ihres Landes, verließen sie mich, nutzten die Freiheit, die ich ihnen von Anfang an gegeben hatte, um zu denjenigen zurückzukehren, die sie zuvor schon einmal verkauft hatten und es wiederum tun würden. Einen von ihnen sahen wir sogar, wie er fast auf der Stelle die Sklavenfessel um die Füße seines Freiheitsgefährten schloss.

Wir drangen in die sandigen und nackten Berge vor, die das Becken des Ogowé im Osten begrenzen, und kamen Ende März 1878 in der Region der Bateke an, die sich in Bevölkerung und Beschaffenheit des Bodens völlig von den Regionen unterscheidet, durch die wir bis dahin gezogen waren.

In der waldigen und fruchtbaren, jedoch ungesunden Gegend, die wir gerade durchquert hatten, waren durchaus in einer relativen Fülle Lebensmittel zu finden gewesen. Das Land der Bateke aber, in das wir uns nun begaben, war uns in den finstersten Farben geschildert worden: ein Land, bevölkert von Männern, die sich dem Krieg und der Plünderung verschrieben hatten, das keine Nahrungsmittel bot und uns, die wir unsere Mannschaft verdreifacht hatten, vor die größten Versorgungsschwierigkeiten stellte.

Den Wahrheitsgehalt dieser Berichte hatte ich übrigens bei zwei Erkundungen zur Bestimmung des Weges, dem unsere Karawane folgen sollte, teilweise überprüfen können. Das Land hatte tatsächlich die Gestalt einer Wüste, und den Sandboden durchzogen mancherorts tiefe Schluchten, aus denen granitartige Felsen aufragten. Ich konnte die Spur des Löwen ausmachen, dessen Hoheitsgebiet hier auf das des Elefanten und des Gorilla zu folgen schien, die im Ogowé-Becken leben.

Seit einiger Zeit schon hatten wir eine bittere Enttäuschung zu verkraften. Die geschweißte Blechkiste, die unseren Vorrat an Schuhen barg und die wir für völlig wasserdicht gehalten hatten, war bei den ersten Schiffbrüchen, die wir auf dem Ogowé einstecken mussten, mit Wasser vollgelaufen. Als wir die Kisten bei Poubara öffneten, war der Inhalt gänzlich unbrauchbar geworden, und da wir unsere verschlissenen Schuhe in Fetzen auf dem Weg zurückgelassen hatten, blieb uns nun nichts mehr übrig, als barfuß zu gehen. Diese Art der Fortbewegung, die bei den Afrikanern so natürlich erscheint, war für uns sehr hart; doch mussten wir uns fast sieben Monate lang damit abfinden. Wir begannen gerade, uns daran zu gewöhnen, als unsere zerschlissenen Kleider nun auch unsere Beine den Attacken des Unterholzes und der dornigen Büsche aussetzten.

Die Regenzeit war noch nicht zu Ende, als wir uns, in ungeduldiger Erwartung, unsere Reise fortzusetzen, auf den Weg machten, unbekümmert von den Fluten, die ein gnadenloser Himmel allabendlich auf unsere müden Leiber niedergoss.

Von da an kamen wir schneller voran; in 20 Tagen durchquerten wir das Land der Umbete und kamen in jenes der Bateke. Dort boten sich uns neue freie Träger an, und ein

Gruppe einheimischer Träger.

letztes Mal waren wir so einfältig, ihre Dienste anzunehmen. Diese Lektion sollte die entscheidende sein.

Da Herr Ballay mit unseren Spezialträgern zurückgeblieben war, warfen die Bateke, 50 an der Zahl, irgendwann auf einmal ihre Lasten zu Boden, umzingelten uns und bedrohten uns mit ihren Assegais[47]. Ein Moment der Schwäche hätte genügt, und alles wäre verloren gewesen, denn diese Leute warteten nur auf eine Gelegenheit, das Gepäck zu plündern. Unser entschlossenes Auftreten hielt sie zum Glück in Schach.

Endlich rangen sie sich durch, ihre Gepäckstücke wieder aufzunehmen, widerwillig allerdings. Da ihre Unzufriedenheit zu einem neuen Überfall führen konnte, hielt ich sie in dem

47 Afrikanischer Speer.

ersten Dorf, auf das wir stießen, an. Dieses Dorf lag an den Ufern eines Baches, der weiter unten zum Fluss N'coni wurde.

Im Glauben, dass die Leute des Dorfes uns mit guten Absichten begegneten, schickte ich Hamon zu Herrn Ballay zurück, um ihm den kürzesten Weg zu zeigen, über den er zu mir aufschließen sollte. Als aber Hamon fort war, sammelten sich allmählich Leute aus diesem und benachbarten Dörfern und kreisten mich, durchaus keine friedlichen Absichten bekundend, ein. Allein zurückgeblieben, mit drei Männern, auf deren Mut ich zählen konnte, musste ich Maßnahmen ergreifen, um die in meiner Obhut befindlichen Waren zu schützen.

Glücklicherweise brach schon die Dämmerung herein. Nachdem ich eine Art Schutzwall aus meinen Gepäckkisten gebaut hatte, wollte ich auf einen nächtlichen Angriff zumindest vorbereitet sein, und so vergrub ich vor unserer Stellung eine Kiste mit Schießpulver, die ich leicht würde entzünden können.

Diese nächtliche Operation, begleitet von Vorsichtsmaßnahmen, welche die Umstände verlangten, hatte eine völlig andere Wirkung, als ich mir vorgestellt hatte. Die Bateke, zunächst durch mein Gebaren neugierig geworden, vermuteten darin plötzlich ein exorzistisches Ritual und wurden von abergläubischem Schrecken ergriffen. Das Wort »Fetisch« fiel, und sofort zogen sich all meine Wegelagerer so weit es ging von dem Platz, an dem ich mich befand, zurück und ließen mich schließlich in Frieden.

Allerdings war die Zahl unserer regulären Träger unzureichend: Wir mussten eine Wegstrecke dreimal zurücklegen, da wir immer nur ein Drittel unserer Waren auf einmal transportieren konnten. Mit einigen Mühen gelang es uns dennoch, in fünf Tagen zwei Etappen zurückzulegen.

Indem wir so weiterzogen, erreichten wir einen kleinen Fluss, den die Einheimischen »Ngambo« nennen, dann noch

Ein Moment der Schwäche, und alles wäre verloren gewesen.

zwei weitere, Nguéré und Mpama. Alle drei vereinigen sich zur Alima. Ihr Wasser ist über die Maßen klar, und der Sand ihres Flussbettes ist selbst vier Mann tief noch sehr gut sichtbar. Von gewöhnlicher Breite, ist sie dennoch nur schwer zu überqueren, denn sie ist tief, und an ihren sumpfigen Ufern wuchert eine tropische Vegetation aus Palmen und Bambus. Diese Hecken sind so dicht, dass ein Durchkommen unmöglich ist. Damals dachten wir, dass uns die Alima zu irgendeinem großen See im Süd-Sudan führen würde.

Vom Oberhaupt eines Obamba-Dorfes, einem sympathischen Alten mit langem Bart, der uns mit der Pfeife im Mund entgegengekommen war, erhielten wir wertvolle Auskünfte. Gen Osten, in einiger Entfernung von uns, floss ein beachtlicher Fluss, der, aus Südsüdost kommend, nach Ostnordost verlief. Zahlreiche Pirogen fuhren auf ihm, und die Leute aus ferngelegenen Gegenden kamen, um bei den Anrainern Maniok zu holen. Zum Tausch brachten sie geräucherten Fisch mit.

Sie zeigten uns ein schwarzes Salz, das sie verwenden. Es konnte meines Erachtens nur aus einem der Salzseen kommen, die Nachtigal und Piaggia im Zentrum vermuteten und die unser Fluss, die Alima, offenbar speiste. Diese Auffassung bestätigte sich, weil sie uns von endlos weiten, grenzenlosen Wasserflächen erzählten, die in unserer Vorstellung die großen Seen sein mussten.

Der Krieg und die schlechte Maniokernte machten Freunde in dieser Region rar, und unser treuer und beständiger Begleiter war der Hunger. Kaum 250 Gramm Maniok am Tag gab es für jeden unserer Männer, sehr bald waren wir gezwungen, Ananasblätter zu essen und, ungeachtet europäischer Vorurteile, auch weiße Ameisen, Raupen und in Palmöl eingelegte Heuschrecken. Nachdem ich den ersten Ekel überwunden hatte, fand ich die Insekten überaus genießbar.

Kapitel V

Es fehlt an allem – Müssen wir umkehren? – Ich befrage die anderen – Einstimmig – Auf ins Unbekannte! – Wertvolle Auskünfte – Das Volk der Apfourou – Die ersten Lagerplätze – Ein Volk in Furcht – Besänftigte Apfourou – Kauf von Pirogen – Der geschickte Steuermannsmaat Hamon – Auf dem Fluss – Krieg! – Schüsse – In der Flussenge gefangen – Klar zum Gefecht

Allzu günstig war die Gelegenheit, die uns die Alima bot, unsere Reise in Richtung Osten fortzusetzen, und wir durften sie nicht verstreichen lassen.

Unsere Lage gab jedoch zu denken. Denn nicht ungestraft hatten wir inzwischen mehr als zwei Jahre in Afrika verbracht: Unsere Gesundheit war ruiniert und es fehlte uns an allem, selbst an Patronen, mit denen wir sparsam umzugehen begannen.

Wohin würde dieser Fluss, der allem Anschein nach nicht ins Meer mündete, uns nur bringen? Wie sollten wir mit unseren aufgebrauchten Vorräten und unserer Resteskorte aus den Gegenden wieder freikommen, in die uns die Alima einschließen würde?

Ich maßte mir nicht das Recht an, meine Weggefährten ohne ihr Einverständnis in eine so waghalsige Unternehmung hineinzuziehen. So fragte ich sie um Rat und fand in ihnen erneut jene Energie und Selbstlosigkeit, die all unsere Bewährungsproben hindurch nie abgeflaut sind.

Der Weg, der sich uns eröffnete, würde uns ins Zentrum des unbekannten Kontinents führen. Wir beschlossen, das Abenteuer zu wagen, auf der Suche nach einer Passage gen Osten mutig voranzugehen und keinen Gedanken an Umkehr zu verschwenden.

Die Bateke waren mit der Zeit umgänglicher geworden, da sie feststellten, dass wir uns ihnen gegenüber sehr freundschaftlich und großzügig verhielten. Bald schon wurden sie unsere Freunde und gaben uns wertvolle Auskünfte über die Bewohner entlang der Alima.

Man findet dort, sagten sie, Siedlungen eines Volkes, das am äußersten Ende des Flusses wohnt, dort, wo er in einen noch größeren Fluss mündet, auf dem man monatelang weiterfahren kann. Dieses Volk nennt sich Apfourou. Es kommt zum Oberlauf der Alima mit Maniok und Elfenbein und verschafft sich im Tausch dafür Schießpulver, Waffen und weißes Tuch. Weil es hier aber nicht dauerhaft niedergelassen ist und sich den schiffbaren Teil der Alima mit dem Recht des Stärkeren angeeignet hat, missbraucht es oft seine Überlegenheit, um die armen Leute zu übervorteilen, mit denen es Handel treibt. So hatten die Apfourou dieses Jahr das Land in eine Hungersnot gestürzt, weil sie ihm alle Vorräte genommen hatten. Welch ein Segen, wenn Weiße die Apfourou hätten angreifen und sie zur Vernunft bringen können.

Es lag uns fern, die Sichtweise der Bateke zu übernehmen. Ganz im Gegenteil wollten wir uns darum bemühen, freundschaftliche Beziehungen zu den Apfourou zu knüpfen und ihre Gunst zu gewinnen, so wie wir es mit den Fang getan hatten.

Ich begann also dem Lauf der Alima zu folgen, bis sich eine Gelegenheit fand, um mit einer Siedlung der Apfourou in Verbindung zu treten. Das erste Lager, dessen wir an den Ufern gewahr wurden, war wie von Zauberhand geräumt.

Ich sah mich im Lager um. Alles deutete auf Vorbereitungen eines hastigen Aufbruchs hin, der zweifellos durch unser Nahen ausgelöst worden war. Zwei Pirogen lagen vertäut am Ufer und darinnen hatte man kunterbunt die kostbarsten Gegenstände aufgehäuft. Um die Redlichkeit meiner Absichten zu bezeugen, nahm ich mir ein wenig Tabak und ein paar Nahrungsmittel, legte an ihre Stelle Waren in zehnmal höherem Wert und zog mich zurück.

Ohne Zweifel beobachtete man mich, denn als wir zu einer anderen Siedlung gelangten, zeigten sich die Apfourou weniger verschreckt, und wir konnten nach und nach mit diesen misstrauischen Menschen in Verhandlung treten.

Am nächsten Tag wurde ich von den guten Absichten der Apfourou überzeugt. Sie boten uns eine neue Piroge zum Kauf an, was die Zahl der Boote, über die wir verfügen konnten, auf acht erhöhte. Manche von ihnen waren wirklich in einem schlechten Zustand, aber unser fähiger Steuermannsmaat, der mit erfinderischem Geist und natürlicher Geschicklichkeit stets Abhilfe zu schaffen wusste, fand Mittel und Wege, sie mit Kopalharzen auszubessern. Man musste diese indes zum Schmelzen bringen, sodass ihre Verwendung uns schmerzhafte Brandwunden an Händen und Füßen bescherte.

Wir verstauten also unser Gepäck, unsere Eskorte und unsere Träger in den Booten, beschwingt schon von der bloßen Vorstellung, in nur wenigen Tagen eine Strecke zurückzulegen, die länger war als die, für die wir die letzten drei Monate gebraucht hatten. Doch es dauerte nicht lange, und wir sahen unsere Illusionen verfliegen. Die Apfourou wollten nichts davon hören, dass man ihre Gewässer befuhr, und schon gar nicht mit Waren. Die Schwarzen sind wirklich die misstrauischsten und unerbittlichsten Händler, die ich kenne. Außerdem kamen wir in jene ungastliche Gegend, in der Stanley so viele Kämpfe hatte führen müssen.

Die Bateke kamen fortwährend mit Auskünften über das Gebaren der Apfourou zu uns, die, wie sie sagten, sich unserer Fahrt stromabwärts in ihr Land, in das uns die Alima zwangsläufig führen würde, widersetzen wollten. Sie hatten einen Teil ihrer Lager verlassen, um sich auf diejenigen zu konzentrieren, die strategisch vorteilhafter gelegen waren, und uns an der Durchfahrt zu hindern. Der sichtbarste Hinweis auf ihre Entschlossenheit, in den Krieg zu ziehen, war, dass sie Frauen und Kinder zur Sicherheit in ihr eigenes Land zurückgeschickt hatten.

Wir gaben jedoch nicht auf und hofften, unser unkriegerisches Verhalten und unsere friedliche Haltung würden noch im letzten Moment die feindliche Gesinnung der Apfourou bannen.

Am 2. Juli 1878 begannen wir, eingeschifft auf acht Pirogen, den Fluss hinabzufahren. Das erste Dorf der Apfourou ließ uns unbehelligt passieren. Rührte diese Duldung von einem Sinneswandel her oder hatte unser schnelles Vorankommen sie überrascht? Die Antwort blieb nicht lange aus, denn schon erklang der Kriegsschrei und mehrere Pirogen nahmen unsere Verfolgung auf, obgleich sie sich uns nicht näherten. Als wir jedoch in der Ferne das nächste Dorf erblickten, vervielfachten sich die Schreie unserer Verfolger. Man antwortete ihnen von den Dörfern aus, die wir passieren wollten und in denen man sich anschickte, uns mit Gewehrsalven zu empfangen.

Daran bestand nun kein Zweifel mehr, und unsere Träger erkannten die Lage. Sie ließen ihre Ruder im Stich, um am Boden der Pirogen in Deckung zu gehen. So mussten nun die Männer unserer Eskorte ihre Gewehre aus den Händen legen, um die Schiffe in der Mitte des Flusses zu halten. Wir waren früh am Morgen aufgebrochen und den Fluss schon ein gutes Stück hinuntergefahren, als von den Ufern aus die ersten Schüsse abgefeuert wurden. Das Gewehrfeuer, zunächst vereinzelt und unsicher, wurde nun dichter und gefährlicher.

Drei meiner Ruderer waren leicht verletzt worden und nun nicht mehr davon abzuhalten, ihre Ruder fahren zu lassen und ihrerseits das Feuer zu eröffnen. Dies gereichte uns sehr zum Nachteil, denn da unsere Träger schon auf dem Boden der Pirogen lagen, hielten unsere Männer nun ganz allein das Ruder in der Hand.

Währenddessen hörten wir von den Ufern und den Höhen der Hügel, die den Fluss zu beiden Seiten säumen, Schreie, die nichts Gutes verhießen und sich anhörten wie Pferdewiehern, das sich in der Ferne wiederholte. Auf diese Weise kündigten die Obemghi[48] den Dörfern, die wir durchqueren mussten, unser Kommen an.

Auf dieses langen Tages restlicher Reise wurden wir von allen Dörfern, an denen wir vorbeifuhren, angegriffen und zudem von ihren Pirogen verfolgt. Die Sonne war hinter dem Horizont verschwunden und die Nacht wurde schwarz. Sie war uns willkommen, weil sie uns bei der Fahrt den Fluss hinunter Schutz bot. Doch unsere Hoffnung wurde bald enttäuscht. Eine Piroge, die zur Aufklärung ausgesandt worden war, bemerkte uns, und unser Treiben wurde den Dörfern, die flussabwärts lagen, angezeigt.

Die schmale Durchfahrt, in die wir nun hineinsteuern würden, war ungeheuer gut gesichert und viele Dörfer lagen oberhalb der beiden Ufer. Die Bewohner erhoben, als sie von unserer Ankunft erfuhren, schreckenerregendes Geschrei und schienen seit langem darauf vorbereitet, uns anzugreifen.

Es wäre tollkühn gewesen, sich auf einen nächtlichen Kampf gegen Leute einzulassen, die den Fluss genau kannten und sicherlich alle Maßnahmen ergriffen hatten, um uns an der Durchfahrt zu hindern. So legten unsere Pirogen längsseits an einer schwimmenden Grasbank an und warteten. Vielleicht, weil sie unseren Plan errieten, vielleicht, um sich wach zu halten, fachten die Apfourou nun an beiden Ufern zahlreiche Feuer an und raubten uns so jede Hoffnung, unbeobachtet zu bleiben.

Die ganze Nacht lang hielten Rufe und Geschrei, Kriegsgesänge, der Klang der Trommeln und Schatten, die in einigem

48 Wahrscheinlich meint Brazza hier die größere Bevölkerungsgruppe, der die Apfourou angehören, die Ubangi.

Lager nördlich des Ogowé

Abstand um unsere Gruppe kreisten, uns in Atem. Im Osten hörten wir das Geräusch von Rudern: Es waren die Pirogen der Siedlungen stromabwärts, die den Fluss heraufkamen, um am Kampf teilzunehmen. Wir hörten unsere Gegner singen, dass wir Fleisch für ihre Siegesfeier seien. Angesichts solcher Vorbereitungen und der offenkundig kriegerischen Haltung schien es mir klug, am Ufer Stellung zu beziehen, wo meine Laptots sich freier würden bewegen können als in den Booten.

Kapitel VI

Eine Schlacht ist gewonnen – Mutige Apfourou – Die Munition wird knapp – Äußerste Entschlossenheit – Auf dem Rückzug – Die Sammlungen werden geopfert – Schmerzlicher Rückzug – Niemand wird schwach – Rückkehr ins Land der Bateke – Durst – Rationierung – Außerhalb des Alima-Beckens – Als Kundschafter unterwegs – Die Kolonne teilt sich – Die Anghié – Das geheimnisvolle Land der Licona – Völker des Wassers

Bei Tagesanbruch sahen wir hinter einer Landspitze, die den Unterlauf des Flusses verbarg, ungefähr 30 Pirogen hervorgleiten, die mit Gewehren bewaffnete Schwarze trugen. Diese kleine Flotte teilte sich nun gleichmäßig in zwei Flügel auf, sodass sie von zwei Seiten gleichzeitig angreifen konnten. Als die Apfourou bis auf eine Entfernung von ungefähr 40 Metern herangekommen waren, wurde auf beiden Seiten das Feuer eröffnet. Wir hatten 15 Gewehre in geübten Händen. Unser schnelles Gewehrfeuer und die Treffsicherheit unserer Waffen überwältigten unsere Feinde alsbald. Kaum ein paar Minuten waren verstrichen, da suchten sie eilig ihr Heil in der Flucht.

So kamen wir in den Genuss einer kurzen Atempause, doch galt es, schnell eine Entscheidung zu treffen. Ich hatte die Absicht, den ersten Verblüffungsmoment der Apfourou auszunutzen, um die Durchfahrt zu passieren. Eine Bestandsaufnahme unserer Munition ergab jedoch, dass sie aufgebraucht sein würde, ehe wir am Ende dieses ungeheuren Weges angekommen wären.

Tatsächlich war es offensichtlich, dass wir nun, je weiter wir den Fluss hinabfuhren, an einer stets zunehmenden Menge an Gegnern vorbeikommen würden, und dies umso mehr, als wir uns noch nicht einmal im eigentlichen Gebiet der Apfourou befanden, sondern erst in dem ihrer vorgelagerten Niederlassungen am Flussoberlauf.

Diese mutigen Apfourou kämpften tapfer. Ich werde mich immer an den Mann in der vordersten Piroge erinnern, auf die sich unser Gewehrfeuer konzentrierte. Unbeirrt stand er die ganze Zeit aufrecht und schwenkte über seinem Kopf seinen Talisman. Keine der Kugeln, die es um ihn hagelte, traf ihn.

Unsere Unkenntnis des Landes und die Schwäche unserer Eskorte erlaubten es uns nicht, uns einen Weg am Fluss entlang zu bahnen. Das wäre kein Mut mehr gewesen, sondern tollkühner Irrsinn, der, ganz abgesehen von der Gefahr für unser Leben, das bisher von uns Erreichte aufs Spiel gesetzt hätte.

Ich habe es indes später bereut, nicht meiner ersten Eingebung gefolgt zu sein, als ich durch die Reiseberichte von Stanley erfuhr, dass wir mit einem gewagten Vorstoß in weniger als fünf Tagen die Gewässer des Kongo erreicht hätten, anstatt in irgendeinem See zu enden, ausweglos der Gnade der Apfourou ausgeliefert.

Um uns vor diesen in Sicherheit zu bringen, mussten wir den Landweg wieder aufnehmen, der, weil uns das Schuhwerk fehlte, so mühselig war. Um dieses Manöver schleunigst durchzuführen, war es wichtig, dass wir nur so viel Gepäck mitnahmen, wie unsere Träger auf einmal tragen konnten. So ließ ich sieben Kisten mit Waren versenken. Bei dieser Gelegenheit musste der Doktor seine wertvollen Sammlungen opfern. Währenddessen erfuhren wir, dass die Apfourou sich auf einen zweiten Angriff vorbereiteten, den sie am nächsten Tag unternehmen wollten. Dieses Mal sollten wir nicht nur vom Fluss her aus allen Richtungen angegriffen werden, sondern auch vom Land aus, wo man sich anschickte, uns zu umzingeln. Diese Informationen wurden durch einen Spion bestätigt, der in dem sumpfigen Wald erschien, in dem wir uns geschützt glaubten. Von Feinden umstellt, wäre er uns jedoch zum Grab geworden. In einem Kampf Mann gegen Mann hätten wir hier alle Vorteile unserer schnell schießenden Gewehre verloren.

Sobald die Nacht hereingebrochen war, setzten wir uns in Bewegung, noch immer entschlossen, so weit wie möglich nach Osten vorzustoßen.

Anfangs war dieser Rückzug sehr mühsam, denn wir mussten uns über eine Strecke von mehr als 500 Metern aus dem sumpfigen Wald befreien. Nicht weniger als drei Stunden brauchten wir, um uns im rauchigen Schein von Bambusfackeln aus dem Schlamassel zu ziehen. Mit dem ersten Tageslicht hatten wir den Fuß der nächstgelegenen Hügel erreicht, und am Abend waren wir außerhalb der Reichweite der Apfourou. Im Rückblick auf unsere misslich verlaufene Schifffahrt auf der Alima konnten wir feststellen, dass wir in zwei Tagen auf dem Fluss eine Strecke von gut 100 Kilometern Luftlinie zurückgelegt hatten.

Doch schätze ich mich glücklich, sagen zu können, dass trotz so vieler Hindernisse und Bewährungsproben die gute Freundschaft und die völlige Übereinstimmung, die zwischen uns herrschten, niemals Schaden nahmen. Und mit berechtigtem Stolz kann ich in meiner Eigenschaft als Oberhaupt der Expedition meinen mutigen Mitstreitern Ballay und Hamon das Lob aussprechen, das sie verdienen.

Eine neue Folge leidvoller Prüfungen erwartete uns im Land der Bateke, in das wir gerade zurückkehrten. Das Gebiet war, wie ich schon gesagt habe, durch eine Hungersnot verheert, und zu allem Unglück war das Wasser dort überdies so rar geworden, dass dafür horrende Preise zu zahlen waren. Ich beschloss daher, dass wir, die Weißen, als erste unseren Leuten ein Vorbild an Abstinenz zu geben hatten. Die Lebensmittel und das Wasser wurden in so viele gleiche Rationen eingeteilt, wie wir Männer waren: die senegalesischen Träger,[49] die Dolmetscher und wir. Erst nachdem die Männer der Eskorte ihre Ration erhalten hatten, wurden die übrigen Anteile vom Steuermannsmaat, vom Doktor und von mir genommen. Unser Entschluss zeitigte die trefflichste Wirkung, und alle Arten von Entbehrungen wurden klaglos ertragen.

Unsere Haltung gegenüber den Apfourou, die Schnelligkeit, mit der wir deren Angriffe abgefangen hatten, brachte uns bei den Bateke große Hochachtung ein, und sie zeigten sich fortan gastfreundlicher. So war es uns möglich, das Alima-Becken zu durchqueren und wir gelangten in jenes, das die Zuflüsse der Lecerca[50] sammelt.

Der größte Teil meiner Gefolgschaft war in einem äußerst elenden Zustand. Die Wunden von den langen Fußmärschen und die Entbehrungen hinderten sie am Vorankommen, und so sah ich mich nach einer Aussprache gezwungen, meine kleine Truppe zweizuteilen.

Ich behielt sechs Männer der Eskorte bei mir sowie zehn der verlässlichsten Träger. Die anderen ließ ich unter dem Kommando von Ballay und Hamon, mit dem Auftrag, in der Nähe des Ogowé, in der Gegend der Poubara-Fälle, auf mich zu warten.

Ich selbst ging, da ich mich nun freier bewegen konnte, von dort in das Gebiet Lebai Ngoko, das von den Umbete bewohnt wird. Mein Ruf war mir vorausgeeilt und ich fand bei ihnen einige der blauen Perlen, die ich den Bewohnern am Oberlauf des Ogowé geschenkt hatte.

---

49 Brazza hatte keine senegalischen Träger. Er hatte senegalesische Schützen dabei und rekrutierte Träger aus den durchquerten Gebieten. Im Kampf mit den Apfourou berichtet Brazza sowohl von Trägern als auch von Schützen, sodass hier wohl beide gemeint sind.

50 Es ist unklar, welchen Fluss Brazza hier meint.

Wir näherten uns dem Hoheitsgebiet der Anghié, in das keiner der Einheimischen uns führen wollte.

Die Anghié bilden einen kriegerischen, von den Nachbarvölkern gefürchteten Stamm. Sie haben Gewehre und gehen oft außerhalb der Grenzen ihres Territoriums auf Beutezug. Sie bewohnen die Ufer eines großen Flusses. Die Sklaven, die sie bei ihren Raubzügen erbeuten, werden in so weit entfernte Gebiete verschleppt, dass niemand sich erinnern kann, auch nur einen einzigen je wiedergesehen zu haben.

Ungefähr 30 Kilometer im Norden von Lebai Ngoko traf ich auf die Licona, die hier, wo ich sie durchquerte, etwas weniger breit war als die Alima. Sie folgt in etwa, von Westen nach Osten fließend, der Richtung der Äquatoriallinie und nimmt weiter flussabwärts die Zuflüsse Obo und Lebai Ngoko auf. Bald wird sie so beachtlich, dass es nach dem, was die Einheimischen sagen, mehr als einen halben Tag braucht, um sie von einem Ufer zum anderen zu durchqueren. Es gibt Männer, die auf ihr ganze Monate lang mit Booten fahren und abends für die Nacht Schutz auf den Inseln suchen. Es sind jene Leute, die die von den Anghié entführten Sklaven abholen und ihre menschliche Ware in Gegenden bringen, aus denen niemand zurückkehrt. Dieselben Leute besitzen Schießpulver, Gewehre und weiße Tuchbahnen aus europäischer Herstellung.

Diese Informationen, die ich damals anzweifelte, scheinen mir heute begründet, wenn ich bedenke, dass die Einheimischen den Unterlauf der Licona mit dem des Kongo verwechselten.

Kapitel VII

Geschwollene Beine: Ich kann nicht mehr gehen – Der Vogel der Regenzeit – Betrübt zurück zum Ogowé – Noch einmal Salz – Die afrikanische Frage ist gelöst – Die Bedeutung der Alima – Das Ogowé-Becken ist mit dem des Kongo verbunden – Die Bedeutung für Frankreich – Die armen Träger – Die Sklaverei – Flotte Fahrt den Ogowé hinab – Der Weg der Okanda – Sendungen der Geographischen Gesellschaft und des Königs von Belgien – Danksagungen – Das Werk ist gerade erst begonnen

Von der Licona an wurde die Reise äußerst beschwerlich. Meine Beine waren vom Gestrüpp allzu übel zugerichtet und mit Wunden übersät. Meine Eskorte und meine Träger, die es gewohnt waren, durch den Busch zu wandern, waren in kaum besserer Verfassung. Unsere Waren gingen zur Neige. Ich hatte kaum genug, um meine Rückkehr zu gewährleisten. Die unmittelbar bevorstehende Regenzeit, die das gesamte Land zu überschwemmen drohte, würde mir bald den Rückweg abschneiden. Ich gelangte indessen bis zum Fluss Lebai Okoua, der, auf einem halben Grad Richtung Norden gelegen, nur 55 Kilometer vom Äquator entfernt war und dessen gegenüberliegendes Ufer die Okanda bewohnen. Doch der Vogel, der die Regenzeit ankündigt, hatte gesungen. Traurig machte ich mich wieder auf den Weg zum Ogowé. Es war der 11. August. Fast auf den Tag genau drei Jahre war es nun her, dass ich Europa verlassen hatte!

Lebai Okoua bedeutet in der Landessprache »Salzfluss«. Dieses in Afrika so wertvolle Produkt wird hier von den Einheimischen gewonnen, indem sie das Wasser aus den kleinen Bächen verdampfen, die von den salzreichen Hügel herabfließen. Diese Entdeckung ließ in mir Zweifel an der Existenz der Seen in der Wadai-Region aufkommen, zu denen die Alima uns meinem Glauben nach hätte führen müssen. Die afrikanische hydrographische Frage verdunkelte sich mir immer mehr, denn ich konnte mir nicht vorstellen, dass der Kongo seine majestätischen Wellen genau vor mir wälzte, dort, wo die Sonne aufging. Auch besser Informierte als ich zweifelten ihrerseits an dieser außergewöhnlichen Tatsache, als Stanley die ersten Bestätigungen dafür lieferte. Für mich erhellte sich alles mit einem Schlag, als ich bei meiner Rückkehr nach Europa von dem Weg dieses Forschers quer durch Afrika Kenntnis erlangte. Jene Abfolge von Wasserläufen, die ich überquert hatte, mündete in den großen Strom von Livingstone und Stanley. Ich verstand in diesem Moment, dass die Entdeckung der Alima, die just unweit des Punktes schiffbar wird, an dem der Ogowé mit Pirogen nicht mehr befahren werden kann, von beträchtlicher Bedeutung war, nicht nur in geographischer, sondern auch in kommerzieller Hinsicht.

Der Abstand zwischen beiden Flüssen ist tatsächlich sehr überschaubar, er liegt bei kaum 50 Seemeilen, das Gelände ist flach und für den Transport, sei es von Waren oder von zerlegbaren Booten, bequem zu nutzen. Sandige Hügel mäßiger Höhe prägen diese Region, die das Ogowé-Becken vom Kongobecken trennt, und bieten verschiedene überaus einfache Passiermöglichkeiten, da keine dichte Vegetation, sondern offenes Land vor einem liegt.

Dampfboote mit großer Tonnage können auf der Alima bis zu der Stelle fahren, an der wir auf diesen Fluss gestoßen waren. Auf den Kongo könnten sie jenseits der Stromschnellen treffen, die diesen Strom zur Atlantikseite hin versperren, ein Punkt, der wegen der Feindseligkeit der Bevölkerungsgruppen, die auf dieser Seite den Handel monopolisieren, schwierig zu erreichen ist. Daher ist der Ogowé zwar kein direkter Weg ins Landesinnere, aber ein indirekter, erschließt er doch den Kongo und gewinnt dadurch eine entscheidende Bedeutung. Unser Beharren darauf, unsere Erkundungen nicht auf den Lauf des Ogowé zu beschränken, sondern sie trotz des Elends, in dem wir uns befanden, weiterzutreiben, wurde somit von einem Ergebnis gekrönt, das unsere Hoffnungen übertraf.

Als wir den Fluss hinabfuhren (für uns nur ein Kinderspiel), dachte ich an meine Träger. Was würde aus ihnen werden? Sie waren zu glücklich bei der Aussicht, in ihre Heimat zurückzukehren, um einen Gedanken daran zu verschwenden, mir nach Gabun zu folgen, dem einzigen Ort, an dem ihre Freiheit gewahrt werden konnte. Sie gingen in großer Zahl fort und beinahe alle wurden in den ersten Dörfern, die sie erreichten, gefangen genommen und ins Elend der Sklaverei gestürzt. Das war eine Lektion für diejenigen, die geblieben waren und sich entschlossen, uns bis nach Gabun zu begleiten. Sie konnten sich glücklich schätzen, diese Entscheidung getroffen zu haben, denn ich habe ihnen ein Dorf gegeben, in dem ihre Hütten von Pflanzungen umgeben und von Hühnern, Ziegen usf. bevölkert sind. Sie führen ein luxuriöses Dasein ohne viel Aufwand, das ihren Nachbarn zum Neid gereicht. Glücklich, sich dieser süßen Lässigkeit hingeben zu können, die für den Schwarzen[51] die vollkommene Glückseligkeit bedeutet, spotten sie zu recht über die Dummheit ihrer ehemaligen Weggefährten, die, weil sie es zu eilig hatten, mich zu verlassen, sich selbst ihren Verfolgern ausgeliefert haben und nun durch das Land geschleift werden, den Hals im Genickstock und an den Füßen den Holzklotz.

Ich meinerseits kann nicht umhin, betrübt zu sein, wenn ich an diese bescheidenen Hilfskräfte denke, denen ich ein

51 Brazza verwendet in diesem rassistischen Klischee statt des neutraleren »noir« das deutlich rassistisch konnotierte Wort »nègre«.

besseres Schicksal gewünscht hätte. Das Unglück, das ihnen auf immer bestimmt zu sein scheint, und der Starrsinn, mit dem sie ihre harten Lebensbedingungen hinnehmen, haben mich oft zum Nachdenken gebracht. Ich habe es bedauert, sie ihrem Elend nicht entreißen zu können. Doch angesichts dieser wilden Sitten und des resignierten Starrsinns der armen Leute, die ihnen zum Opfer fallen, musste ich meine Ohnmacht anerkennen. Es wird vieler großzügiger Interventionen bedürfen, um der barbarenhaft grobschlächtigen Vorurteile Herr zu werden, die bei den Sklaven noch tiefer verankert sind als bei den Händlern selbst.

Unsere Fahrt den Ogowé hinab dauerte nicht lang. Uns standen höchst geschickte Ruderer zur Verfügung, und ihr Eifer wurde noch von dem Gedanken beflügelt, dass sie uns in das Land zurückbringen würden, wo man uns vielleicht verzweifelt erwartete. Jeder von ihnen wollte geschickter und schwungvoller sein als die anderen. Die guten Beziehungen, die wir mit den Flussanrainern geknüpft hatten, konnten unsere Reise nur insofern verzögern, als wir auf ihre Freundschaftsbekundungen antworteten. Es wäre eine triumphale Abfahrt geworden, wenn uns nicht ein Unfall daran erinnert hätte, dass jeder Triumph seine Kehrseite hat.

Eben war meine Piroge die Stromschnellen hinabgeeilt, als ein Flusspferd auf das Boot von Ballay zusteuerte, der uns in einem Abstand von 50 Metern folgte. Der Stoß inmitten der gewaltigen Strömung, den ihr das ungeheure Tier versetzte, riss die Piroge vorne so weit hoch, dass sie nach hinten überschlug und wie zerbrechliches Treibgut in der Mitte des Flusses kreiselte. Zum Glück konnte sich Doktor Ballay an das Boot klammern und es gelang mir noch rechtzeitig, ihn der Gefahr zu entreißen.

Zurück bei den Okanda, waren wir nunmehr, wenn nicht in einem zivilisierten, zumindest aber in einem befreundeten

Land. Hier spürten wir eine erste Auswirkung jener Zivilisation, von der wir so lange schon getrennt waren. Denn im Land der Okanda erwarteten uns Kisten, die uns die Geographische Gesellschaft von Paris geschickt hatte. Zu unserem Pech waren sie in Gabun ausgerechnet um die Gegenstände bestohlen angekommen, die für uns, hätten sie rechtzeitig ihren Weg zu uns gefunden, am wertvollsten gewesen wären. Kommandant Boitard, Oberbefehlshaber in Gabun, hatte dafür gesorgt, das in den Kisten Fehlende so auffüllen zu lassen, dass es unseren mutmaßlichen Bedürfnissen aufs Treffendste entsprach. In dieser Angelegenheit gilt es hier, den Kommandanten Boitard in großer Dankbarkeit zu würdigen, der stets mit fürsorglicher Weitsicht und Besonnenheit seine schützende Hand über uns hielt.

Ebenfalls bei den Okanda erfuhren wir, dass auch einer zweiten Sendung der Gesellschaft für Geographie trotz intelligentester Vorsichtsmaßnahmen nicht mehr Glück beschieden war. Diese hatte sich unter den Händen ahnungsloser und ängstlicher Männer in Luft aufgelöst. Wir verdankten sie dem großen Wohlwollen des belgischen Königs, Präsident der Internationalen Afrika-Gesellschaft. Möge Seine Majestät, König Leopold II., hier den Ausdruck unserer tiefsten Dankbarkeit entgegennehmen. Tatsächlich erfuhren wir bei unserer Rückkehr, dass dem Belgischen Komitee der Internationalen Afrika-Gesellschaft daran gelegen gewesen war, den internationalen Charakter des Werkes zu unterstreichen, indem es französischen Reisenden zu Hilfe kam.

Von diesem Tag an wurde unser Marsch von den Stromschnellen beschleunigt, die ihn zu Beginn der Reise so sehr behindert hatten. Pfeilschnell trugen sie unsere Pirogen bis zu der Station, wo wir das erste Mal wieder Vertreter unserer Zivilisation sahen. Gastfreundlichere und generösere als den amerikanischen Missionar Doktor Nassau und seine

Ein Flusspferd brachte Ballays Boot zum Kentern.

liebenswerte Frau hätte man schwerlich finden können. Meine Forschungskollegen, die Herren Cameron und Stanley, hatten bei ihrer Abfahrt von der östlichen Küste in den französischen katholischen Missionaren von Bagamoyo wichtige Unterstützer gefunden; bei unserer Rückkehr wurden wir von einer protestantischen Mission aufs Freundlichste aufgenommen.

Vier Tage nach dem warmherzigen Empfang durch Doktor Nassau waren wir in Gabun auf französischem Boden. Der Interims-Kommandant de Cordière bereitete uns einen Empfang, an den wir uns stets erinnern werden.

Bei Zwischenhalten auf dem Weg gen Europa lernten wir die Gastfreundlichkeit des Herrn Fonseca zu schätzen, Gouverneur der Insel Príncipe und treuer Vermittler der wohlwollenden Haltung der portugiesischen Regierung gegenüber Erkundungen Afrikas.

In Lissabon begegnete uns eines der erlauchtesten Mitglieder unserer Geographischen Gesellschaft, seine Majestät König Louis von Portugal, dem wir durch den französischen Minister, Herrn Laboulaye, zuvorkommenderweise vorgestellt wurden, mit größtem Wohlwollen. Seine Majestät Don Luis möge mir vergeben, wenn ich, bedingt durch die lange, drei Jahre währende Abwesenheit aus Europa, in irgendeinem Punkt, insbesondere meiner Kleidung, der für das Erscheinen vor einem König unverzichtbaren Etikette nicht Genüge geleistet habe. Meine Garderobe war bei meiner Rückkehr tatsächlich alles andere als glänzend.

Ich habe von unserer Reise in Äquatorialafrika hier nur einen Überblick aus der Vogelschau gegeben. Man erzählt nicht in wenigen Worten drei Jahre voll unterschiedlichster Ereignisse, vergeblicher Versuche, unvorhergesehener Erfolge, mit so vielen Eindrücken, die mal beschwerlich und schmerzhaft, mal angenehm waren, zumeist jedoch beschwerlich.

Ehe ich ende, will ich noch darauf hinweisen, wie relativ wenig Platz auf der Karte von Afrika das Gebiet einnimmt, das diese erste französische Expedition erkundete. Die Lehre, die daraus zu ziehen ist, lautet, dass die geographische Eroberung dieses unermesslichen Kontinents noch etliche Mühen kosten dürfte. Mehr als ein Reisender wird dort seine Gesundheit ruinieren, vielleicht sein Leben lassen. Die französischen Erforscher haben sich niemals der Aufgabe entzogen, die ihnen zufällt.

Für meinen Teil war ich, kaum zurück in Frankreich, bereit, die Unternehmung fortzuführen. So brachte ich mich auf den Stand der jüngsten Entdeckungen in Afrika, um mein unvollendetes Werk fortzusetzen, und stellte unterdessen meine Gesundheit wieder her.

Briefe der ersten Reise

Doumé, Rebagni, Aduma, 20. April 1877

Mein lieber Antonio[52],

Am 20. August 1875 habe ich mich nach Afrika eingeschifft, 20 Monate ist es also her, dass ich Europa verlassen habe. Zum letzten Mal ist Gelegenheit, Dir meine Notizen zu schicken, denn bald wird der Weg über den Fluss von den Ossyeba versperrt sein.

So will ich sie nutzen und Dir einen getreuen Bericht meiner gegenwärtigen Lage geben. Ich werde Dir alles sagen, was ich denke, hoffe oder für die Zukunft befürchte.

Am 31. März 1877 erreichte ich mit den Okanda zum zweiten Mal Doumé und hatte den Rest unserer Waren in Lope gelassen. Hier hatten wir am 24. April 1877 alle wieder zusammengefunden, und eben hier habe ich endgültig mein Hauptquartier aufgeschlagen.

Als ich im vergangenen Jahr zum ersten Mal hier ankam, am 20. Juni 1876,[53] hatte ich nichts als einen Matrosensack

52 Antonio ist einer der Brüder de Brazzas.

53 Es ist nicht leicht, hier den Überblick über die Bewegung der Expedition zu behalten, da sie sich zum einen in kleine Gruppen aufteilt, die unterschiedliche Wegstrecken den Fluss hinauf und hinab zurücklegen, und zum anderen denselben Ort, die Doumé-Wasserfälle, zweimal über verschiedene Wege und mit einem Jahr Abstand erreicht. Brazza gelangt, nur begleitet von einer Handvoll Dolmetschern, Trägern und Soldaten, das erste Mal im Juni 1876 zu Fuß zu den Doumé-Wasserfällen, von Lope aus. Seine französischen Gefährten Hamon, Ballay und Marche befinden sich zu dem Zeitpunkt an unterschiedlichen Stellen entlang des Ogowé, sei es krankheitsbedingt oder um die Vorräte zu bewachen oder weil die Einheimischen diese lukrativen Gäste nicht ziehen lassen

dabei und nur Denis, mein Mpangwe-Dolmetscher, begleitete mich. Glaub mir, es hat mich eine satte Ladung Geduld und Zeit gekostet, um das besagte Hauptquartier hier aufschlagen zu können.

Jetzt sind meine Vorratsräume gefüllt und unsere Pflanzungen fangen an, Früchte zu tragen: schwarzer Rettich, einheimische Bohnen, Zucker, Tabak, Spinat usw.

Erlaube mir eine Abschweifung. Solltest Du zufällig einmal auf die Idee kommen, diesen Spinat zu kosten, der recht häufig auf unseren Tisch kam, so kannst Du Dir dieses Vergnügen bereiten, indem Du dazu die breiten Blätter jener Stauden nimmst, die nahe am Brunnen in unserem Garten in Rom wachsen, und sie mit Schafsfett, Pfeffer und Salz kochst; das ist ein wirklich köstliches Gericht (für die Leute von hier, versteht sich, 2000 Meilen von Europa entfernt).

Doumé ist der östlichste Ort im Land der Aduma. Als ich letztes Jahr hier ankam, war der Wasserstand niedrig und die Durchfahrt versperrt von einer riesigen, etwa eineinhalb Meter hohen und 400 Meter langen Stufe. Das Wasser floss über diese Stufe in einer kleinen Kaskade herab, nicht hoch genug, um sie Wasserfall nennen zu können. Aber weil es auch keine Stromschnelle ist, habe ich es Katarakt genannt. Jetzt ist Hochwasser, der Katarakt existiert nicht mehr und so muss ich auch den Namen Katarakt wieder zurücknehmen.

---

wollen. Brazzas erster Versuch, allein weiter über die Doumé-Wasserfälle in Richtung Poubara-Wasserfälle zu gelangen, scheitert und Brazza ist wahrscheinlich durch einen Giftanschlag so geschwächt, dass er weit flussabwärts Monate für die Genesung braucht. Dann fährt die Expeditionsgruppe etappenweise wieder bis zu den Doumé-Fällen. Diesmal ist es unter anderem der Naturwissenschaftler Marche, der vor Brazza dort ist, so dass Brazza hier von der Wiedervereinigung der Expedition spricht, die im April 1877 stattfindet, als Brazza nach einem Jahr erst zum zweiten Mal die Doumé-Wasserfälle erreicht – diesmal über den Fluss, vorbei an den Booué-Stromschnellen, die zwischen Lope und den Doumé-Wasserfällen liegen.

Eingeborenendorf.

Unser Dorf liegt am linken Flussufer auf einer Höhe von sechs oder acht Metern über dem durchschnittlichen Wasserpegel, wo ein guter Wind geht und ringsum die Bananenstauden unserer Gärten stehen. Die Lage ist nicht schlecht, und weil ich dem einflussreichsten Oberhaupt im Umkreis von 20 Kilometern eine Kette geschenkt habe, genießen wir den Vorzug, keine nächtlichen Diebstähle zu fürchten. Dieses Oberhaupt, das uns vor den Dieben schützt, nennt sich »Der Tiger«.

Und schließlich ist Doumé auch für unsere Pläne, ins Landesinnere vorzudringen, die günstigste Station. In der Nähe des Territoriums der Azzana oder der Bakanike, die fünf oder sechs Tage entfernt von Doumé leben, wird der Fluss auf einmal ungemein schnell. Von dort aus werden wir sehr wahrscheinlich bis zu einem Wasserfall weiterfahren, den die Schwarzen »Poubara« oder »Pubilé« nennen. Dieser Wasserfall liegt ihren Angaben zufolge 15 oder 20 Tage von Doumé entfernt, genau zwischen dem Land der Bateke oder Ateke und dem Land der Avumbo, die an diesem Flussufer und dem des Flusses Libumbay leben, einem linksseitigen Zufluss des Ogowé oder Rebagni.

Auf die Bateke oder Ateke richtet sich der Aberglaube der Schwarzen, die sagen, dieses Volk besitze Messer mit gigantischen Klingen. Ein einziger Hieb damit in einer Hütte, und schon stirbt das ganze Dorf! Aber es kommt noch schlimmer.

Die Umbete, ein anderes Volk, wohnen auf dem rechten Flussufer, jedoch recht weit vom Fluss entfernt. Sie fangen Feuer, wenn der Fluss in die Luft aufsteigt und als Feuerregen auf die Erde niederprasselt ...

All diese Namen stehen in den alten portugiesischen Karten, die zwischen 1600 und 1700 nach den Angaben der Schwarzen erstellt worden sind, aber ich finde sie darauf in ganz anderer Entfernung und an ganz anderer Stelle wieder als in der Wirklichkeit. So ist der Fluss Libumbay (auf diesen portugiesischen Karten) als rechtsseitiger Zufluss des Kongo eingezeichnet, dabei bin ich sicher, dass der Libumbay ein linksseitiger Zufluss des Ogowé ist.

Die Bateke, die Umbete, die Mbamba, die Avombo und die Shake finde ich allesamt auf einer portugiesischen Karte wieder, die allein auf Angaben beruht, die die Missionare von den Schwarzen der Mission Concobella bezogen haben. Diese Mission liegt ungefähr 250 Kilometer von der Stelle entfernt, die Marche und danach Doktor Ballay erreichten, während ich krank war.

Gerne würde ich mein Hauptquartier an den Wasserfall von Poubara verlegen. Diese Örtlichkeit, die ich bisher nur aus

Hinweisen der Schwarzen kenne, scheint mir den Vorteil zu bieten, dass ich Beziehungen zu den Bateke aufnehmen kann, die jenseits von Poubara heimisch sind. Und weil die Aduma schon vor 15 oder 20 Jahren bis nach Poubara gelangten, um Handel zu treiben, hoffe ich, dass ich sie davon überzeugen kann, mich dorthin mitzunehmen. Jene, die jenseits von Doumé wohnen, können mit den großen Pirogen, mit denen ich den Fluss bisher hinaufgekommen bin, nicht umgehen. Sie haben im Übrigen auch gar keine. Sie kommen allesamt ursprünglich aus dem Busch und haben ihre Dörfer am Ufer des Ogowé erst um einiges später als ihre schwarzen Brüder gebaut. Dies erklärt, warum große oder kleine Pirogen dort so selten sind und mehr noch, warum es keine Ruderer gibt, die sie steuern könnten. Bis dahin hatte ich einen Aduma als Ruderer.

Vor längerer Zeit, als die Verbindungswege zwischen den Aduma und den Okanda noch nicht durch die Ossyeba gekappt waren, holten die Aduma ihre Sklaven aus dem Land, das sich zwischen Doumé und den Poubara-Wasserfällen erstreckt und über das sie noch nie hinausgelangt waren. Sie bezahlten diese Sklaven mit Waren von der Küste, die sie über die Okanda erhalten hatten.

Als ihnen die Waren ausgingen, weil der Weg versperrt war, fuhren sie weiterhin gen Poubara, und um sich noch eine Weile lang weiterhin Sklaven zu beschaffen, verlegten sie sich darauf, sich durch Betrug und Gewalt ihrer ehemaligen Freunde zu bemächtigen und verkauften diese als Sklaven. Seit dieser Unternehmung haben sie die Reise aus Furcht vor Vergeltung aufgegeben, und so zeigen sie sich nur noch drei bis vier Tagesreisen jenseits von Doumé.

Der Mangel an »Sklavenware« ließ indes deren Preise nicht steigen, und nunmehr fanden die Aduma es nützlich, dieses System auf ihre Familie anzuwenden. Der Vater verkaufte seinen Sohn, der Bruder verkaufte seinen Bruder und der Sohn seine Mutter ... Denk nicht, dass ich übertreibe. Von 13 von mir gekauften Sklaven waren drei vom Vater verkauft worden, drei von ihrem älteren Bruder, zwei von ihrem jüngeren Bruder und einer von seinem Onkel. Ich habe sie aus zweiter oder dritter Hand von den Okanda und den Galoa gekauft.

Aus all diesen Gründen steht den Aduma, bis auf wenige Ausnahmen, kaum der Sinn danach, mit mir den Fluss bis Poubara hinaufzufahren, und umso weniger, als neuerdings die Bateke begonnen haben, europäische Waren, die über den Kongo kommen, mitzubringen. Das nämlich mindert den Wert der Waren, die aus der Region der Aduma stammen. Was ist das nur für ein Volk, mein lieber Antonio! Es ist das schlechteste, das ich kenne, und von allen, denen ich bisher begegnet bin, nimmt es, am Sozialen gemessen, den untersten Rang ein. Es hat nicht die entfernteste Idee von irgendetwas, das einem irgendwie gearteten Gefühl ähneln würde. Die rohe Materie ist für diese Leute das Einzige, was zählt. Ihnen ermangelt es jeglichen Prinzips, jedweder Tradition. Zumeist könnte dir der Sohn nicht sagen, wo sein Vater geboren ist, und wenn man ihn fragt, was die Aduma vor 70 oder 100 Jahren waren, dann kann er dir dazu schlichtweg *nichts* antworten. Bei diesen Wilden gibt es nicht den Anflug irgendeiner Poesie, nicht einmal einer derben.

Wenn sie in den Pirogen fahren, singen sie und geben einen Rhythmus vor, damit es ihnen gelingt, ihre Ruder im Takt einzutauchen. Begleiten sie sich mit der Stimme zum Klang der Trommeln, ergeben ihre Worte keinen Sinn und bedeuten schlichtweg nichts. Sie sind feige, pervers und unerträglich – unmöglich, mit ihnen umzugehen. Das also ist die kostbare Perle, die ich 1876 entdeckt und nun die Ehre habe, der zivilisierten Welt zu präsentieren. Das ist nun das Volk, das ich bitten muss, mich bis Poubara mitzunehmen.

Schlussfolgerung: Mein einziger Weg ist der Fluss, mein einziges Fahrzeug die Piroge, meine einzigen Ruderer die Aduma. Ich gestehe dir, ich fürchte mich vor einem Fiasko.

Unter den verschiedenen Oberhäuptern genießen zwei, namens Mata und Guégo, den größten Einfluss. Der Fluss unterhalb von Doumé steht unter ihrem Schutz und ist daher sicher, und Mata ist tatsächlich der einzige, der die Männer aus mehreren Dörfern zusammentrommeln kann, damit sie unsere Pirogen lenken. Dabei waren anfangs unsere Beziehungen nicht gerade freundschaftlich.

Gierig wie ein Geier, schurkisch, geizig, hielt er mich für eine Melkkuh. Zuerst tat er so, als ob seine Leute den Fluss nicht kannten. Ich musste ihm erst das Gegenteil beweisen, bevor er mir schließlich versprach, all seine Aduma zu versammeln, um uns allesamt, unsere Waren und mich, bis zu den Wasserfällen von Poubara zu führen.

Meinerseits machte ich ihm ein kleines Geschenk und große Versprechungen für den Augenblick unserer Ankunft dort. Jetzt kümmert er sich also darum, seine Leute zu versammeln – ob es ihm gelingt? Ich bin fast sicher: nein. Sollte ich Leute bekommen, dann dank der großen Versprechungen, mit denen ich die verschiedenen Häupter verführt habe. Um alle Waren dorthin zu bringen, wird es mehrere Reisen brauchen.

Ein großes Hindernis, das ich zunächst hoffte, umgehen zu können, steht nun drohend vor der Tür: die Pocken. Diese schreckliche Krankheit ist gerade in sämtlichen umliegenden Dörfern ausgebrochen, wo sie entsetzlich wütet. Wie auch die Cholera ist diese Krankheit hier viel heftiger als in Europa. Wenn ich daran denke, dass ich innerhalb einer Woche die Hälfte meiner Leute verlieren kann, läuft es mir kalt den Rücken hinab. Sie zu isolieren ist unmöglich, ohne sie dem Hungertod auszusetzen, und so muss ich mich auf einfache hygienische Vorsichtsmaßnahmen beschränken. Eine Nervenüberreizung verwehrt mir, länger als sechs oder sieben Stunden ruhig im Bett liegen zu bleiben, und ich habe meine nächtlichen Spaziergänge wieder aufgenommen.

Im Nachbardorf mit 25 Seelen gab es gestern zwei Tote und acht Krankheitsfälle. Außerdem wütet die Plage auch weiter unten am Fluss und bei den Okanda. In panischer Angst sind die Okanda von Asetuka in ihr Land zurückgeflohen, ohne auf die Sklaven zu warten, die wir schon bezahlt haben. Die Okanda von Lope sind geblieben, obwohl die Pocken auch unter ihnen Opfer forderten. Wenn sie gehen, sehe ich das letzte Band, das mich mit Europa verknüpfte, zerreißen. Dass die Krankheit genau entlang der Strecke auftritt, die ich zurücklegen muss, hat die Schwarzen, stets bereit, an die außergewöhnlichsten Dinge zu glauben, auf die Idee gebracht, dass ich der Grund allen Übels bin. Davon sind sie allesamt überzeugt und fragen mich nur, wie ich es geschafft habe, dem Tod zu entkommen.

Ein Aduma machte mir deutlich, dass er genau wusste, wie alles vor sich gegangen war: »Als wir mit dir in das Land der Okanda hinabgefahren sind, um deine Waren zu holen, gab es die Krankheit noch nicht; und als wir die Waren in Empfang nahmen, wer hat da gesagt: Okanda und Aduma, es ist Zeit zum Aufbruch, vor Neumond machen wir uns auf den Weg, und die Aduma haben sich auf der Sandbank von Passangoi versammelt, um aufzubrechen. Da bist du auf die Sandbank gekommen und hast gefragt: Wo sind die Okanda und die übrigen Aduma? Wir haben dir gesagt: Sie werden morgen kommen. Die Seuche war noch nicht aufgetreten. Du hast drei oder vier Tage gewartet und die Okanda waren nicht da. Da ließest du dich von einem großen Zorn ergreifen, und als die Okanda endlich kamen, hast du die Krankheit durch die Luft ausgesandt, sodass sie sich über alle Menschen ausbreitet.«

Hier noch eine zweite Version, die mir einer meiner Sklaven anvertraut hat. Von ihm erfuhr ich, dass ein Anführer der Okanda gesagt hatte: »Der weiße Anführer ist schlecht, und er schleppt in seinem Gepäck eine Kiste voller Krankheiten mit. Wenn er ein Dorf betritt, öffnet er die Kiste, alle Krankheiten kommen heraus und diese Krankheiten töten alle Männer des Dorfes.«

So siehst du nun deinen Bruder in eine antike Pandora verwandelt; dieser schlechte Ruf, der sich rascher und viel weiter verbreitet hat, als man meint, wird mir den Weg gewiss nicht ebnen. Doktor Ballay ist unermüdlich zu Gange, Heilmittel zu verschreiben und die Kranken zu pflegen.

Bis heute ist niemand außer Lebensgefahr gebracht, aber Ballay hofft, einige retten zu können. Wenn ihm das gelingt, wird man ihn für eine Gottheit halten und obendrein eine nützliche, die wir so leicht nicht entwischen lassen würden.

Eine weitere Schwierigkeit, die mir, einmal in Poubara angekommen, zu schaffen machen wird, ist der Mangel an Dolmetschern. Die Sprachen Mpangwe, Akele, Fang, Make, Baooi und Okanda, die unsere Dolmetscher einigermaßen gut sprechen, reichen derzeit aus. Was ich aber danach tun werde, weiß ich nicht, denn die Sklaven, die ich zu diesem Zweck gekauft habe, sind fast alle geflohen.

Mein Leben ist nicht in Gefahr, und es sieht gegenwärtig so aus, als sollte ich mich nicht in die glorreiche Phalanx der Märtyrer reihen, mit denen die Wissenschaft sich schmückt, und deren Leichname den Weg säumen, den sie der Zivilisation und der Wissenschaft geebnet haben.

Nichts kam der völligen Verblüffung der Einheimischen an jenem Tage gleich, als das Kanonenboot *Marabout*, das im November 1876 bei Renoki vor Anker lag, mir bei meiner Abfahrt den Fluss hinauf mit einer Kanone Salut schoss. Wir waren damals gut ausgestattet und besaßen ungefähr 400

Kisten, Frachtstücke, Packen in allen Größen. Stell dir vor: Sie hielten mich für einen großen Anführer der Franzosen, und als ich sie eines Besseren belehrte, fragte man mich sehr verwundert: »Wer aber ist dann dieser großartige Nabob[54], der mehr Waren mit sich führt, als ein Dorf fassen kann, und der nicht hergekommen ist, um Handel zu treiben?« Gern hätten sie mich unter dem Vorwand, es seien Lösegeld und Tribut zu zahlen, ausgeraubt, doch ich zeigte ihnen allzu gut die Zähne in Gestalt von 13 Senegalesen, die mit Karabinern vom Typ *Gras* bewaffnet waren.

Am 1. Januar 1876 fand in der Handelsniederlassung gegenüber von Lambaréné ein großes Fest statt, und ich erinnere mich an dieses Datum, weil ich Brot gegessen habe – das einzige Mal im Jahr 1876. Kurz und gut, bisher war ich gesund geblieben und hatte allenfalls ein paar Fieberschübe zu beklagen. Diese überkamen mich häufiger in Lope, denn ich war oft und für längere Zeit unterwegs, und wie bei meiner ersten mühseligen Exkursion in das Land der Ossyeba war ich gezwungen, mich allein von dem zu ernähren, was es vor Ort im Lande gab. Von Zeit zu Zeit kehrte ich für vier oder fünf Tage in das Hauptquartier von Lope zurück, wo mir dann scheinen wollte, ich sei im Garten Eden. Ziegen, Schafe, Zucker, Kaffee usw. gab es hier im Überfluss und dies erlaubte mir, wieder zu Kräften zu kommen, da ich geschwächt war von den Fieberschüben und den strapaziösen Exkursionen in der feuchten Hitze dieser ungesunden Regionen. Damals war ich noch robust, und weil ich großen Appetit hatte, vertrug ich das ungenießbare Brot des Landes gut, ein Brot aus Maniok und Bananen.

Als ich am 24. Mai, den Karabiner über der Schulter und nur von drei Männern begleitet, Lope verließ und auf dem

54 »Nabob« oder »Nawab« ist die Bezeichnung für einen Mann, der reich an Besitz und Einfluss ist. Abgeleitet von einem früher vor allem in Indien, Pakistan und Bangladesh gebräuchlichen Herrschertitel.

Weg zu den Aduma das Gebiet der Ossyeba durchquerte, begann das Fieber mit seinen Kapriolen. Es fehlte an Lebensmitteln, und ich war schon glücklich, wenn ich ein Ei oder ein paar Bananen auftreiben konnte, das einzige, was den Weg auf meinen Teller findet. Seither ist es vorgekommen, dass ich mich vier oder fünf Tage lang nur von Bananen ernährt habe, die ich nicht mehr verdauen konnte. Ich begann mich sehr geschwächt zu fühlen, und am 10. August erkrankte ich an einer mir unbekannten Krankheit.

Zu meinem Glück traf ich am 17. August, als ich in der Hoffnung, lebend nach Lope zu gelangen, den Fluss hinabfuhr, wie Du weißt, auf Ballay, der mit mehreren Pirogen der Okanda den Fluss heraufkam. Er ließ mich sofort im Dorf Guémé Halt machen, um meine Atemwegserkrankung zu behandeln.

Als ich das erste Mal die Hütte verließ, in der man mich gastfreundlich aufgenommen hatte, war ich ein echtes Skelett. Statt »verließ« sollte ich besser sagen: »als man mich hinaustrug«, da ich zehn Tage lang von zwei Männern aus dem Bambusbett gehoben wurde, wobei der eine mich am Kopf, der andere an den Füßen hielt und sie mich so an die Luft und in den Schatten vor der Hütte trugen. Du siehst, ich erzähle Dir frank und frei, was ich ausgestanden habe.

Da ich mich recht schnell wieder erholte, kam ich um die Ehre, mich in die glorreiche Phalanx einzureihen, von der ich Dir erzählte. Alles in allem finde ich, mit einem guten Stock geht sich der Weg am besten, und ich gestehe, dass ich mir sehr gewünscht hätte, Euch zu besuchen und zu umarmen und alle, deren Erinnerung mich bis hierher begleitet hat, wiederzusehen.

Tag um Tag spürte ich allmählich meine Kräfte wiederkehren. In Lope, wohin ich zurückgekehrt war, um dem Steuermannsmaat Hamon dabei zu helfen, den Fluss hinaufzufahren, überfielen mich neue Fieberschübe. Weder Maniok noch Bananen vertrug ich mehr. Ich hatte Hunger und konnte doch nur wenig essen, nur ein halbes Huhn. Mehr vertrug mein Magen nicht.

Welch ein Fest war es, als mir die Jagd für ein paar Tage *Bifteck à l'Anglaise* bescherte. Zu schwach jedoch für eine ernsthafte Jagd, blieb ich trotz Hunger vorsichtig. Ich wollte mich nicht erschöpfen und habe mich damit begnügt, die Gelegenheiten zu nützen, die sich mir boten. Du weißt ja, wenn ich einmal von der Jagd angefangen habe, höre ich so schnell nicht wieder auf. Während meiner Zeit in Lope haben wir 24 wilde Büffel erlegt, und mehr als die Hälfte geht auf meine Rechnung. Sie starben äußerst mühsam; einen habe ich mit acht oder zehn Kugeln im Leib, die der Steuermannsmaat Hamon auf ihn abgeschossen hatte, fliehen sehen. Einen anderen sah ich unter zwölf Kugeln, die meine Laptots ihm mit Gewehren vom Typ *Gras* verpasst hatten, zu Boden gehen, wieder aufspringen und auf die Angreifer losstürmen, sodass er mit einem Messerstich in die Kehle erledigt werden musste. Ein andermal habe ich einen schönen Doppelschlag gelandet, oder genauer gesagt mit meinem *Gras*-Karabiner zwei sehr gut gesetzte Schüsse hintereinander abgegeben. Ich erinnere mich, wie ich eines Tages von einer Expedition zu den Mpangwe zurückkehrte, wo ich gerade zwei Okanda in die Freiheit entlassen hatte, und auf einmal 150 oder 200 Meter von mir entfernt eine Herde wilder Büffel vor mir sah. Was mich jedoch am allermeisten reizte, waren zwei Kälber, die ganz am Ende der Herde liefen und deren Fleisch sehr zart sein musste. Ich hatte kaum Zeit, ein Knie zu Boden zu bringen und zweimal zu schießen, da war die Herde schon davongestoben, die beiden Kälber aber lagen mit durchschlagener Wirbelsäule am Boden. Das Herz und die Wirbelsäule sind die einzigen Punkte, die es ins Visier zu nehmen gilt, wenn man seine Munition nicht vergeuden will.

Das war ein schwieriger Schuss, ich weiß, aber ich bilde mir etwas darauf ein, kein übler Schütze zu sein.

Nach einem Wechselspiel von Besserungen und Rückfällen komme ich nun endlich wieder zu Kräften, jeden Tag ein wenig mehr. Ich habe wieder Appetit; das nutze ich aus und esse zweieinhalb Brote am Tag. Dieses Brot ist gewiss nicht mit aller wünschenswerten Vollkommenheit gemacht, dennoch finden wir es köstlich und besser als das, was wir in Frankreich gegessen haben, denn es ist echtes Brot aus echtem Weizenmehl. Hamon hatte ein Fass mit 100 Kilo Mehl mitgebracht. Zum Glück war Wasser in das Fass eingedrungen und hatte eine Teigkruste gebildet, die immerhin die Hälfte des Inhalts vor dem Verderben bewahrt hat.

So bin ich nun Besitzer von 60 bis 70 Kilo vorzüglichem Mehl, das uns Brot beschert, auch Zucker und Kaffee sind wieder auf dem Tisch aufgetaucht, und manchmal – selten – steht auf dem Ehrenplatz eine Flasche Wein … Wir trinken allerdings jeden Tag ein wenig Schnaps, ich nehme ihn jedoch nur zur Stärkung, da ich an Alkohol nicht gewöhnt bin. Wenn ich vom Unterwegssein erschöpft bin, reicht mir ein kleiner Schluck, und ich bin wieder bei Kräften. Wir haben etwas Mehl und Zwieback beiseitegelegt, auf die wir nur im äußersten Notfall zugreifen dürfen. Insgesamt müssen wir nun vor allem darauf bedacht sein und dafür sorgen, wieder auf die Beine und zu Kräften zu kommen, damit wir die nächsten Entbehrungen aushalten können.

Werden wir in Poubara ankommen? Werden wir über diesen Punkt hinausgelangen und weiter vordringen können? Wer weiß? Ich fürchte mich sehr. Falls der Tag kommt, wo ich mich von meinen Männern verlassen sehe und es materiell unmöglich ist, meinen Weg fortzusetzen, werde ich die größtmögliche Anstrengung wagen und über Land in Richtung Osten gehen, nur von zwei oder drei ergebenen Männern begleitet, mit nicht mehr Gepäck, als wir schultern können. Meine Waren werden rasch zur Neige gehen, aber ich setze darauf, noch drei oder sechs Monate auf diese Weise leben zu können und so vom äußersten Punkt meines Hauptquartiers aus noch 300 Meilen weiter voranzukommen.

Mehr gibt die Gesundheit eines Europäers, glaube ich, nicht her. Ich weiß nur allzu gut, in welch jämmerlichem Zustand ich sein werde, wenn ich in den letzten Ort zurückkomme, an dem ich meine Waren ließ. Dann werde ich mich dazu entschließen, nach Europa zurückzukehren. Zu Wasser gelangt man leicht nach Gabun. Die Freude, wieder unter Euch und meinen Freunden zu sein, wird mich schnell genesen lassen.

Die Sorgen und Schwierigkeiten, die mir das Kommando der Expedition bereiten, erspare ich Dir; sie sind nicht wichtig, auch wenn es viel zu tun gibt und es nicht leicht ist, die Verantwortung zu tragen.

Der Talisman, der mir stets geholfen hat, ist dieses altbewährte, unfehlbare Mittel: Sei härter gegen dich selbst als gegen andere.

Ich hoffte, Hamon werde mir zum Jahr 1877 aus Gabun meine astronomischen Ephemeriden mitbringen, aber wegen der großen Unzuverlässigkeit der Dampfboote blieb ich ohne meine erwarteten Kisten, und mir fehlte auch das Buch, ohne das ich die Positionen nicht genau berechnen kann. Seit dem Ende des Jahres 1876 habe ich auch wegen der schlechten atmosphärischen Bedingungen nur eine einzige astronomische Beobachtung anstellen können. Das ist jedoch nicht mein Fehler: Ich weiß, wie viele Nächte ich damit verloren habe, eine Sternfinsternis oder die Finsternis eines Jupiter-Satelliten zu beobachten. Der Himmel wollte sich nie heiter zeigen, wenn diese Phänomene auftraten.

Gerne schriebe ich jedem meiner Brüder so oft, wie ich an sie denke, allein, mir fehlt die Zeit.

Viele Küsse für alle zu Hause, und bring mich meinen Freunden in Rom in Erinnerung.

Für Dich: eine Umarmung und ein Kuss, der alles umschließt, was mein Herz Dir wünscht.

Doumé, 3. Juli 1877

Mein lieber Papa[55],

Ich muss mich bei allen und vor allem bei Dir entschuldigen, dass ich nicht öfter schreibe, aber immer wenn die Gelegenheit sich bietet, meine Post zur Küste zu schicken, muss ich mich genau dann darum kümmern, meine Abfahrt zu organisieren, was in diesem Land keine einfache Sache ist, das versichere ich Dir. Für Dich habe ich noch eine andere Entschuldigung: Du hast ein Augenleiden, und da meine Handschrift schlecht zu entziffern ist, schicke ich, um Dich nicht zu ermüden, mein gewohntes Gekrakel meist doch an Mama. Wie Du schon weißt, habe ich im März endgültig das Land der Okanda verlassen und bin zu Doktor Ballay gefahren, den ich in der Nähe von Aduma zurückgelassen hatte. Seit Anfang April habe ich nichts anderes getan, als von Dorf zu Dorf zu gehen, um die Abreise aus Aduma zu organisieren. Ich versuche, mein Hauptquartier weiter im Osten einzurichten. Der Ort, den ich dafür gewählt habe, ist der Wasserfall von Poubara. Ich kenne ihn nur dank Auskünften, die ich nicht ohne Mühe von den Aduma Okota und Okanda erhalten habe. Dieser Ort scheint mir geeignet, um eine neue Reise vorzubereiten und mich dazu der Bevölkerungsgruppen in der Nachbarschaft

55 Ascanio Savorgnan di Brazzà stirbt 1877, im Alter von 84 Jahren. Es ist fraglich, ob ihn dieser Brief noch erreicht hat.

zu bedienen. Von diesen Völkern kenne ich nicht einmal die Namen ...

In meinem letzten Brief, den ich Mitte Juni an Mama geschrieben habe, glaubte ich nicht, bald wieder losziehen zu können, weil ich an meinen Kräften zweifelte. So wisse nun, dass vor zwei Tagen unter fürchterlichen Mühen Ballay und der Steuermannsmaat Hamon mit 120 Aduma und 30 Pirogen aufgebrochen sind. Was mich angeht, so bleibe ich hier, damit die mitgefahrenen Aduma nicht auf den Gedanken kommen, Ballay und Hamon zu verlassen. Außerdem bleibe ich hier, um sie im Glauben zu wiegen, dass ich selbst ihr Land nicht verlasse und mit einer großen Menge Waren noch hier weilen werde.

Ansonsten wäre es mir unmöglich, die Abfahrt vorzubereiten. Du glaubst gar nicht, wie viel Mühe, wie viel Zeit, wie viel Diplomatie und vor allem welch ungeheures Maß an Geduld man in diesem Land braucht.

Was die Geduld betrifft, bewundere ich mich wirklich ... Diese Geduld wurde allerdings in meinen Verhandlungen mit Duonalambomba, dem einflussreichsten Oberhaupt der Aduma, hart auf die Probe gestellt. Ich bekenne Dir aber, dass ich sie niemals so duldsam ertragen hätte, wenn ich nicht hätte fürchten müssen, sonst in Doumé sitzen zu bleiben. Ich musste den Oberlauf des Flusses blockieren, den Aduma Krieg androhen, falls sie mir keine Männer gäben, um die Waren den Fluss hinaufzubringen, und ich musste außerdem Mittel und Wege finden, Boaya und Mbuengia für meine Sache zu gewinnen, die beiden Oberhäupter der Okanda, die hierhergekommen sind, um Sklaven zu kaufen. Schließlich habe ich jedem einzelnen Mann einen horrenden Lohn versprochen (vier Meter Stoff, eine kleine Pulverbüchse, ein Messer, ein Maß Salz, einen Spiegel, eine Kupferkette, ein Nchan – es wäre zu langwierig, Dir zu erklären, was das ist –, eine Glocke, einen Kupferbarren, eine Schelle, zwei Perlenketten, vier Feuersteine, Messingdraht, ein Taschentuch und jedem der Oberhäupter ein Gewehr, ein Pulverfass, zehn Meter Stoff, eine rote Mütze, einen Kochtopf, drei Maß Salz, zwei Kupferarmreifen, zwei Spiegel, eine Halskette aus Kongolo und eine aus Irendi, zwei Messer, vier Feuersteine und einen Säbel). Aber es reicht nicht zu versprechen, man muss auch zahlen. Sonst ließe man mich unterwegs im Stich. Kurz und gut, wir kamen fort.

Kein Stück Ware ist mehr übrig. Mit mir sind hier ein Senegalese und vier Männer aus Gabun – erst nach Rückkehr der Aduma werde ich mit meinen Männern aufbrechen, in einer kleinen Piroge, die nicht mehr als 50 Zentimeter breit ist und von Leuten gefahren werden muss, die nicht rudern können, was vor allem in den Stromschnellen schwierig ist. Das wird eine echte Vergnügungsreise. Mit jedem Ruderschlag wird Wasser ins Boot laufen. Schon mit geschickten Ruderern bin ich fünf- oder sechsmal gekentert; die Zahl meiner Tauchgänge wird also noch steigen. Alles in allem ist das aber ein kleines Übel, und man darf sich von Missgeschicken nicht ins Bockshorn jagen lassen.

Meine philanthropischen Erfahrungen mit der Sklaverei waren keine glücklichen. Weil die Sklaven nie weglaufen, so erklärten mir die Okanda, könne man sie hart arbeiten lassen, sie oft mit dem Stock schlagen, ihnen nur Wurzeln und fast nie Fleisch zu essen geben. Trotz dieses freundschaftlichen Rates habe ich den Sklaven die Fessel, die ihre Füße umschloss, abgenommen, ich habe ihnen die Freiheit gegeben, entweder fortzugehen oder bei mir zu bleiben, und habe ihnen Nahrung und Geschenke versprochen, wenn sie mich begleiten würden. Sie sind einige Zeit geblieben, aber je näher wir ihrer Heimat kamen, haben sie mich nach und nach fast alle verlassen, um zu genau denen zurückzukehren, die sie ein paar Monate zuvor als Sklaven verkauft hatten. Von meinen zahlreichen Sklaven blieben mir nur Madianga, Licupa, Gnémé und ein anderer, der verletzt war und nicht laufen konnte und den ich von morgens bis abends gepflegt habe, so gut ich konnte. Selbst der Verletzte entfloh eines schönen Abends mit einer Piroge, die er mir stahl. Madianga und Licupa baten mich so inständig, gehen zu können, dass ich ihnen erlaubt habe, auf einem selbstgebauten Floß davonzufahren.

Lange Zeit danach führte mich mein Weg durch Licupas Geburtsdorf, und ich traf ihn dort dabei an, wie er gerade seinen unglücklichen, mit den Füßen an einen Balken gefesselten Weggenossen Madianga verkaufen wollte, der sein Sklave geworden war. Um Licupa zu bestrafen, befreite ich Madianga und nahm Licupa zusammen mit Madianga bis nach Doumé mit. Ich befahl Madianga, der damals sehr jung war, bei mir zu bleiben. Ob Sie es glauben oder nicht, mein Vater: Sie sind beide erneut zusammen geflohen.

In einem anderen Brief habe ich von einem ebenso verschlagenen wie bösartigen Oberhaupt der Aduma erzählt; er ist gestorben, ich weiß nicht, ob an den Pocken oder am Hunger. Von den Pocken befallen, war er von seinen Frauen (er hatte sieben) in den Wald gebracht worden, wo man ihm eine Hütte baute. Einige Tage lang brachten die Frauen ihm zu essen, aber dann ergriff sie solche Angst, dass sie ihn sterben ließen, am Hunger oder an der Krankheit. Es war ein Bösewicht: Nun, möge er in Frieden ruhen.

Noch eine Eigenheit in den Bräuchen dieser Völker:

Ballay hatte sich seit zwei Monaten unendliche Mühe gegeben, um die Kranken im Nachbardorf zu pflegen, und dank ihm waren nur wenige gestorben. Eines Tages bittet er nach dem Besuch bei einem Kranken dessen Mutter um Wasser. Die aber bringt ihm keines und fragt auch noch, wie viel der Doktor ihr dafür bezahle, seinen Kranken versorgt zu haben.

Landa, *die Admiralspiroge.*

Gnémé ist der einzige Sklave, der mir treu geblieben ist.

Hier ist alles in Ordnung. Eine lastende Eintönigkeit hat die fiebrige Geschäftigkeit abgelöst, in der ich in Vorbereitung auf die Abfahrt lebte. Damals war ich von so viel Treiben wirklich müde, momentan beginnt vielmehr die Monotonie mich zu ermüden.

Wie ich Dir schon gesagt habe, werde ich bald zu Doktor Ballay fahren, der bei den Poubara-Wasserfällen ist, vermutlich werde ich ihn bei den Bakani finden. Poubara dürfte zwölf Pirogentage entfernt sein, denke ich. Von dort aus schauen wir dann, wie wir weiter ins Innere vordringen können. Neben den ohnehin zu erwartenden Schwierigkeiten wird auch die Verschiedenheit der Dialekte uns zu schaffen machen, die man in den Ländern, durch die wir kommen werden, spricht.

Hoffen wir, dass Chico, unser Koch und Übersetzer, der die Sprachen im Kongo kennt, uns nützlich sein kann.

Unsere Pirogen beginnen zu altern. *Landa*, die flussauf, flussab bekannte Admiralspiroge, die man vom Namen her sicher selbst im Landesinnern kennt, hat ausgedient.

Sie konnte diese Reise nicht mitmachen. Sie war eine schöne, große Piroge von 20 Metern Länge und 80 Zentimeter breit, die schönste Piroge, die je auf dem Ogowé fuhr. Die Admiralspiroge ist nun die kleine, die ich bei mir behalten hatte. Ich ziehe eine kleine Piroge vor, weil es damit einfacher ist, die anderen zu überwachen. Wundert Euch nicht, wenn Ihr von jetzt an keine Briefe mehr erhaltet. Die Verbindung mit der Küste ist nicht mehr möglich und ich zweifle sogar, ob dieser Brief Dich erreichen wird. Ich vertraue ihn einem Aduma an, der ihn einem Okanda geben wird, wenn diese erneut hier hinauffahren. Der Okanda wird den Brief seinerseits einem Inenga geben und dieser Inenga wird ihn schließlich einer europäischen Einrichtung aushändigen.

Seit 13 Jahren streune ich nun durch die Welt und wenn ich mich nicht irre, war ich 13 Jahre alt, als ich das erste Mal meine Familie und Italien verlassen habe. Ich bin in sehr seltenen Abständen nach Hause zurückgekehrt, und doch ist mein Herz kein Kosmopolit geworden, sondern immer in meiner Familie geblieben und meine Gedanken waren immer bei Euch.

Lebt wohl, bleibt gesund und munter.

Forschungsreisen von 1879 bis 1882

Vortrag der zweiten Reise

Kapitel I

Unvollständige Ergebnisse der ersten Reise – Unterstützung in der gelehrten Welt – Stanleys Entdeckungen – Seine kostspieligen Projekte – Bericht an den Marineminister – Ich breche allein auf

Während der unerschrockene Stanley Afrika von Osten nach Westen durchquerte, war ich zwischen 1875 und 1878 zusammen mit den Herren Ballay und Marche, meinen mutigen und selbstlosen Begleitern, auf der Suche nach einem Handelsweg ins Innere Afrikas das Tal des Ogowé-Flusses hinaufgefahren. An dessen Quelle angekommen, verließ ich das Ogowé-Becken und stieß bis Okanga nördlich des Äquators vor, wobei ich zwei schiffbare Flüsse, die Alima und die Licona, überquerte, deren Mündung mir unbekannt blieb.

Die Feindseligkeit der einheimischen Apfourou Ubangi verhinderte eine vollständige Abfahrt die Alima hinunter, wie ich sie per Ruderboot versucht hatte, und das gänzliche Fehlen der nötigen Mittel machte mir eine Erkundung der Licona unmöglich.

Wären wir während der drei Jahre, die wir in diesen bis dato unbekannten Gegenden unterwegs waren, nur darauf aus gewesen, in einem blinden Wettlauf querfeldein ins Landesinnere zu gelangen und ziellos unbekannte Gegenden zu durchstreifen, so hätten wir trotz etlicher Hindernisse weit mehr entdecken können. Unser Ziel jedoch war ein ganz anderes.

Wir wollten diese entlegenen Gegenden auf friedliche Weise zur Zivilisation hinführen. Daher waren wir langsam vorangegangen. Unsere Geduld aber war von der Überzeugung getragen, dass die Umsetzung unseres wissenschaftlichen und humanitären Programms unseren Einfluss in diesen Regionen auf eine verlässliche Grundlage stellen würde. Sollte der gute Ruf unseres bisherigen friedlichen Vorgehens uns ins Herz von Afrika vorauseilen, würde er unsere zukünftige Arbeit dort erleichtern.

Schritt für Schritt hatten wir säen müssen; aber die Ernte war gewiss. Und tatsächlich hatten wir noch nicht den Fuß auf vaterländischen Boden gesetzt, als wir von Stanleys großartiger Erkundung des gesamten Kongo erfuhren. Nun, da wir den Verlauf der Flüsse auf der Karte verzeichnet sahen, lösten sich alle Zweifel auf. Die Lage der Alima und die Stimmung der Anrainer, die die Weißen nur aus den zahlreichen Kämpfen kennen, die diese gegen ihre Brüder im Osten führen: Alles wies darauf hin, dass die Alima ein Zufluss des großen Stroms war. Während das Tal des Ogowé einen vergleichsweise leichten Zugang zur schiffbaren Alima ermöglicht, unterbrechen über eine Länge von 220 Kilometern hin 32 Katarakte zwischen Stanley-Pool und Vivi die Schifffahrt auf dem Kongo.

Dergleichen Hindernisse konnten Stanley nicht entmutigen. Kaum nach Europa zurückgekehrt, hatte er den Plan vorgeschlagen, den er später ausführte. Er wollte zwischen Vivi und Stanley-Pool parallel zum Kongo einen Weg freisprengen und entlang der endlosen An- und Abstiege zerlegbare Dampfschiffe an Seilen hinauf- und hinunterhieven. Oberhalb der Stromschnellen zu Wasser gelassen sollten sie dann die 12 000 oder 15 000 Kilometer Stromstrecke, die der Kongo mit seinen Zuflüssen bemisst, auf Biegen und Brechen durchstreifen und die Produkte aus einem Becken, dessen Fläche so groß ist wie ein Drittel von Europa, als Warenflüsse zum Stanley-Pool hin leiten.

Um dieses gewagte Projekt zu verwirklichen, waren Millionen und Abermillionen vonnöten. Die Großzügigkeit des Königs von Belgien verschaffte sie Stanley. In manchen Ländern hätte man sich nicht mit dem Gerücht von äquatorialafrikanischen Reichtümern zufriedengegeben. Man hätte Zahlen, hätte alle möglichen Kostenvoranschläge verlangt, man hätte Bedenken wegen der Profitschmälerung angemeldet, die eine mit Sicherheit zu erwartende Konkurrenz durch andere Kommunikationswege nach sich zöge. Und man hätte sich geirrt. Richtigerweise nämlich hätte man denken sollen, dass die unwegsame Strecke des Kongo zwischen Stanley-Pool und seiner Mündung der Bedeutung des afrikanischen Warenverkehrs nicht gewachsen sei. Und dass Handelsbeziehungen über einen vorteilhafteren Weg ohnehin keine Früchte tragen konnten, wenn er mitten durch bevölkerte Gebiete führt, deren beachtliche Einwohnerschaft den Weißen nicht wohlgesinnt ist und bei der Erinnerung an deren orkanartigen Durchzug noch immer erzittert.

So bat ich also darum, nach Afrika zurückkehren zu dürfen; die Geographische Gesellschaft, das französische Komitee der Internationalen Afrika-Gesellschaft, das Parlament sowie Bildungs-, Marine und Außenministerium waren gewillt, etwas zu den Kosten meiner wissenschaftlichen und humanitären Doppelmission beizutragen.

War ich nur mit großer Mühe der Widerstände aller Arten Herr geworden, die sich mir bisweilen in den Weg stellten ..., fand ich in Frankreich dagegen in meinem Umfeld herzliche Unterstützung und aufopferungsvollen Einsatz. Es sei mir hier erlaubt, insbesondere Admiral de la Roncière-Le Noury, damals Präsident der Geographischen Gesellschaft von Paris, sowie Herrn Ferdinand de Lesseps Dankbarkeit zu zollen.

Nach einigem Zögern stimmte der Marineminister meinem Programm und meiner Abfahrt zu und besorgte mir die nötigen Kredite. Meinem Vorschlag entsprechend blieb Doktor Ballay in Frankreich und kümmerte sich um die abschließenden Vorbereitungen für die Erkundung. Er sollte später zu mir stoßen und unsere zerlegbaren Dampfboote für die Fahrt auf der Alima und dem Kongo mitbringen sowie das endgültige Personal für die Stationen.

Von einem Tag auf den anderen verließ ich Europa allein. Es war der 27. Dezember 1879.

Doch Stanley, der über Millionen verfügte, war schon seit Monaten am Unterlauf des Kongo.

Mit etwa 100 000 versprochenen Francs, die alle Kosten der Expedition decken sollten, eilte ich, noch immer krank, doch voller Tatendrang, zum Ogowé – nicht als Rivale, sondern als Nacheiferer eines Mannes, dessen Qualitäten ich bewundere.

Kapitel II

Organisation meiner Karawane in Gabun – Die Herren Noguez und Michaud – Am Zusammenfluss von Passa und Ogowé – Kauf eines Dorfes – Gründung von Franceville (Juni 1880) – »Das Stück Stoff« – Die Frau im Kongo – Privileg des großen weißen Oberhaupts

Bei meiner Ankunft in Gabun fand ich, sofort bereit, mir erneut zu folgen, meine Übersetzer und meine ehemaligen Träger vom Oberlauf des Ogowé wieder, Sklaven, die ich in die Freiheit entlassen und in unserer Kolonie angesiedelt hatte. So stellte ich ohne Schwierigkeiten meine Karawane zusammen, unterstützt von zwei Landsleuten, den Herren Noguez und Michaud.

Ach! Anderthalb Jahre nach meiner Abreise sollte mir mein tapferer Noguez, dem ich nun bald die Leitung unserer ersten Station anvertrauen würde, vom Fieber dahingerafft werden. Doch wenn mir nur noch bleibt, voll Bedauern und mit aller verdienten Anerkennung eines ergebenen Weggefährten zu gedenken, der auf seinem Posten fiel, so durfte ich zum Trost immerhin meinen jungen Mitarbeiter Michaud nach zweieinhalb Jahren Abwesenheit wieder mit nach Frankreich bringen. So gesund, wie er aussah, hätte niemand gedacht, dass er all unsere Anstrengungen geteilt und dass auch er dem Fieber seinen Tribut gezollt hat. Indes trog seine Physiognomie durchaus nicht. Alle Qualitäten, die sie widerspiegelt, legte er tatsächlich an den Tag, etwa wenn er mit Vorsicht und Entschiedenheit in manchmal schwierigen Umständen Karawanen von 700 bis 800 Männern anführte oder mir bei meinen Erkundungen stets mit Eifer und Klarsicht zur Seite stand.

Nachdem ich bei den Inenga und auch weiter entfernt alle Vorkehrungen getroffen hatte, um die Handelsbeziehungen und die nächsten Transporte von Personal und Material zu erleichtern, fuhr ich den Ogowé hinauf.

Meine vorherigen Erkundungen hatten mir erlaubt, als ungefähre Position meiner ersten Station ohne langes Zaudern den Zusammenfluss des Ogowé mit der Passa festzulegen. Dort waren wir in direkter Verbindung mit dem Atlantik und in der Nähe der Alima und des Kongo. Blieb nur noch, den zweckmäßigsten Platz zu wählen.

Die Umstände kamen mir entgegen. Interessenkonflikte hatten zu einem Zerwürfnis zwischen zwei benachbarten Stämmen geführt, und einer von ihnen hatte beschlossen, auf das rechte Ufer der Passa zu wechseln, wo er, als wir ankamen, bereits zwei Dörfer errichtet hatte. Da er in unserer Anwesenheit eine Friedensgewähr sah, verzichtete er nun auf den Umzug und willigte darin ein, uns das Dorf und die schon begonnenen Anpflanzungen in der Nähe von Nghmi zu verkaufen. So wurde im Juni 1880 die erste Station des französischen Komitees der Internationalen Afrika-Gesellschaft gegründet.

Seit jener Zeit weht über dieser Niederlassung, der wir den schönen Namen Franceville gegeben haben, unsere Flagge. Heute sieht die ganze mannigfaltige Bevölkerung des Ogowé und des inneren Kongo in dem »Stück Stoff«, das die Fahne ist, nicht das Vorzeichen einer Ausbeutung, die ihre Gebräuche und ihre Interessen bedroht, sondern vielmehr ein Emblem des Friedens und der Freiheit.

Ich möchte niemanden entmutigen, jedoch muss ich anerkennen, dass der Stamm, bei dem wir uns niedergelassen hatten, für die – relative – Tugendhaftigkeit seiner Frauen bekannt war. Der Kontrast zu den benachbarten Stämmen war sogar recht markant.

Ehemalige Sklavinnen, nun befreit, in Franceville.

Wenn man die Handelsniederlassungen der Küste hinter sich lässt, deren geographische Breite eine gewisse Nachlässigkeit in der Kleidung entschuldigt, stellt man fest, dass die Sittlichkeit im Umkehrverhältnis zur Größe des Lendenschurzes variiert, der aus Palmen- oder Ananasfasern gewebt ist und mehr oder weniger die gesamte Kleidung der Einheimischen darstellt. Je weiter man ins Landesinnere vordringt, umso kleiner wird der Lendenschurz und in der entferntesten Region ist er auf ein handgroßes Stück geschrumpft. Wie die Schleier der türkischen Frauen sind diese Lendenschürze umso durchsichtiger, je höher der Rang ist, den man in der sozialen Hierarchie einnimmt. Nicht weniger seltsam ist der Brauch, ein hohes Oberhaupt als den Ehemann der Frauen der anderen Oberhäupter anzusehen. Ich beeile mich hinzuzufügen, dass dieser etwas platonische Titel für die Frau kaum eine andere Pflicht nach sich zieht, als für ihren nominellen Ehemann zu kochen. In meiner Eigenschaft als großes weißes Oberhaupt hat es mir nie an Köchinnen jeden Alters und jeder Art von Lendenschurz gefehlt.

Wie interessant auch diese naiven und gutherzigen Einwohner sein mögen, so verlassen wir sie doch, um die zweite Hälfte unsere Aufgabe zu erfüllen.

Kapitel III

In Erwartung Ballays – Mit Sergeant Malamine auf dem Weg zum Kongo – Herrn Stanleys Urteil – Den Apfourou entgegen – Wechsel der Landschaft – Ins Feuer mit den Sklavengabeln! – Abschaffung dieses Handels – Die Aboma – Der König Makoko – Friedensbotschaft – Für Frankreich! – Der Fluss – Patriotisches Gefühl

In der Annahme, dass Herr Ballay und das Personal für die Stationen inzwischen an der Küste angekommen seien, schickte ich Mitte Juni 770 Männer in 44 Pirogen unter der Führung von Herrn Michaud. Zum ersten Mal würden die Bewohner vom Oberlauf des Ogowé bis zu den Handelsniederlassungen hinabfahren.

Ich übergab die Leitung von Franceville an Herrn Noguez, packte ein paar Waren ein und machte mich, begleitet von meinem treuen Dolmetscher Ossiah, dem Sergeant Malamine[56] und einigen Einheimischen auf den Weg zum Kongo.

56 Fußnote des Herausgebers Ney: Anbei ein Portrait von Malamine, gezeichnet von Stanley, den man nicht der Parteilichkeit zu Gunsten des tapferen Mitarbeiters von Herrn Brazza bezichtigen kann.
»Wir sahen, hoch in der Luft flatternd, eine französische Flagge auf uns zukommen, der eine sehr schneidig wirkende Person vorausging, die ich für einen europäisierten Schwarzen hielt, auch wenn die Züge seines Gesichtes zu einem höher stehenden Typ gehörten. Er trug eine Marineuniform, an deren Armen Unteroffizierstressen prangten. Es war Malamine, der senegalesische Sergeant, den Herr Brazza zurückgelassen hatte. Zwei Matrosen in blauen Hosen und Hemden, Schwarze aus Gabun, folgten ihm, und einer trug die Flagge, die wir gesehen hatten. Malamine sprach sehr gut Französisch und war von aufrichtiger und mannhafter Art. [...] Ich brauchte nicht lange, um in dem Sergeant einen herausragenden Menschen zu erkennen, mochte er auch ein Senegalese mit gebräunter Haut sein. Er war dort ganz in seinem Element und führte die Anordnungen seines Herrn mit seltenem Takt und Geschick aus.«

Ich wusste, dass wir in der Nähe des großen Stroms jene Apfourou wiederfinden würden, deren Vorposten entlang der Alima uns damals den Weg versperrt hatten. Aber ich hoffte, unser Leumund werde uns helfen, mit ihnen einen Friedensvertrag abzuschließen, ohne den gar nicht daran zu denken war, unsere zweite Station einzurichten.

Wäre meine Gesundheit in einem besseren Zustand gewesen, hätte ich diese Reise als einen charmanten Ausflug betrachtet. Etwa 500 Kilometer waren meiner Einschätzung nach durch unbekanntes Land zurückzulegen, um den Kongo zu erreichen.

Zwei oder drei Tagesmärsche von Franceville entfernt verändert sich die Landschaft plötzlich. Auf den Lehmboden des Ogowé-Beckens, seine feuchten, von dichten Wäldern verborgenen Täler, seine mit hohem Gras bewachsenen Hügel folgt zunächst ein unebenes, entwaldetes Sandbodenterrain, in dem vereinzelte Palmen hier und da auf ein Dorf schließen lassen. Wir befinden uns hier an der Grenze zwischen dem Atlantikbecken und dem Becken des unteren Kongo. Wir stellen fest, dass vom Äquator bis zum Stanley-Pool entlang dieser sandigen Linien der Wasserscheide ein und dieselbe Bevölkerungsgruppe wohnt, die Bateke nämlich. Man hat sie in übertriebener Weise in den Ruch des Kannibalismus gebracht; sie zeigen sich durchaus friedlich, wenn man ihre Monopole nicht angreift. Eine Weile lang folgen wir einem ihrer Wege. Allzu häufig stoßen wir dabei auf Sklavengabeln, ein Instrument, dessen man sich hier an Stelle von Ketten bedient, um die Sklavenherden zu führen. Wenn sie ihrer ansichtig werden, zünden meine Gabuner, ehemalige Sklaven, die nun frei sind, freudig ihre Feuer mit diesen Gegenständen an, die sie an so viel Elend erinnern.

A. d. Ü.: Stanley berichtet über dieses Zusammentreffen in *The Congo and the Founding of Its Free State: A Story of Work and Exploration*, 2 Bde., Bd. 1, dort S. 292f. Stanley nennt als Datum den 7. November 1880 und den Ort: Ndambi Mbongo. Er liegt oberhalb des Flusses Bula.

Die Gabuner, ehemalige Sklaven, verbrennen die Sklavengabeln.

Was mich betrifft, der ich, wo immer ich auch weilte, all meine Anstrengungen darauf verwandt habe, diese schändliche Einrichtung zu bekämpfen, so suchte ich – nicht ohne Grund zur Betrübnis –, mit welchen Mitteln schnellstmöglich die größten Ergebnisse zu erzielen waren. Mir scheint, dass der Handel, auf eine bestimmte Weise verstanden, die Sklaverei zwar unterstützt, er andererseits aber auch eine mächtige Waffe gegen sie sein kann. Eines Tages werden wir, so hoffe ich, das für die Bateke tun, was wir für die Brüder vom Ogowé tun konnten.

Wir wurden freundlich empfangen von Ngango, einem unabhängigen Oberhaupt der Achicouya, die recht schöne Menschen sind, sauberer und besser gekleidet als die Bateke. So neugierig wie friedfertig eilten sie mit Freudenschreien herbei, als wir vorüberkamen, und sorgten sich nicht einmal um ihre zertrampelten Pflanzungen, als sie uns zu Hunderten durch die Mais-, Maniok-, Tabak-, und Erdnussfelder begleiteten, die die ganze Gegend bedecken.

Ein ebensolcher Empfang erwartete uns am anderen Ufer der Mpama, bei den Aboma, deren Landstrich weniger bewirtschaftet ist als der vorige. Sklavenhandel, die Herstellung sehr feiner Stoffe aus Palmenfaser und Schifffahrt sind die wesentlichen Einnahmequellen der Aboma.

Diese Schwarzen, die schönsten und mutigsten, denen man zwischen Gabun und dem Kongo begegnet, erzählten mir zum ersten Mal vom letztgenannten Fluss, den sie hier Oloumo nennen und über den das mächtige Makoko-Oberhaupt, von dem sie abhängen, herrscht.

Wir folgten seit Kurzem dem Fluss Lefini (Lawson) und hatten uns gerade ein Floß gebaut, als ein Anführer an mich herantritt, der eine Halskette der Vasallen des Makoko trägt.[57]

»Makoko«, sagt er, »kennt das große weiße Oberhaupt vom Ogowé schon seit langem; er weiß, dass seine schrecklichen Gewehre niemals einem Angriff dienten und dass Frieden und Überfluss seinen Schritten folgen. Er beauftragt mich, dir die Friedensbotschaft zu überbringen und seinen Freund zu geleiten.«

Selten empfand ich hellere Freude und gern wäre ich bereits bei diesem vortrefflichen Makoko gewesen. Da ich mir aber nicht genau über die Lage von dessen Residenz im Klaren war und fürchtete, einen zu großen Umweg zu machen, fuhr ich mit dem Floß weiter den Lefini hinab, begleitet von dem Gesandten, der die Lebensmittel, die man ihm von allen Seiten brachte, in der Regel mit uns teilte.

In Ngampo angekommen ließen wir unser Floß zurück und wanderten zwei Tage lang über ein unbewohntes Plateau.

57 Makoko (alternativ u. a.: Mokoko oder Onkoo) ist ein Titel, kein Name. Obwohl Brazza dies weiß, verwendet er ihn wie einen Eigennamen. Er hat es hier mit dem Makoko von Mbé zu tun, Makoko Iloo (alternativ: Eloy, Ilo, Eloi), dem Monarchen der Bateke des Lefini und eines Teils des Plateaus.

Auf dem Plateau der Achicouya.

Von der Sonne verbrannt, mehrmals vom Weg abgekommen und im Glauben, verloren zu sein, begann ich meinem Führer zu drohen, als um elf Uhr abends nach einem letzten Gewaltmarsch unser Blick auf einmal über eine ungeheure Wasserfläche strich, deren silberner Glanz gerade im Schatten sehr hoher Berge erlosch. Der Kongo war es, der geheimnisvolle Fluss, der aus dem Nordosten kam, wo er wie ein Meereshorizont erschien, und mit seinen silbrigen Fluten majestätisch zu unseren Füßen vorüberfloss, ohne dass das Rauschen seines ruhigen Strömens den Schlaf der Natur störte.

Es war eines dieser Schauspiele, die dem Reisenden ein andächtiges Schweigen gebieten. Umso lauter schlug in diesem Schweigen das Herz eines Franzosen bei dem Gedanken, dass sich hier das Schicksal seiner Mission entscheiden würde.

Kapitel IV

Noch einmal die Apfourou – »Patrone oder Flagge« – Der Bateke Ossiah – In den Makoko-Staaten – Feierliche Audienz – Ein herzlicher Empfang – Die Makoko-Dynastie – Die Güte der Schwarzen – Tausch von Land gegen Fahne – Die französische Flagge als Symbol der Freundschaft und des Schutzes

Wir erinnern uns: Mein Ziel war, Frieden mit den Ubangi zu schließen, die ich bei meiner ersten Reise unter dem Namen Apfourou kennengelernt hatte. Diese Ubangi verbringen ihr ganzes Leben mit ihren Familien in den schönen Pirogen, auf denen sie allein Elfenbein und Waren zwischen dem Oberlauf der Alima und dem Stanley-Pool transportieren; sie werden in ihnen geboren, leben und sterben darin. Mit ihren Oberhäuptern, den Meistern der Schifffahrt auf diesem Fluss, galt es zu verhandeln.

Das Oberhaupt der N'gampo war uns wohlwollend gesonnen und bot sich an, den Oberhäuptern der Ubangi meine Vorschläge zu unterbreiten. »Wählt«, ließ ich ihnen sagen, »zwischen der Patrone und der Flagge, die ich euch schicke. Die eine ist das Zeichen für einen gnadenlosen Krieg, die andere das Symbol für einen Frieden, der euren wie unseren Interessen gleichermaßen nützt.«

Hier mögen mir ein paar Worte über einen kostbaren Menschen gestattet sein, der mich auf all meinen Reisen begleitet hat. Der Bateke Ossiah, fast aller Sprachen des Ogowé und des unteren Kongo mächtig, war mehr als ein einfacher Dolmetscher und gab mir auch wertvolle Ratschläge. Mir treu ergeben und voll selbstloser Hingabe an unsere Vorhaben,

Der König Makoko.

deren Nutzen für sein Land er verstand, war er die treibende Kraft und Stütze meiner Unternehmungen. Ihm ist ein großer Teil meines Erfolges zu verdanken.

Um den etwas überreizten Gemütern am Kongo Zeit zu geben, sich zu beruhigen, begab ich mich dann zu Makoko. In diesem Teil des Landes sind die Hochebenen fruchtbar und besser beackert als im Inland; das Land ist dichter besiedelt und auch die Bevölkerung ist friedliebend. In diesem Zusammenhang sage ich ein für allemal, dass, insofern das

Große Hütten von Makoko.

moslemische Element nicht in diesen Teil Afrikas vorgedrungen ist, die europäische Zivilisation hier zwar auf ein ganz natürliches Misstrauen gegenüber allem Neuen stoßen kann, aber nicht auf jene Feindseligkeit, jenen Hass, jenen Fanatismus, der uns zum Beispiel dazu zwingt, vom Senegal bis zum Niger nur mit bewaffneten Truppen vorzurücken. Dort bräuchte es eine Expeditionskolonne, um den Transport von einer Tonne Waren zu sichern. Hier dagegen kann das große weiße Oberhaupt jetzt einen schlichten Wunsch äußern, und Tausende von Einheimischen sind bereit, sich in Bewegung zu setzen. Wenn wir dieses Ergebnis erst nach und nach erzielt haben, so deshalb, weil wir wegen der großen Anzahl von Stämmen und Oberhäuptern dafür mehr Zeit brauchten.

Der große Féticheur von Makoko heißt mich willkommen.

Als wir vor Makokos Palais des Tuileries ankamen, der aus einer Anzahl großer Hütten bestand, die eine Palisade vor der Neugier des Publikums schützt, wurde uns mitgeteilt, der König wünsche uns sofort zu empfangen.

Wir machten uns an ein allgemeines Wienern und Polieren, warfen uns in Schale und machten, nun ja, keine allzu schlechte Figur. Was mich betraf, so hatte ich meine Paradeuniform eines Kapitänsleutnants aus ihrer Kiste hervorgezogen, die zwar ein wenig zerknittert war, mit ihrem Goldbesatz aber immer noch einen recht guten Eindruck machte. Während Ossiah sich anschickte, an die Doppelglocke des Palastes zu schlagen, um dem Hof zu bedeuten, dass unsere Vorbereitungen abgeschlossen seien, ließ ich meine Männer in Reih und Glied antreten, wobei sie der Landessitte folgend ihre Gewehre so trugen, dass deren Lauf zur Erde zeigte.

Sofort öffnete sich die Tür. Zahlreiche Diener breiteten vor meinen Warenballen üppige Teppiche und das Löwenfell, Attribut der Königswürde, aus. Man brachte auch einen schönen Kupferteller aus portugiesischer Herstellung, zwei oder drei Jahrhunderte alt, auf den Makoko seine Füße stellen sollte. Nachdem ein großer roter Baldachin über dem Thron aufgespannt worden war, schritt der König, dem sein großer Féticheur vorausging, heran, umringt von seinen Frauen und seinen wichtigsten Offizieren.

Der Makoko legte sich auf seiner Löwenhaut nieder, auf Kissen gestützt, seine Frauen und Kinder hockten zu seinen Seiten. Da schritt der große Féticheur ernst und feierlich auf den König zu, fiel auf die Knie und legte seine Hände in die des Königs. Dann erhob er sich und tat dasselbe mit mir, der ich auf meinen Ballen gegenüber vom Makoko saß. Nachdem die Assistenten es ihm einer nach dem anderen mit dem Kniefall nachgetan hatten, war das Begrüßungszeremoniell beendet. Darauf folgte ein kurzes Gespräch, das ich hier zusammenfasse:

»Makoko ist glücklich, den Sohn des großen weißen Oberhaupts des Westens zu empfangen, denn seine Handlungen sind die eines weisen Mannes. Deswegen empfängt er ihn und möchte, dass er, wenn er die Staaten des Makoko verlässt, denen, die ihn sandten, sagen kann, dass Makoko die Weißen gut zu empfangen versteht, die nicht als Krieger, sondern als Männer des Friedens zu ihm kommen.«

Die Dynastie des Makoko-Königs ist sehr alt. Sein Name war an der Küste schon im 15. Jahrhundert bekannt. Bartholomé Diaz und Cada Mosto erwähnen ihn als einen der größten Potentaten des westlichen Äquatorialafrika. Auch wenn die Karten aus dem 16. Jahrhundert, die das

Feierlicher Empfang beim König Makoko.

Königreich des Makoko erwähnen, ihm eine leidlich genaue geographische Position zuweisen, hat Halez es durchquert, ohne von dieser Dynastie Kenntnis zu erlangen, die ihn stark beschäftigte.

Obgleich durch Investituren, die Mitgliedern der königlichen Familie aufgezwungen wurden, und aus anderen dynastischen Gründen vermindert, ist die Macht Makokos immer noch recht groß. Sein Einfluss hat religiösen Charakter, er reicht bis zur Mündung der Alima und selbst darüber hinaus.

Wenn es mir gelungen ist, genau gegenüber von dem Land, in dem Stanley seine letzte Schlacht schlug, einen Friedensvertrag mit den westlichsten Stämmen, den Meistern der Kongoschifffahrt schlechthin zu schließen, so verdanke ich das dem Einfluss Makokos.[58] Durch seine Vermittlung wurde als Zeichen des Friedens und des Schutzes die französische Flagge von den Stämmen gehisst, auf die wir angewiesen waren: Denn dank ihnen konnten wir über den Ogowé und die Alima unsere Verbindung zum Kongo sicherstellen, der an dieser Stelle »Mali Makoko« heißt.

Makoko war sehr daran gelegen, dass wir das neue Dorf der Weißen in der Nähe seiner Residenz von Nduo errichteten. Nur widerstrebend gewährte er mir meine Bitte, es weiter weg bei Ncouna[59] zu errichten, und bedauerte es selbst noch, als ich ihm den Grund für meine Wahl erläuterte: Ich wollte an dieser Stelle einen einfacheren Weg für die weißen Franzosen (Fallas) eröffnen. »Ntamo gehört mir«, sagte er, »ich gebe dir im Voraus den Teil, den du bestimmen wirst. Ngahimi wird mein Wort zu den Anführern bringen, die das Land in meinem Namen innehaben und die von nun an dir unterstehen.«

Um seiner Bitte zu entsprechen, ließ ich auf dem mir überlassenen Gebiet den Sergeant Malamine und zwei Männer zurück. Da Makoko sich über meine Mittellosigkeit vollkommen im Klaren war, hatte er sich angeboten, bis zu meiner Rückkehr für ihren Unterhalt aufzukommen.

25 Tage blieb ich in Makokos Haus und zwei Monate hielt ich mich in seinem Hoheitsgebiet auf. Seine Kinder hätte er nicht besser behandelt, als wir von ihm behandelt

---

58 Vermutlich spricht Brazza hier von dem späteren Friedensvertrag mit den Apfourou. Die Apfourou erzählen Brazza weiter unten von einer Schlacht mit Stanley.

59 Den Malebo-Pool, diese ausgedehnte Stauung des Kongo vor den großen Wasserfällen, die in der Kolonialzeit »Stanley-Pool« hieß, nannten die Anrainer »Ncouna«, das rechtseitige Ufer »Ntamo«. In verschiedenen Quellen wird Ncouna auch auf das linksseitige Ufer bezogen. In Brazzas Beschreibungen ist das rechte, also nördliche Kongoufer Ntamo und Ncouna fasst er weiter unten als Name des Pools auf.

wurden. Jeden Morgen unseres Aufenthaltes bei ihm brachte mir seine Frau persönlich, was wir zum Leben brauchten. Alle wollten uns Geschenke machen, und die Beschränktheit unserer Ressourcen zwang uns, sie viel weniger in gleicher Münze als durch Liebenswürdigkeit zu erwidern.

Täglich führte ich vertraute Gespräche mit Makoko, dessen Neugier unersättlich war. Da er die Weißen bisher nur durch den Sklavenhandel mit Schwarzen und vom Widerhall ihres Gewehrfeuers auf dem Kongo kannte, hatte er lange Zeit nicht glauben wollen, was ihm seine Untertanen von unserem Benehmen erzählten. »Ohne den Krieg mehr zu fürchten als die Weißen, ziehen wir den Frieden vor. Ich habe die Seele eines großen Weisen befragt, meinen Ahn in vierter Generation: Zu der Überzeugung gelangt, dass wir nicht gegen zwei Parteien werden kämpfen müssen, habe ich daher beschlossen, den Frieden gänzlich zu sichern, indem ich mit dem Freundschaft schloss, der in mir Vertrauen erweckte.«

Mit dem ihnen gebührenden Empfang aufgenommen, führten diese Beteuerungen von gutem Willen und Freundschaft dann zum Abschluss eines Vertrages. Er bestimmte, dass der König seine Staaten unter den Schutz Frankreichs stellte und uns ein Territorium unserer Wahl am Ufer des Kongo überließ.

Vertrag
abgeschlossen zwischen dem Oberhaupt Ngaliéné,
der im Namen Makokos,
dem Souverän der Bateke des Kongo, agiert
und
Herrn P. S. de Brazza,
der im Interesse Frankreichs handelt

Akt der Inbesitznahme eines überlassenen Territoriums und zustimmende Annahme durch die Lehnsmänner des Königs, die das Territorium bewohnen
Im Namen Frankreichs und aufgrund der Rechte, die mir am 10. September 1880 und am 3. Oktober 1880 durch den König Makoko übertragen wurden, habe ich das Territorium, das sich zwischen den Flüssen Ine und Impila erstreckt, in Besitz genommen. Zum Zeichen dieser Inbesitznahme habe ich in Gegenwart der Lehnsmänner Makokos – Ntaba, Scianho Ngaekadah, Fgaeko, Jouma Noula – und auch in Gegenwart von Ngaliémé, dem bei dieser Gelegenheit offiziellen Repräsentanten der Autorität Makokos, die Flagge gehisst. Ich habe jedem der Oberhäupter, die diesen Teil des Territoriums bewohnen, eine französische Flagge gegeben, damit sie diese als Zeichen meiner Inbesitznahme im Namen Frankreichs in ihren Dörfern hissen. Diese Oberhäupter, die von Ngaliémé offiziell über die Entscheidung Makokos informiert wurden, verneigen sich vor seiner Autorität und nehmen die Flagge an. Durch ihre untenstehende Unterschrift beurkunden sie ihre Zustimmung zur Überlassung des Territoriums durch Makoko. Der Sergeant Malamine bleibt zusammen mit zwei Matrosen, um über die Flagge zu wachen, und wird provisorisch zum Oberhaupt der französischen Station von Ncouna ernannt.
Durch Übersendung dieses Dokuments in dreifacher Ausführung und versehen mit meiner Unterschrift und der Unterschrift der Oberhäupter, seiner Vasallen, beurkunde ich dem Makoko meine Inbesitznahme dieses Teils seines Territoriums für die Einrichtung einer französischen Station.
Ausgestellt in Ncouna, im Hoheitsgebiet des Makoko, am 3. Oktober 1880.

Unterzeichnet: Kapitänsleutnant
P. S. Brazza

Ihr Zeichen haben gemacht:
Das Oberhaupt NGALIÉMÉ, Repräsentant Makokos.
Das Oberhaupt NGAEKO.
Das Oberhaupt SCIANHO NGAEKALA, der das Halsband der Amtseinführung durch Makoko trägt, und in NCOUNA unter dessen Souveränität befehligt.
Das Oberhaupt JOUMA NOULA.
Das Oberhaupt N'TABA.

Das sind die wesentlichen Punkte des Vertrages, der ungefähr 20 Tage nach meiner Ankunft in einer feierlichen Versammlung aller unmittelbaren Oberhäupter und der Vasallen des Makoko ratifiziert wurde. Nachdem der Vertrag unterzeichnet war, legten der König und die Oberhäupter ein wenig Erde in eine Dose. Der große Féticheur zeigte sie mir und sagte: »Nimm diese Erde und bringe sie dem großen Oberhaupt der Weißen; sie wird ihn daran erinnern, dass wir ihm gehören.«

Und ich zog unsere Flagge vor der Hütte Makokos auf und sagte: »Dies ist das Zeichen der Freundschaft und des Schutzes, das ich euch hinterlasse. Frankreich ist überall, wo dieses Emblem des Friedens weht, und es schützt die Rechte aller, die sich ihm unterstellen.« Ich füge hinzu, dass seit jener Zeit kein Tag verstrich, ohne dass Makoko morgens und abends die Fahne über seiner Hütte gehisst und eingeholt hätte, so wie er es mich mit meiner Flagge tun sah.

Kapitel V

Eine afrikanische Flotte – Beeindruckende palabre* *in Nganchouno – Würde der Ubangi-Oberhäupter – Die verhängnisvolle kleine Insel – Der Krieg wird begraben – Verteilung der Flaggen – Eine französische Flotte – Auf dem Kongo. Ncouna (Stanley-Pool) – Ntamo (Brazzaville) – Malamine bleibt mit drei Männern in Ntamo – Auf dem Weg gen Westen – Musikalischer Diebstahl – Ein Gewehrsolo – Kupferminen – Spuren der Weißen – Treffen mit Stanley – Zwei Forschungsreisende*

Wer immer mir einige Zeit davor gesagt hätte, dass wir so schnell Fuß fassen würden, ich hätte ihm nicht geglaubt.

Darüber hinaus hatte Makoko, der über meine Tuchfühlungen bei den Ubangi-Oberhäuptern auf dem Laufenden gehalten wurde und an ihrem Gelingen interessiert war, diese mit all seinem Einfluss unterstützt. Dank ihm fiel das Ergebnis günstig aus. So mussten wir uns, nicht ohne Bedauern, von Makoko verabschieden, um uns mit Nganchouno auf den großen Strom zu begeben, wo die Versammlung der Ubangi-Oberhäupter stattfinden sollte.

Einige Tage später kam eine ganze Flotte wunderschöner Einbaum-Pirogen, von denen jede 100 Männer trug, den Fluss hinab und legte gegenüber von Ngombila an. Alle Ubangi-Stämme des westlichen Kongobeckens, zwischen dem Äquator und Makoko, hatten darauf bestanden, bei dieser *palabre* vertreten zu sein, die mit Frieden oder Krieg enden würde. Die Versammlung dieser 40 Oberhäupter, die alle ihre schönste Amtstracht trugen, war wirklich ein beeindruckendes Schauspiel.

Eine Weile herrschte tiefe Stille. Dann ergriff ich das Wort: Alle wüssten ja, dass wir am Oberlauf der Alima die Waffen nur zu unserer Verteidigung ergriffen hatten. Wir hätten auch weiterfahren können. Aber da wir ihr Durchreiseverbot geachtet und uns zurückgezogen hatten, da wir überall, wo wir hinkamen, in Frieden lebten, hatten wir ein Unterpfand unserer guten Absichten gegeben. Heute nun sei unser Wunsch, ein Dorf an der oberen Alima und ein anderes bei Ntamo zu errichten, um dort europäische gegen afrikanische Produkte zu tauschen. Es liege also im Interesse ihrer Völker wie des unsrigen, den für diese Beziehungen nötigen Frieden zu schließen.

Die Diskussion währte lange, waren doch etliche unterschiedliche Interessen im Spiel. Die größte, bisher verschwiegene Befürchtung der Ubangi trat jedoch erst dann an den Tag. Stolz und ernst schritt einer von ihnen auf mich zu und wies mich auf eine Insel in der Nähe hin:

»Sieh«, sagte er, »diese Insel dort. Sie scheint mir dort hingesetzt, um uns vor dem Versprechen der Weißen zu warnen. Denn sie wird uns stets daran erinnern, dass hier Ubangiblut geflossen ist, welches der erste Weiße, den wir gesehen haben, vergossen hat. Einer unter deinen Leuten, der ihn verlassen hat, wird dir in Ntamo die Zahl seiner Toten und Verletzten sagen ... Unsere Feinde konnten unserer Rache entfliehen, indem sie geschwind wie der Wind den Fluss hinabfuhren: Sollten sie aber versuchen, ihn heraufzukommen, werden sie uns nicht entgehen.«

Zwar war ich darauf gefasst, solche Gefühle bei den Anrainern des Kongo anzutreffen, jedoch machte das Hohe, Kühne in der Weise, wie sie vorgetragen wurden, mir durchaus einen gewissen Eindruck, wie ich bekenne. Ich musste all mein diplomatisches Geschick einsetzen, um uns von der Verantwortung für Taten zu befreien, an denen wir keinerlei Anteil hatten, und um sie wirklich davon zu überzeugen, dass unsere Beziehungen uns keineswegs dazu dienen sollten, sie auszubeuten, sondern im Gegenteil ihre Ruhe und ihr Glück vor allen Eventualitäten schützen würden.

Der Friede wurde geschlossen. Doch zunächst begruben wir den Krieg. Gegenüber dieser unglückseligen Insel, die uns beinahe einen üblen Streich gespielt hätte, grub man ein großes Loch. Jedes Oberhaupt legte dort etwas ab: einer eine Kugel, der andere einen Feuerstein, ein dritter leerte sein Pulverhorn aus, usw. Nachdem ich und meine Männer Patronen hineingeworfen hatten, pflanzte man den Stamm eines Baumes darauf, der schnell anwachsen würde. Dann wurde wieder Erde über das Ganze geworfen und eines der Oberhäupter sprach folgende Worte: »Wir begraben den Krieg so tief, dass weder wir noch unsere Kinder ihn werden ausgraben können, und der Baum, der hier nun wächst, wird das Bündnis zwischen den Weißen und den Schwarzen bezeugen.«

»Auch wir begraben den Krieg«, fügte ich hinzu. »Möge der Frieden so lange währen, wie an dem Baum keine Kugeln, Patronen oder Schießpulver wachsen.«

Dann wurde mir als Zeichen des Friedens ein leeres Pulverhorn überreicht und ich gab ihnen meine Flagge. Nun aber wollten alle Oberhäupter eine Flagge haben, die sie dann an der ersten rieben. Bald war die ganze Ubangi-Flotte in den Farben der Trikolore beflaggt.

Die Gründung unserer Kongostation war damit gesichert.

Anstatt Sie zu den Feiern zu laden, die man uns zu Ehren gab, will ich mit Ihnen nun diesen großen Fluss hinabfahren, um letzte Hand an dieses so glücklich verfolgte Werk zu legen.

Wir fuhren auf einer jener schönen Pirogen, von denen ich Ihnen erzählt habe.

Nach fünf Tagen – der Wind hatte uns manchmal gezwungen, eine Pause einzulegen – veränderte sich der Anblick des Kongo völlig. Bisher war er zwischen hohen, ungefähr 800 bis

… doch zunächst begruben wir den Krieg.

Jeden Tag ließ Makoko vor seinem Haus die Flagge hissen.

2000 Meter voneinander entfernten Steilufern geflossen; nun aber weitete sich der Horizont. Direkt vor uns zeigte sich ein schwarzer Punkt, der wie ein Schiff aussah; bald erschienen andere rechts und links; sie wurden größer und wir erkannten Inseln. Unsere Männer riefen fröhlich: »Ncouna«. Das war der einheimische Name für eine Art von See – heute Stanley-Pool genannt –, an dessen rechtem Ufer sich Ntamo befand, das letzte Dorf vor den Wasserfällen und Ziel unserer Reise.

Durch seine Lage ist Ntamo der Schlüssel zum inneren Kongo. Unsere Anstrengungen würden belohnt werden. Wir würden als erste diesen Schlüssel in die Hand bekommen, nicht um den Weg zu verschließen, sondern um seine Neutralität zu sichern.

Die Gunst, in der wir dank Makokos Freundschaft standen, führte dazu, dass uns ab dem Tage unserer Ankunft ein vortrefflicher Empfang bereitet wurde. 18 Tage lang überboten sich alle in Geschenken für uns.

Die Oberhäupter kamen, um die mir zustehende Ehre zu erweisen. In einer großen *palabre* erklärte ich ihnen, dass ich für unsere Konzession das Gebiet zwischen den Flüssen Djué und Nupila am rechten Ufer des Kongo gewählt hatte. Die Urkunde von der Inbesitznahme wurde den Anordnungen des Makoko gemäß aufgesetzt und unterzeichnet, und die Dörfer hissten sogleich die Flagge.

Es war der 1. Oktober 1880. Kaum drei Monate waren seit unserer Abfahrt aus Franceville verstrichen: Zehn Männer und ein Offizier hatten seelenruhig fast 700 Kilometer zurückgelegt. Neben neuen wissenschaftlichen Erkenntnissen brachten sie einen Freundschafts- und Protektoratsvertrag mit dem mächtigsten Oberhaupt des Landes nach Hause und hatten gerade die zweite französische Station am Ufer des Kongo im Dorf Ntamo gegründet, dem Frankreich den Namen »Brazzaville« gegeben hat.

Ich danke meinen Landsleuten. Der Titel verpflichtet, ich werde es niemals vergessen.

Meinen tapferen senegalesischen Sergeant Malamine und drei Männer ließ ich als Wache bei diesem Posten und brach mit den anderen auf. Bis dahin war unser Ruf uns vorausgeeilt, und wir waren überall gut empfangen worden. Nun aber waren wir fast verloren, allen unbekannt. Zu allem Überdruss gerieten wir auch noch ahnungslos in ein Gebiet mit Kupferminen, dessen Bewohner uns mit Misstrauen begegneten.

In solcher Lage unsere Neugier befriedigen zu wollen, hätte geheißen, Vergangenheit und Zukunft aufs Spiel zu setzen. Es war besser, einen anderen Weg einzuschlagen. Ich gestehe, dass dieser weise Entschluss mir unendlich viel abverlangte, verschob er doch die Erkundung des Niari in eine unbestimmte Zukunft.

Wir gelangten in eine zerklüftete Landschaft, wo wir unaufhörlich Anhöhen von 50 bis 150 und manchmal mehr Metern hinauf- und hinabzuklettern hatten, auf deren Gipfel zumeist Dörfer lagen, militärisch günstig positioniert.

Man hätte gemeint, wir seien dazu verurteilt, ohne Halt weiter und weiter zu gehen. Kaum waren wir in einem Dorf angekommen, fanden wir Träger, die ihre Vorgänger von ihren Lasten befreiten und mit demselben Schwung weitergingen. Das war jedoch nicht von Dauer.

Als wir unseren Weg leicht zum Kongo hin verlagerten, stießen wir auf Einwohnerschaften, die weniger gutmütig waren und weniger beflissen, unsere Kisten zu tragen, als sie vielmehr zu leeren. Das taten sie im Übrigen auf eine originelle Art, denn sie boten uns, während sie uns bestahlen, eine Art musikalischer Kurzweil. Ihren großen und kleinen Flöten hielt ich die unseren entgegen. Während ich dem Oberhaupt unsere Rückforderungen vortrug, schoss ich ein paar Kugeln aus meiner Winchester in einen nahestehenden Baum, und sogleich fanden sich die beim Klang einer angenehmeren Musik gestohlenen Gegenstände wieder ein.

Wir hatten ungefähr 90 Kilometer zurückgelegt, als die erneute Nähe von Kupfer- und Bleiminen uns wiederum die Richtung ändern ließ. Nun ging es klar zum Kongo hin, quer durch große Berge aus Quarz und Sandstein, der die rot-gelbe Färbung von Eisenoxyd trug.

Hier hörten wir von den Weißen. Es waren wieder importierte Pflanzen zu sehen: Guajavabaum, Mangobaum und europäische Stoffe. Aber das Land wurde immer unsicherer. Die Feindseligkeit nahm zu, je näher man den europäischen Einrichtungen kam, und zwang uns zu äußerster Vorsicht. Ich schätze mich glücklich, jeden unerfreulichen Zusammenstoß vermieden zu haben, als wir dieses wüste Gebirge durchquerten, das sich vom Fluss Louala bis nach Mdambi Mbongo zieht, dem Ort, an dem ich auf Stanley traf.

An jenem Tag brachte der Zufall für einen Augenblick zwei Männer, zwei Antithesen zusammen: Schnelligkeit und Langsamkeit, Wagemut und Vorsicht, Kraft und Schwäche. Doch die Extreme berühren einander; mit derselben Beharrlichkeit laufen ihre Fährten in all ihrer Verschiedenheit auf dasselbe Ziel zu: den Fortschritt.

Stanley ist ein Erforscher wie ich: Wir sind gute Kameraden. Aber wenn auch unser Ziel dasselbe war, leiteten uns doch unterschiedliche Interessen. So ist es nicht außergewöhnlich, dass wir in unseren Berichten nicht immer übereinstimmten. Herr Stanley handelte im Auftrag des Königs von Belgien für Belgien, das damals in Afrika eine Art internationalen Handelskontor einrichten wollte, über das es die Oberhoheit hätte.

Sicherlich war der König von Belgien ganz uneigennützig. Er gab seine Millionen mit dem einzigen Ziel, die wilden Stämme zu zivilisieren. Ich glaubte jedoch, dass es am Grunde der dem Wohl der Menschheit geweihten Empfindungen des Königs von Belgien eine politische Idee gab. Dass mir fern lag, ihn dafür zu verurteilen, hielt mich allerdings nicht davon ab, mir meine eigene politische Idee zu machen. Und meine war ganz einfach: Sollte irgendein Vorteil darin liegen, sich des Kongo zu bemächtigen, dann wollte ich lieber die französische statt der belgisch-»internationalen« Flagge über dieser großartigen afrikanischen Gegend wehen sehen.

Ich hatte nie die Angewohnheit, als Krieger durch afrikanische Länder zu reisen wie Herr Stanley, den stets eine Legion bewaffneter Männer begleitete. Und ich musste auch keinen Tauschhandel treiben, denn weil ich als Freund und nicht als Eroberer reiste, traf ich überall auf gastfreundliche Menschen.

Herr Stanley hatte es sich angewöhnt, sich mit Gewehrschüssen Respekt zu verschaffen. Ich aber reiste als Freund, nicht als Kriegführender. Deswegen ist mir diese friedliche Eroberung gelungen, die den amerikanischen Forscher im Dienst des belgischen Königs so überrascht hat. »Die afrikanischen Könige«, sagt Herr Stanley, »sehen in einer Fahne nur ein mehr oder weniger hübsch gestreiftes Stück Stoff, aus dem sie sich einen Gürtel machen können.«

Da liegt Herrn Stanleys Fehler. Jene Könige haben in meinem »Stück Stoff« das gesehen, was ich sie darin hatte sehen lassen. Und Herr Stanley ist selbst der erste gewesen, der ihnen, als er nämlich diese Flagge später respektierte, bewies, dass ich sie nicht getäuscht hatte. Ich habe dem König gesagt: »Ihr kennt den weißen Bruder, der hierhergekommen ist und mit dem Ihr gekämpft habt. Nun, es werden andere, noch stärkere kommen. Wenn Ihr aber dieses Symbol, das ich Euch übergeben werde, hisst, werden sie nicht ohne Eure Erlaubnis hier festen Fuß fassen und sie werden niemals einen Schuss auf Eure Untertanen abgeben.« Sie haben getan, wie ich ihnen gesagt habe, und die französische Flagge hat sie beschützt.

Der belgische König stellte Herrn Stanley viel Geld zur Verfügung. »In Frankreich«, sagte König Leopold zu einem seiner engsten Freunde, »kann sich Herr Brazza noch so bemühen: Niemals wird es ihm gelingen, seinen Vertrag ratifizieren zu lassen. Man wird mit dem Kongo wie mit einem Spielzeug spielen. Herr Brazza würde seine Zeit sinnvoller einsetzen, wenn er sich uns anschließen würde.« Ich zitiere hier wörtlich die Worte des Königs Leopold!

Ich muss nicht hinzufügen, dass ich seine Meinung nicht teile und dass mein Vertrauen in die Klarsicht unserer Abgeordneten meine Hoffnung darauf, dass meine friedliche Eroberung meinem Land erhalten bleibt, ratifiziert hat.

An jenem Tage aber, als sie sich in Afrika die Hände gaben, haben diese beiden Männer, die einander schätzen, die strenge Notwendigkeit ihrer Aufgaben anerkannt. Stanley hat mir Gerechtigkeit widerfahren lassen. Und Ihr Gesandter wiederum wird sich immer durch den herzlichen Empfang geehrt fühlen, den ihm der unerschrockenste Erforscher Afrikas bereitet hat.

Kapitel VI

Der Feind ist die Sklaverei! – In Gabun – Hat man mich vergessen? – Unterwegs nach Franceville – Mein eigener Chirurg – Gemüsegarten, Hühnerhof und Viehzeug – Wie in Montmorency! – Die Straße zur Alima – Große Schwierigkeiten – Ein schwarzes Straßenbauamts-Gremium – Herr Mizon in Franceville – Ballay ist nicht angekommen

Wie schwer wurde mir ums Herz, als ich auf dem Weg den Kongo hinab und später die Atlantikküste hinauf Menschen sah, die das abscheuliche Halseisen der Sklaverei trugen! Ich dachte, wir hätten unsere Kolonien einst durch unsere Großzügigkeit zu Grunde gerichtet ... Aber halt: Wir kommen nach Gabun. Hier wenigstens ist unsere Fahne kein Deckmäntelchen für den einzigen Gegner, gegen den ich überall im Namen der Wissenschaft und der Menschlichkeit gekämpft habe.

Wir kamen in Libreville am 15. Dezember 1880 an. Eine bittere Enttäuschung erwartete uns. Weder der Doktor Ballay noch das Personal für die Stationen waren angekommen. Brauchte Frankreich etwa über ein Jahr, um eine Schaluppe zu bauen? Hatte man das Projekt einer Erkundung der Alima aufgegeben? Hatte man uns vergessen, waren wir verlassen? ...

Sie glauben gar nicht, wie schmerzlich ich nach einer Erklärung für diese Verspätung gesucht habe, die unseren Projekten so abträglich war. Die Mission, mit der mich das französische Komitee der Afrika-Gesellschaft betraut hatte, war erfüllt; ich konnte nach Europa fahren und mir die Ruhe gönnen, die ich brauchte. Aber nein, ich konnte eben nicht! Ich durfte doch unsere Stationen und die tapferen Leute, die ich 800 und 1200 Kilometer entfernt im Landesinneren zurückgelassen hatte, nicht einfach mittellos zurücklassen. So brach ich 24 Stunden nach meiner Ankunft in Gabun mit meiner um zwei Seeleute – Guiral und Amiel – und mehrere einheimische Zimmermannsleute, Gärtner, usf. erweiterten Truppe wieder auf.

Während wir Ntamo verließen, fuhr Herr Michaud gerade zum zweiten Mal mit seiner Flotte von Pirogen den Ogowé hinab. Schon anderthalb Monate vorher war er bei den Handelsniederlassungen von Lambaréné angekommen. Entmutigt, weil sie noch immer nichts kommen sahen, drohten ihm die Ruderer der Pirogen täglich damit heimzukehren und stellten die Geduld und das Geschick von Herrn Michaud auf eine harte Probe, als meine kleine Truppe auf dem Schauplatz erschien.

Auf die Nachricht unserer Rückkehr hin eilten die Sklaven der Galoa und der Inenga in Massen herbei und baten mich, ihnen Zuflucht bei der Station zu gewähren. … Doch mit welchen Mitteln? Diese fehlten, um andere Posten zu gründen.

Dabei könnte die Errichtung von weiteren Stationen das Problem der Sklaverei in diesem reichen Becken lösen. Sein Reichtum nämlich liegt in einem Boden von üppigster Fruchtbarkeit, wo man den Wert der Palmennuss, der Erdnuss und der kostbarsten Essenzen, des roten Holzes und Ebenholzes nicht kennt …, wo der Handel mit Elfenbein und Kautschuk fast 1000 Prozent einbringt. Die ganze Gegend ist ein einziger Kautschuk-Wald.

Leider wird es niemanden überraschen, wenn ich sage, wer begonnen hat, diese von uns aufgedeckten Reichtümer auszubeuten. Mein Patriotismus sorgt sich über das Fehlen von französischen Handelsniederlassungen. Denn Kolonien und auch reine Besitztümer verursachen einer Nation, wenn sie lediglich Soldaten dorthin entsenden kann, bloß Kosten und erschöpfen sie.

Machen wir uns nicht zu den Gendarmen der modernen Kolonisierung, das wäre töricht. Man muss menschheitlich

Ich nahm mein Messer und schnitt …

denken und menschlich handeln, muss humanitär sein, ja, vor allem aber patriotisch.

Bei den Wasserfällen des Ogowé kenterte die Piroge und wir mussten uns lange im Wasser mühen, um ihre Fracht zu retten; ich holte mir bei dieser Übung eine Ruhr, die mich nur noch mehr abmagern ließ. Zu allem Unglück hatte ich mir auch noch den linken Fuß ernstlich an einem Felsen verletzt.

Ein örtlicher Scharlatan bestrich die Wunde mit einer teuflischen Salbe, die mir den Fuß beindick anschwellen ließ. Da ich weder Medikamente noch meine Verbandstasche besaß, die ich den Offizieren der Stanley-Mission überlassen hatte, griff ich zum Messer, schnitt in das Stück einen Zentimeter tief hinein und entfernte alles, was nicht die hübsche Farbe von frischem Fleisch hatte. Ich kam mit zwei Monaten Untätigkeit davon, und als ich im Februar 1881 in Franceville ankam, war ich der erste Reisende, dem unsere gastfreundliche Station einen Dienst erwies.

Noguez hatte seine Zeit nicht vertrödelt. Ich fand dort an die 100 Einheimische versammelt – Männer, Frauen, Kinder –, die an die Arbeit schon gewöhnt waren. Wir mussten nur noch vollenden, was sie so gut begonnen hatten. Wir bauten neue Lager, neue Keller und richteten hübsche Zimmer ein. Unser Gemüse, unsere Pflanzungen von Guajava- und Orangenbäumen, Kaffee ... unser Vieh – Zicken, Schafe, Schweine usw. –, alles war gut gepflegt und gedieh. Schon jetzt lebte die Station allein von ihren Einkünften. Fast hätte ich Esel und Eselin vergessen, unsere schönen, gutmütigen Tiere, die auf der Reise nichts von ihrer Dickköpfigkeit verloren hatten. Wie gut war es doch, dort ihr Geschrei zu hören und noch besser, auf ihrem Rücken unseren reizenden Besitz zu durchstreifen, ganz so, als wären wir in Montmorency.[60]

Mit all unseren Nachbarn hatten wir solide, vorzügliche Beziehungen geknüpft. Es ging ja nicht darum, sich in den Annehmlichkeiten von Franceville zu verlieren, das nun bereit war, seine neuen Gäste zu empfangen. Sicherlich würden sie bald ankommen und das Material mitbringen, das zum Befahren der Alima nötig war.

60 Wohlhabende Pariser suchten ab dem 17. Jahrhundert die Sommerfrische gerne in dem Vorort Montmorency. Unter anderem verbrachte Jean-Jacques Rousseau hier sechs Jahre lang in Folge seine Sommer.

120 Kilometer Wegs indes trennten uns vom Zusammenfluss der Obia und der Sékéba, die später in die Alima fließt, und damit von dem Punkt, an dem das Dampfschiff zu Wasser gelassen werden sollte. Dieser Weg jedoch musste erst gebahnt und so ausgebaut werden, dass er gewaltige Lasten aushalten konnte; dann galt es, eine Montagewerkstatt am Ufer der Alima einzurichten, und schließlich musste der Transportdienst zwischen Alima und Ogowé organisiert werden.

Für den ersten Teil brauchten wir nur Arme und Beine. Und nachdem ich zur Wahl der besten Wegstrecke das Land noch einmal erkundet hatte, verschaffte ich mir dann auch recht mühelos 400 Arbeiter.

Die Trupps der wegbereitenden Pioniere und der Erdarbeiter wurden zusammengestellt und von Gabunern angeleitet. Diese Führungskräfte unseres Straßenbauamtes wiederum wurden von meinen Ingenieuren Michaud, Amiel und Guiral betreut. Bald schon war die breite und lange Schneise, die in den Urwald geschlagen worden war, in eine gangbare Straße verwandelt.

Der zweite Teil unseres Plans war weniger mühsam, jedoch schwieriger durchzuführen. Nicht alle Stämme nämlich, deren Freundschaft wir errungen hatten, waren gleichermaßen an unseren Projekten interessiert.

So war es hier wie auch auf dem Ogowé notwendig, einen übergreifenden Dienst einzurichten und einem gleichbleibenden Personal anzuvertrauen. Und dies musste unbedingt geschehen, ehe die veränderte Interessenlage, die ein erster Transport zur Folge haben würde, den verschiedenen Stämmen bewusst geworden wäre.

Folgenderweise gelang es mir nach einem ersten fehlgeschlagenen Versuch, das Zaudern der Träger von der Alima zu zerstreuen, die noch nie nach Franceville gekommen waren: Herr Michaud, den ich ausgesandt hatte, unsere Station am

Kongo mit Nachschub zu versorgen, hatte sich bei der Jagd verletzt und konnte die Reise nicht antreten. Daher ging ich an seiner statt. Ich nahm ein paar Leute zusätzlich mit, die ich zum Bau von Brücken einsetzte, und langsam gingen wir unseres Weges. Bei den Aboma angekommen, schickte ich den Nachschub zu Malamine und kehrte zur Quelle der Alima zurück. Die Nachricht vom Bau der Brücken, die die Reise beschleunigten, hatte sich wie ein Lauffeuer verbreitet und ihre Wirkung nicht verfehlt.

Da sie fürchteten, dass der Handel den Landweg von Franceville nach Ntamo nehmen würde, verlangten die Anrainer der Alima nunmehr meine Unterstützung. Wir hielten eine große *palabre* ab, an der alle Oberhäupter aus einem Umkreis von 50 Kilometern teilnahmen. Alles, was ich für die Einsetzung unseres Postens an der Alima und den Transportdienst zwischen diesem Fluss und dem Ogowé begehrte, erhielt ich.

Das war im September 1881. Da ich zu krank war, um mich nach Franceville aufzumachen, schickte ich einen meiner Männer hin, um Medikamente zu holen und Bescheid zu geben, dass alles für die Nutzung der Alima bereit war. Meine seit zwei Jahren erwarteten Weggefährten wähnte ich inzwischen angekommen. Doch ich täuschte mich.

Nur einer meiner Kameraden, Herr Kapitänsleutnant Mizon, war am 27. desselben Monats mit dem Auftrag, die Leitung von Franceville zu übernehmen, in der Station angelangt. Von ihm erfuhr ich, dass der Doktor Ballay unfreiwillig in Gabun aufgehalten wurde. Langwierige, durch fehlerhaftes Material notwendig gewordene Reparaturen verzögerten unsere Erkundung auf unbestimmte Zeit, und vielleicht würde Herr Ballay sogar nach Europa zurückkehren.

Am 10. Oktober konnte ich nach Franceville gehen. Mir blieb nur noch, meinem Nachfolger ein Werk zu übergeben, aus dem es jetzt galt, Nutzen zu ziehen.

Kapitel VII

Nachschub für Malamine – Die Quellen des Ogowé – Das reiche Tal des Kouilou-Niari – Ein Schusswechsel – Sechs Verletzte – Rückzug im Regen – Die Bassoundis – Ankunft in Banana (17. April 1882) – Politische, geographische und humanitäre Resultate der zweiten Reise – die noch zu verstetigen sind

Ende Januar 1882 nahmen wir von Ngango aus den Weg von Franceville zum Kongo und hofften, dabei eine neue Wegstrecke zu finden. Ich schickte fünf Männer mit Waren zu Malamine, dem Leiter unserer Station in Ntamo.

Es hieß, kurze Zeit nach meinem Besuch bei ihm habe Stanley in einem Anfall von Ärger und Verdruss versucht, Malamines Dienste zu gewinnen und die Oberhäupter der Bateke von ihren mit uns eingegangenen Übereinkünften abzubringen. Doch es bestand kein Grund zur Sorge. Meine Anwesenheit in Ntamo war nicht einmal notwendig, um für die Wahrung unserer Rechte und Interessen zu sorgen. Sie lagen in treuen und ergebenen Händen. Und nicht weniger haltbar als auf Pergament standen die Zusagen der Bevölkerungen in ihren Herzen eingeschrieben.

Auf unserem Weg über sandige Berge fanden wir die Quellen des Leketi, bei M'jka. Am 8. Februar erblickten wir eine kleine Wasserpfütze. Das war die Quelle des Ogowé-Flusses, den ich vor sechs Jahren das erste Mal hinaufgefahren war.

Diese Entdeckung beeindruckte mich sehr. Mein vom Fieber überreizter und erschöpfter Geist erfasste in Sekundenschnelle Vergangenheit, Gegenwart und Zukunft des Werkes, für das ich mein Vermögen, meine Jugend und meine

Gesundheit gegeben hatte. Wer je die Kraft der Hingabe an eine Idee erfahren hat, wird mich verstehen.

Einen Monat später gelangten wir zu den Ufern des Niari, ein hübscher Fluss von 80 bis 90 Metern Breite, der unter dem Namen Kouilou in den Ozean mündet. Nicht weit von seinem linken Ufer entfernt befinden sich die berühmten Kupfer- und Bleiminen, deren Nähe uns, als wir von Ntamo kamen, zu einem Umweg gezwungen hatte. Von dort aus erblickte ich in der Mitte des Gebirges, das den Horizont zur Hälfte umschließt, den Einschnitt, der eine gangbare Passage auf dem Weg zu unserer Kongo-Station bietet. Wir waren nun also auf einem guten Weg, um die Erkundung der geeignetsten Strecke zwischen Ntamo und dem Atlantik wieder aufzunehmen. Zutiefst von der Bedeutung dieser Strecke überzeugt setzten wir unseren Weg am linken Ufers des Niari entlang fort.

Das recht breite, flache und hier und da von vereinzelten kleinen Anbauflächen durchzogene Tal läuft mehr oder weniger im Westen zwischen zwei in Beschaffenheit und Höhe unterschiedlichen Plateaus weiter. Das südliche kannten wir schon, weil wir ihm auf unserem Weg zu Stanley gefolgt waren.

Dieses Niari-Tal bildet einen breiten Einschnitt quer durch enorme Terrassen, die parallel zum Ozean verlaufen. Aber während der Kongo sie gleichsam von Stufe zu Stufe treppab durchzieht, fließt der Niari bis zum Zusammenfluss mit der Kali ohne eine einzige Stromschnelle über den stets gleichen fruchtbaren Boden, den, dichter als in Frankreich, eine Bevölkerung besiedelt, die uns überall freundlich empfing.

Ungefähr 100 Kilometer weiter westlich biegt der Niari ein wenig Richtung Norden ab. Wir lösten uns von seinem Verlauf, nachdem wir seinen kleinen Zufluss, den Nréngé, überquert hatten. Nun begannen wir den Aufstieg zu einer Hochebene. Dort hatten die Einheimischen durchaus schon von den Weißen gehört, aber nicht von uns. Ein gänzlich anderer Empfang erwartete uns.

Mehr als eine Unannehmlichkeit lag bereits hinter uns, als eines Tages zwei meiner Männer, die einen anderen Weg gegangen waren, gefangen genommen und in einem Dorf festgehalten wurden. Die Bewohner glaubten, mir damit einen guten Dienst erwiesen und zugleich ein gutes Geschäft gemacht zu haben. »Dort unten«, sagten sie und zeigten zum Kongo hin, »bezahlt der Weiße, wenn man ihm seine Sklaven zurückbringt. Warum sollte er hier nicht bezahlen?« Nun, Sie können sich denken, wie zuträglich solche Irrtümer der Freundschaft zwischen der Bevölkerung und meinen Männern waren ...

Wir hätten diese unangenehme Szene wie alle anderen vergessen können. Als wir jedoch am nächsten Abend gegen fünf Uhr im Dorf M'btenga ankommen, stoßen wir auf die übelste, zutiefst feindselige Haltung. Man verweigert uns Wasser, Feuer und einen Platz zum Ruhen, selbst außerhalb des Dorfes. Während ich mit dem Oberhaupt verhandele, erhitzen sich, von den Einheimischen bedrängt, auch die Gemüter meiner Männer, einer wird bedroht, will die Kraft unserer Waffen zeigen und feuert mit dem Gewehr in einen Baum. Im selben Augenblick wird ihm das Handgelenk durchschossen. Alles läuft unter Geschrei und Waffenklicken wild durcheinander: Es ist ein Kampf unter schlechtesten Bedingungen. Vergebens falle ich einem meiner Senegalesen in den Arm, entreiße ihm das Gewehr, das er gerade einem Einheimischen geraubt hat, und gebe es dem Oberhaupt zurück. Der nimmt es, zielt auf mich, verfehlt mich. Die Schüsse pfeifen von allen Seiten und wir zählen sechs Verletzte, bevor wir uns in Deckung bringen und den Rückzug antreten können.

Die Lage ließ zu wünschen übrig. Da es keine Hoffnung auf eine Übereinkunft gab, mussten wir uns schnellstens zurückziehen. Nach dem Tagesmarsch und dem Schusswechsel, der unser Abendbrot gewesen war, marschierten wir die ganze Nacht unter strömendem Regen in Richtung Süden. Bei Tagesanbruch standen wir auf dem Gipfel des Gebirges.

Zu unseren Füßen erstreckte sich die grüne Ebene von Loema, deren Quellen in der Nähe lagen.

Wir begannen den Abstieg und sahen bald eine Gruppe von Mboco-Dörfern, wo das Kupfererz fast vom Boden aufgesammelt werden kann. Dann gingen wir von Mboco nach Westen und schnitten so den großen Bogen ab, den die Loundima nach Süden hin beschreibt, und schließlich ruhten wir uns in Rimounda aus, einem Bassoundi-Dorf, das zwischen der Loundima und dem Loango liegt. Kaum fünf oder sechs Tagesmärsche trennten uns nun noch von Boma am Ufer des Kongo oder von Landana an der Atlantikküste.

Die Bassoundi zu erforschen wäre nicht weniger interessant als die Bacamba, die Baboueudé und die Ballali, deren Land wir gerade durchquert hatten. Dem ausführlichen Studium all dieser interessanten Völker werden sich meine zukünftigen Arbeiten widmen.

Von den Strapazen erschöpft schleppten wir uns weiter. Endlich erreichten wir am 17. April 1882 Landana, wo der Vorsteher der französischen Mission und die europäische Siedlung uns so zahlreiche berührende Zeichen ihrer Aufmerksamkeit und Zuwendung zuteilwerden ließen, dass wir einen guten Teil unserer Nöte, Entbehrungen und durchstandenen Gefahren vergaßen.

In zweieinhalb Jahren hatten wir mit den geringen Mitteln, die uns zur Verfügung gestellt waren, in geographischer Hinsicht unseren früheren Eroberungen ein Territorium von der Größe eines Drittels von Frankreich hinzugewonnen. Die zurückgelegten Wegstrecken beliefen sich nach unseren Schätzungen und basierend auf zahlreichen astronomischen

Vergeblich entreiße ich einem meiner Senegalesen das Gewehr …

Beobachtungen auf ungefähr 4000 Kilometer. Die Berechnung unserer meteorologischen Beobachtungen lieferte eine beachtliche Menge an Höhenangaben. Wir hatten die Abschnitte zwischen den Bassins und den großen Verbindungswegen untersucht und die Sammlungen, die wir mit zurückbrachten, gewährten einen allgemeinen Eindruck von der geologischen Beschaffenheit dieser Gegend.

In humanitärer Hinsicht hatte die Gründung der Herbergsstationen am Ogowé und am Kongo eine möglichst vollständige Untersuchung des Landes, seiner Ressourcen und seiner Zukunft erfordert. Ihre Sicherheit hing von den guten Absichten der Bevölkerungen und ihrer Oberhäupter ab. Wir haben Nachweise dafür geliefert, dass all diese Bedingungen erfüllt waren.

Außer Herrn Michaud hatte ich von dort meine beiden schwarzen Weggefährten mitgebracht. Sie waren recht jung, aber ihr Verhalten rief mir in Erinnerung, »dass der Wert eines Menschen sich nicht an der Zahl seiner Jahre misst«.

Um diesen allzu lang geratenen Bericht zu enden, schulde ich noch eine genauere Erläuterung, welche weiteren Unternehmungen mir damals zweckdienlich erschienen.

Ohne Zweifel konnte die Ausbeutung des Ogowé- und des Alima-Beckens Hunderte von Millionen einbringen. Der Schlüssel zum inneren Kongo, sprich zu dem Flussnetz, über das dann all die Reichtümer Äquatorialafrikas aus dem Land abfließen werden, war jedoch Ntamo. Dieser Schlüssel lag in unserer Hand. Und der günstigste Weg von Ntamo zum Atlantik ist der, den wir soeben entdeckt hatten.[61]

Die in diesen Gebieten zu bauende Eisenbahnstrecke müsste dem Tal des Kouilou oder Niari folgen, um zu unserer Station am Kongo zu gelangen. Sie würde unsere Arbeit vervollständigen.

Erinnern Sie sich, welche Empfindungen die einheimische Bevölkerung bekundet hatte, erinnern Sie sich ihrer Interessen, die ja mit den unsrigen verbunden waren, und der von den Oberhäuptern unterzeichneten Verträge. Sollten wir sie im Stich lassen? Unterwegs hatten wir bewiesen, dass es möglich ist, den Interessen seines Vaterlandes zu dienen und zugleich für Wissenschaft und Zivilisation zu kämpfen.

---

61 Heute verläuft ungefähr auf dieser Strecke sowohl die Nationalstraße Nr. 1 von Brazzaville nach Pointe-Noire als auch die Kongo-Ozean-Bahn, die zwischen 1921 und 1934 erbaut wurde.

Briefe der zweiten Reise

Oberer Ogowé; im Land der
Okanda; Aufbruch zu den Aduma
4. März 1881

Meine liebe Mutter,

all Deine Briefe habe ich in Gabun erhalten, da ich, als ich Lambaréné verließ, Anweisung gegeben hatte, sie dort für mich aufzuheben.

Ich hatte mich in meinen Berechnungen nicht geirrt; wären mir die Briefe nachgeschickt worden, hätten sie niemals zu mir gefunden. So aber durfte ich sie alle zusammen in Empfang nehmen, als ich auf dem Dampfschiff *Coanzo* an der Mündung des Kongo in Gabun ankam. Du kannst Dir leicht vorstellen, wie froh ich war, gute Nachrichten zu erhalten.

Verzeih, dass ich Dir so selten Briefe schrieb und wenn, dann fast im Telegrammstil; ich habe wahrlich wenig geschrieben, andererseits aber hat, was ich getan und erreicht habe, alles übertroffen, was ich je erhoffen konnte.

Nun will ich Dir das Ziel und den sicheren Nutzen dieser Reise zusammenfassen, zu der ich aufgebrochen bin, ohne auch nur Lebewohl sagen zu können.

Ich hatte den Auftrag, für die Einrichtung zweier wissenschaftlicher Stationen, die auch Gäste beherbergen können, den jeweils besten Ort in Westafrika zu suchen und in unsere Unternehmung einzugliedern. Eine sollte in der Nähe des oberen Ogowé angesiedelt sein, die andere an einem Ort, der sich für den Ausbau und die Pflege menschlicher Beziehungen, sprich der Humanität und der Zivilisation eignet, die Frankreich in dieser Region, die Gabun und den Ogowé als einen Teil des inneren Kongo umschließt, zur Geltung bringen will. Falls sich eine günstige Gelegenheit böte, sollte ich mit der Errichtung einer oder beider Stationen beginnen und dort zwei mich begleitende Europäer zurücklassen.

So lauteten meine Instruktionen; dies, so wünschte man, sollte der erste Schritt in die Zukunft sein.

Im Herzen von Afrika gibt es einen unermesslich langen Verbindungsweg, den die Dampfboote über eine Strecke von 5000 sicheren und 1000 wahrscheinlichen Kilometern befahren können,[62] Räume, die der große Livingstone (Kongo) durchwandert hat,[63] von Urega bis zum Stanley-Pool einschließlich seiner großen Zuflüsse – der Mpama (Alima und Licona)[64], der Kwango, der Ikelemba, der M'burn, der Aruwimi. Soviel steht sicher fest, und eben diese Tatsache wird fortan zum Dreh- und Angelpunkt sowie zur Grundlage für jede wissenschaftliche oder humanitäre Unternehmung im reichsten und meistbevölkerten Teil Afrikas. Und zwar handelt es sich um die Region, die sich westlich des Urega zur Westküste und nördlich von Sambesi bis südlich von Bornu und Wadai[65] erstreckt. Und dies ist das Projekt:

---

62 Der Kongo allein ist ungefähr 4300 Kilometer lang, aber nicht die gesamte Länge ist schiffbar. Es geht hier also um das ganze Flussnetz des Kongo, das allerdings viel weitläufiger ist als 5000 Kilometer.

63 Livingstone hat nie die nördliche Kongo-Region durchwandert, er kam nicht zum Stanley-Pool, nicht zu den nördlichen Nebenflüssen. Er war südlich davon in den Gebieten des heutigen Angola, Zambia, im südlichsten Zipfel der heutigen Demokratischen Republik Kongo (Belgisch-Kongo) und Tansania unterwegs. Die Beschreibung trifft eher auf Henry Morton Stanley zu.

64 Brazza scheint hier zu sagen, dass der Zusammenfluss von Alima und Licona den Fluss Mpama bildet. Der Mpama aber ist ein Zufluss der Alima, die wie die Licona in den Kongo mündet.

65 Statt Wadai (frz. Ouadaï) steht im Orginal Uadat. Wahrscheinlich ist aber Ouadaï gemeint. Bornu und Wadai liegen nebeneinander, auf dem Gebiet des heutigen Tschad. Brazza beschreibt hier in groben Zügen die Ausdehnung des Kongobeckens.

1. Dampfschiffe auf dieser großen Wasserstraße fahren lassen.

2. Zwischen einem Punkt dieses inneren Schifffahrtsweges und der Atlantikküste durchgängige und praktische Transportmöglichkeiten einrichten, d. h. zwischen dem inneren Kongo und der Küste beständige und bequeme Verbindungen schaffen und für Dampfschiffe auf dem Fluss Kongo sorgen, die einen Landstrich, der ein Viertel von Afrika ausmacht, in alle Richtungen befahren können.

Wahl der Stationen

Die Station, die ich in Ntamo gegründet habe, ist die Operationsbasis der Dampfschiffe, die allesamt den Kongo anlaufen müssen.

Die Station, die ich beim Fluss Passa (oberer Ogowé) eingerichtet habe, ist der dem inneren Kongo nächstgelegene Punkt, der auf dem Wasserweg mit dem Atlantik verbunden werden kann; die Entfernung zur Station Nghimie (Franceville) beträgt 700 Kilometer.

Verbindungswege zwischen Franceville und dem Atlantik

Wie Du ja weißt, habe ich bei meiner ersten Expedition fast zwei Jahre gebraucht, um bis zu dem damals noch unbekannten Fluss Passa hinaufzugelangen. Der Fluss war damals in drei Teile aufgeteilt, und in jedem dieser Teile gehörte das Schifffahrtsrecht einem anderen Volk: den Inenga, den Galwa, den Okanda, den Aduma und den Ossyeba. Dieses Handelsmonopol in der Schifffahrt bestand bereits seit mehreren Jahrhunderten und hatte es keinem Stamm je erlaubt, einem anderen dessen Vorrechte streitig zu machen, weshalb man, um bis zum oberen Ogowé zu gelangen, dreimal die Ruderer und Pirogen wechseln musste. Dies war eine unerschöpfliche Quelle von Ärgernissen und nicht enden wollenden Ausgaben und erklärt die enormen Schwankungen im Wert der Waren auf ihrem Weg von einem Stamm zum nächsten. Bei den Aduma zum Beispiel reichten vier Kilogramm Salz aus, um einen Sklaven zu kaufen.

Als ich das letzte Mal hierherkam, habe ich dem ganzen Land ein neues Gesicht gegeben: Alle Völker, die eine Stange halten oder mit einem Ruder umgehen konnten, haben den Fluss zum ersten Mal in seiner ganzen Länge durchfahren, von den europäischen Stationen an der Küste bis zur Station von Franceville. Im Juli standen Franceville 740 Aduma zur Verfügung, die waren für sich allein bereits eine Karawane von Helfern. Gegenwärtig kann die Station auf ein bloßes Zeichen hin mit einer Kolonie von 1000 oder 1500 Ruderern rechnen, die 80 oder 100 Pirogen bestücken können. Sind die Transporte einmal organisiert (und jetzt sind sie es), können damit alle drei Monate 80 bis 100 Tonnen Waren zur Station gebracht werden.

Kommunikation zwischen den Stationen von Franceville und Ntamo (Brazzaville)

Zwischen Ntamo und Franceville liegt eine Entfernung von 180 Meilen. Ich brach von der Station am Ogowé mit 80 Warenträgern und meinen zwölf Männern (Laptots) auf. Keiner von ihnen war schließlich notwendig, und dies in einem Land, das wir zum ersten Mal durchquerten.

Später wird es sehr leicht sein, bei den Völkern, die beiderseits des Weges wohnen, Träger zu finden, so wie wir am Ogowé Ruderer gefunden haben.

Diese Einwohnerschaften sind recht zahlreich und friedfertig, und die Wege zu ihnen bieten sich ohne natürliche Hemmnisse dar. Gäbe es nicht einige Hindernisse auf meinen ersten drei Etappen, ließe sich das Land ohne Schwierigkeit per Fuhrwerk durchqueren; darüber hinaus ist das Klima dort der Gesundheit sehr zuträglich. Weiter oben, auf den 800 Meter hohen Hügeln, gedeihen Bananen und Weizen.

Allein mit den Bewohnern des Landes können wir gegenwärtig mittelgroße Handelstransporte von einer Station zur anderen bewerkstelligen. Die Verbindung der beiden Stationen wird den Transport der Waren sicherstellen, mit denen die Arbeit bezahlt werden soll, die wir die Einheimischen vor Ort machen lassen, wie Straßenbau und ähnliches.

Weg von der Station Franceville zu der Station am Kongo
Wie Du weißt, liegt die Stelle, an der wir bei unserer ersten Expedition auf die Alima gestoßen sind und unsere Abfahrt begonnen haben, 45 Meilen von der Station am Ogowé entfernt.

Das ist der Weg, der zurückzulegen, die Straße, die zu bauen ist, um die Passage zwischen Atlantik und innerem Kongo zu sichern. Die gewählte Strecke misst also, wie gesagt, 45 Meilen. Die Landschaft stellt kein gewichtiges Hindernis dar, und Wagen mit 400 bis 500 Kilogramm Fracht dürften diese Entfernung wohl ohne große Mühe bewältigen. Da ich die Strecke mehr als fünf Mal zurückgelegt habe, darf ich behaupten, sie sehr gut zu kennen.

Das Land ist nicht bewaldet; die Vegetation ist spärlich und auch Gras ist rar. Die Hügel fallen sanft ab, und ein Fuhrwerk kann überall passieren.

Auszuführende Arbeiten
Folgende Arbeiten sind auszuführen: Es muss eine Straße von fünf bis sechs Kilometern durch einen Wald in der Nähe der Station gebaut werden; dann, ein wenig weiter, eine Straße von 500–600 Metern, eine Brücke über den Fluss Kom, 25 Meter lang und zwei Meter breit. Dann gibt es noch fünf oder sechs Stellen zu bewältigen, die wegen starken Gefälles

schwierig sind; glücklicherweise sind diese Streckenstücke nicht sehr lang und keines übersteigt 500 Meter. Gegenwärtig kann man in den Dörfern, die auf unserem Weg liegen, 200 Träger finden, die einander dann von Etappe zu Etappe ablösen werden. Man muss jedoch damit rechnen, dass nur sehr wenige die Strecke schaffen können. In diesem Fall können wir eine Gruppe von 600 oder 700 Männern (Bateke) als Träger oder Ruderer zusammenstellen.

So gerechnet müssten von der Station der Passa (Ogowé, Franceville) zur Alima (die nicht zum inneren Kongo gehört) ohne große Schwierigkeiten dampfbetriebene zerlegbare Schaluppen zu transportieren sein, deren Einzelteile 150 bis 200 Kilogramm wiegen können. Was die von Menschen geschulterten Waren angeht, so können, angenommen, jeder Träger stemmt eine Last von 25 Kilogramm, 100 Männer 2500 Kilogramm pro Reise tragen. Du siehst, dass zur Stunde all diese Transportmöglichkeiten selbst unsere kühnsten Hoffnungen übersteigen.

Danach können wir dann sogar Transporte per Esel organisieren, und im Tausch gegen ein paar Waren die Einheimischen mit den Arbeiten beauftragen, die Straße an den fünf oder sechs für den Verkehr noch hinderlichen Stellen für Wagen befahrbar zu machen. Statt Menschenrücken können wir dann Fuhrwerke für den Transport verwenden.

Durch die Expedition bereits erreichter humanitärer Nutzen

Wenn mit der Einrichtung der beiden Stationen, der Organisation der Transporte, dem Friedensvertrag mit den Apfourou – jenen Ubanko Ubangi oder Boubangi, mit denen ich genauso wie Stanley kämpfen musste – meine Reise der Wissenschaft einige nützliche Dienste erwiesen und dem Reisenden ein wenig zur Ehre gereicht hat, so wage ich mir in all dem jedoch nur einen einzigen Verdienst zuzuerkennen: dass ich die Gelegenheit, das Ansehen, das ich im Lande hatte, sowie die örtlichen Ressourcen zu nutzen wusste. Ansonsten habe ich nur geerntet, was ich auf unserer ersten langen Expedition gesät hatte, die so viel Geduld erfordert und mich so viel Leid und Mühsal gekostet hatte. Die kostbarste Befriedigung, die mir jetzt aus den Leiden meiner ersten Expedition erwächst, ist die Freude, ohne Gewalt, ohne Feindseligkeiten den Sklavenhandel am Ogowé de facto radikal abgeschafft zu haben.

Die Station des Ogowé ist zum Zufluchtsort für Sklaven geworden, die die Freiheit innerhalb ihres eigenen Territoriums suchen, und alle Bevölkerungsgruppen des Ogowé erkennen dieses Asylrecht und die Freiheit eines jeden Sklaven an, der sich unter meinen Schutz gestellt hat. Gegenwärtig habe ich eine Eskorte von 104 Leuten, Männer, Frauen und Kinder, alles flüchtige Sklaven der Galoa. Ihre Freiheit suchend kamen sie zur Station am Ogowé, denn in den Niederlassungen an der Küste waren sie nicht in Sicherheit.

Stanleys Unternehmung

Das Unterfangen, zu dem ich hier die ersten Grundlagen gelegt habe, ist nicht das einzige seiner Art, das im Gange ist; auch Stanleys Unternehmung hat den inneren Kongo zum Ziel und unterscheidet sich nur durch den gewählten Weg. Stanley geht die Hindernisse frontal an. Er hat sich gesagt: »Vivi, der äußerste Punkt, zu dem Dampfboote auf dem Unterlauf des Kongo gelangen können, ist 450 Kilometer von Ntamo entfernt; machen wir uns also die Mühe, einige zerlegbare Dampf-Schaluppen über diese 450 Kilometer zu transportieren, und wir werden uns auf dem schiffbaren inneren Kongo wiederfinden: Äquatorialafrika wird sich vor uns auftun.«

Und so hat Stanley damit begonnen, sich auf einem Weg vorzuwagen, auf dem die Natur mit Wonne Hindernisse aufgetürmt zu haben scheint. Es ist eine Titanenarbeit, und er bahnt sich seinen Weg mit immer neuen Millionen. Nicht eher als in zwei Jahren wird er meiner Meinung nach seine dampfbetriebenen Schaluppen nach Ntamo transportieren können; und die so gebaute Straße wird nie ein bequemer Weg sein. Gewiss, von 200 Männern gezogen und mit Hilfe des Krans wird jeder seiner schweren Karren die fürchterlichen Unebenheiten des Terrains, die sich über diesen gesamten Weg erstrecken, überwinden können. Aber kein anderer zum regelmäßigen Transport bestimmter Wagen wird diese Straße befahren können. Tatsächlich werden Lebensmittel auf dem Rücken von Männern, Maultieren und Eseln transportiert, und selbst die können an manchen Stellen nicht einmal dem Fahrweg folgen.

Zum Zeitpunkt meines Besuches bei ihm hatten diese Schaluppen schon etwa 25 Meilen zurückgelegt, sie befanden sich in Ndambi Mbongo, und Stanley brauchte beständig 60 Esel oder Maultiere, die ihm die nötigen Vorräte lieferten. Wie viele Esel und Maultiere wird er also brauchen, wenn er 50 oder 100 Meilen vorangekommen sein wird?

Weißt Du, was es heißt, etwas entlang der Katarakte und der Stromschnellen des Kongo zu transportieren? Um Dir eine Idee davon zu geben: In einer früheren geologischen Periode scheint ein riesiges Gebirge von 650 Metern Höhe den Atlantik vom inneren Kongo getrennt zu haben, und der Kongo hat sich offenbar einen Weg mitten durch dieses Gebirge gebahnt. Durch hintereinander liegende Abflüsse ist dieses Gebirge nun von ebenso vielen Tälern durchzogen wie es Ströme gibt, die dem Kongo zufließen. Folgt man seinem Lauf, durchquert man all diese Bergketten, die Überreste des einstigen Höhenzuges. Die Schwierigkeiten dieser Strecke sind derart, dass man Salz nicht über diesen Weg nach Ntamo (Stanley-Pool) bringt, sondern einen anderen nimmt, der zwar länger ist, aber wesentlich weniger zerklüftet.

Gegenüberstellung der beiden Strecken entlang des Kongo und des Ogowé

Auf dem Ogowé-Weg kann man den Fluss so weit nutzen, wie Kanus gelangen. Danach brauchen nur 40 bis 45 Meilen bis zu dem Punkt zurückgelegt zu werden, von dem an die Alima schiffbar ist. Diese Wegstrecke führt außerdem durch leicht gängiges Gelände, in dem auch für den Einsatz von Karren keine Hindernisse zu überwinden sind. Die schweren Karren, die Stanley verwendet, könnten den gesamten Weg ohne all seine Hilfsmittel, ja, ohne einen einzigen Axthieb entlangfahren. In diesem Teil des Ogowé wird alles von der natürlichen Wegbarkeit des Terrains unterstützt.

Stanley hat dagegen seine Route ungeachtet aller Schwierigkeiten gewählt, die der Boden bietet, ohne irgendetwas, das der europäischen Energie zu Hilfe käme. Für die erste Wegstrecke am Ogowé findet sich alles Notwendige, Arbeitskraft und -material, Lebensmittel, Männer, im Lande selbst.

Der zweite Weg hingegen führt nur über Felsen und trockenes Gras; das ist alles, was das Land Stanley liefern kann. Nicht nur, dass sich sein Personal von europäischem Reis ernährt, der auf dem Rücken der Männer oder von Maultieren herbeigeschafft werden muss, sondern die Esel und Maultiere fressen überdies Stroh und Hafer aus Europa, die man für viel Geld kommen lässt.

Mag das europäische Personal auch konservierte Lebensmittel wie Fleisch und Gemüse verzehren, findet sich doch alles Übrige selbstverständlich im Land selbst. Und während hier Ruderer, Handwerker und Träger von den Einheimischen gestellt werden, so wird dort die Arbeit von Sansibaris und von Sklaven geleistet, die Stanley gekauft hat und die ihm im Übrigen nicht viel nützen. Trotz Vorkehrungen ist ein Teil von ihnen geflohen, und einige von den jetzt Anwesenden waren in den benachbarten Dörfern eingefangen worden, wo sie vergeblich Schutz gesucht hatten.

Überdies arbeiten dort die freien Einheimischen nicht – ich rede nicht von einer oder zwei Handelskarawanen, die irgendwann einmal bereit waren, für eine Weile ein paar Karren mitzuziehen. Am Ogowé-Weg dagegen wird die ganze Arbeit von den einheimischen Völkern gemacht; für die Stationen haben die benachbarten Dörfer ihre Männer geschickt, um die Hütten zu bauen. Als ich im Juli für Vorräte zu sorgen hatte, die ich von den Niederlassungen an der Küste holen lassen musste, bestand das Begleitpersonal der Kolonne von 750 Aduma, die wir losgeschickt hatten, in einem einzigen Europäer und zwei Gabunern. Die Aduma wurden am Ende ihrer Arbeit, die neun oder zehn Monate gedauert hatte, in Waren bezahlt.

Sollten zwischen dem Abschnitt des Ogowé und den Niederlassungen an der Küste Arbeiten anfallen, so könnten wir leicht auf eine gewisse Menge unbeschäftigten Personals unter den Mpangwe zurückgreifen. Auch für die Strecke zwischen dem Ogowé und der Alima beabsichtigen wir, einheimische Völker einzusetzen. Dieser markante Unterschied zwischen den beiden Wegstrecken liegt daran, dass das Ogowé-Gebiet mehr Einwohner hat, dass sein Boden fruchtbar ist und es außerdem erst seit kurzer Zeit mit europäischen Waren beliefert wird.

Im Kongo gibt es dagegen fast keine Bewohner, das Land ist unfruchtbar und europäische Waren sind dort seit langem bekannt. Zwischen Vivi und Ndambi Mbongo findet man nur sechs Dörfer, in denen insgesamt kaum 40 oder 60 Menschen

Karawane von Fang-Händlern.

leben. Weiter oben sind Besiedelungen ebenfalls selten; und auch Lebensmittel sind so rar, dass ich Schwierigkeiten hatte, für mein bescheidenes Gefolge von nur zwölf Männern (mit denen ich im schnellen Durchmarsch unterwegs war) etwas zu finden

Welch ein Unterschied zum Ogowé, wo ich mit 700 Leuten in einem Dorf Rast machte. Zwei Stunden später setzte ich, beladen mit Lebensmitteln für zwei oder drei Tage, meinen Weg fort: Was hatte mich das Ganze gekostet? 30 Kilo Salz. Kommen wir aber in die Handelsstationen, dann bin ich gezwungen, die Essensvorräte mit Stoff zu kaufen, und wenn ich dort eine Tagesration für 30 oder 40 Männer mit vier Metern bezahlen muss, würde man vermutlich sagen, dass die Lebensmittel ganz schön teuer sind.

Das ist schwer vorstellbar. Während mein ständiges Personal, das bei mir in Lohn steht, sich aus insgesamt 20 Senegalesen und Gabunern und lediglich zwei Europäern zusammensetzt, wird Stanley von 14 Europäern begleitet und hat schon zwei Millionen ausgegeben; was er wohl noch alles ausgibt? Keine Ahnung, eins weiß ich allerdings: dass er sich seinen Weg mit der goldenen Axt bahnt. Da verfüge ich doch über etwas andere Mittel.

Die 20 000 Francs, die mir gegeben wurden, um mit der Einrichtung dieser beiden Stationen zu beginnen, sind ausgegeben, und ich musste, wie Du ja weißt, bei meiner Abfahrt aus Manchester einen Wechsel auf Dich ziehen (ach, dieser Wechsel, welch ein Abschiedspfeil für Dich!), um meine armselige Privatkasse aufzufüllen (die jetzt völlig leer ist). Damit musste ich für die dringend notwendigen Dinge der Expedition sorgen. Unterm Strich habe ich bisher 45 000 Francs ausgegeben. Wie bereits beim ersten Mal hat mein armseliges Privatbudget das Staatsbudget Frankreichs unterstützt, doch jetzt bin ich in äußerster Bedrängnis. Immerhin kann ich mich rühmen, dass ich das Geld gut ausgegeben habe. Mag die Station von Ntamo erst in den Anfängen und noch in Organisation begriffen sein, ist sie doch bereits ein Stützpunkt, und dank meinen vier Männern könnte eine Expedition, die sich diesem Punkt bis auf 50 Meilen genähert hat, eine Hilfskolonne von 100 bis 150 Einheimischen finden, von ihnen Unterstützung beim Transport erhalten und so deren Handelsmonopol umgehen. Heute steht die Station am Ogowé in voller Blüte; sie hat Hütten, Geschäfte, ein Waren- und ein Munitionslager, eine Herde von mehr als 200 Schafen, Ziegen und Schweinen. Außerdem einen gut bestückten Hühnerstall. Die ganze Küste auf und ab spricht man über nichts anderes als über das schöne Leben in der Station.

Ich erwarte die Übersendung der 100 000 Francs, die das Dampfschiff mitbringen sollte, das ich bei meiner Rückkehr vom Kongo in Gabun vorzufinden dachte. Welch eine Enttäuschung, als ich dort ankam! Ich glaube, inzwischen dürfte die Sendung wohl angekommen sein und von der Station werden 40 oder 50 Pirogen ausfahren, um Ballay und Mizon abzuholen. Ich brauche unbedingt eine weitere finanzielle Unterstützung. Ich habe bereits dem französischen Komitee von Banana, von Gabun und der Handelsniederlassung geschrieben.

Alles in allem geht es mir nicht schlecht und ich bin bei guter Gesundheit. Mir fehlt es nicht an Mut, nur stellt der Mangel an Ressourcen ihn auf eine harte Probe.

Da ich ganz unvermittelt aus Europa aufgebrochen bin, konnte ich mir vorher nicht einmal die schlichtesten Annehmlichkeiten organisieren. Ich glaubte, nach acht Monaten wieder zurück zu sein, aber meine Reise verlängert sich über das Vorhergesehene hinaus. Mein Hut und meine armen Schuhe pfeifen aus dem letzten Loch, weshalb ich durchaus einen gewissen Eindruck mache. Was ich mit banger Ungeduld erwarte, sind die Hilfen für die Expedition.

Dein ergebener Sohn

Berichte und Dokumente zur zweiten Reise

Auszug aus dem Bericht an den Marineminister (1879)

Herr Minister,

die letzten Entdeckungen in Afrika haben uns gelehrt, dass der Kongo, dessen Unterlauf durch Stromschnellen und Wasserfälle unpassierbar ist, in seinem Oberlauf über fast 2000 Kilometer schiffbar ist, und dabei ist noch nicht der schiffbare Teil mitgezählt, den neun Zuflüsse, die er in dieser Gegend aufnimmt, darstellen können.

Die Mündung des Kongo gehört keiner europäischen Macht. Ein wenig weiter oben befindet sich die portugiesische Kolonie von Angola; ein wenig weiter im Norden die französische Kolonie von Gabun. Der schiffbare Teil des Flusses, der aus dem Norden kommt, befindet sich in der Nähe von Gabun. Französische Forschungsreisende, die von Gabun her kamen, haben bereits die Nationalflagge an zwei großen Zuflüssen des Stroms gehisst, der östlich von Gabun fließt.

Beeindruckt von den wirtschaftlichen Vorteilen, die diese große Ader bietet, versuchen verschiedene Nationen sie in ihren Besitz zu bringen. Insbesondere die belgische Regierung hat soeben Stanley mit einer beachtlichen Ausrüstung und unbegrenzten Mitteln dorthin geschickt. Frankreich hat sowohl durch die Lage seiner Kolonie Gabun als auch durch die offizielle Erkundung durch einen französischen Offizier mehr Rechtsansprüche als jede andere Nation und darf sich daher aus diesem friedlichen Kampf nicht als einzige heraushalten. Um unsere Rechte zu sichern, und ohne uns für die Zukunft festzulegen, würde es genügen, die französische Flagge am Stanley-Pool zu hissen, bevor dies der belgischen Expedition gelingt. Das wäre folgenderweise möglich: Während Stanley, der gezwungen ist, sich einen Weg durch schwieriges Gelände zu bahnen, ob seiner beachtlichen Ausrüstung und zahlreicher Hinderlichkeiten und *impedimenta* nur langsam vorankommt, könnte Herr de Brazza, der das Land kennt, ohne Gepäck von der französischen Kolonie aufbrechen und in schnellem Marsch oberhalb der Wasserfälle des Flusses ankommen.

Der Plan wäre der folgende:

1. Herr de Brazza bricht sofort mit einer kleinen Zahl Männer auf, die ihm vom Verwalter von Gabun gestellt werden: ungefähr zehn. Er fährt den Ogowé bis nach Maschogo mit Pirogen hinauf und geht von dort über Land so schnell wie möglich bis zum Stanley-Pool, dem Anfang des schiffbaren Teils, wo er die französische Flagge hisst.

2. Währenddessen lässt Herr Ballay das nötige Material für eine komplette Expedition sowie die Einrichtung von zwei Stationen – eine am Ogowé und die andere am Kongoufer – vorbereiten sowie zwei zerlegbare Dampfboote bauen. Diese Vorbereitungen dürften ungefähr vier Monate in Anspruch nehmen. Dann fährt Herr Ballay ab und transportiert das gesamte Material zum Ogowé.

3. Herr de Brazza stößt zu Herrn Ballay. Dazu nennt man ihm einen Ort am Kongoufer, zu dem Herr Ballay sich begeben wird, nachdem er die Station am Ogowé gegründet hat.

4. Die Dampfboote werden auf dem Kongo zu Wasser gelassen. Der Fluss und seine Nebenflüsse werden hydrographisch untersucht.

Um zu diesem Ergebnis zu gelangen, wäre notwendig,

1. dass der Herr Marineminister einwilligt, Herrn de Brazza mit der Mission zu beauftragen, die französische Flagge am Stanley-Pool zu hissen. Diese Mission bliebe geheim und würde überhaupt nur ausgeführt, wenn er vor Stanley dort ankäme.

Anderenfalls würde er sich den Anschein geben, als käme er zum Zwecke einer schlichten geographischen Erkundung.

2. dass der Herr Marineminister den Verwalter von Gabun anweist, Herrn de Brazza aus dem schwarzen Personal der Kolonie zehn Männer zu stellen, die bereit sind, ihm zu folgen;

3. dass der Herr Marineminister den Befehl gibt, zwei zerlegbare Dampfboote zu bauen;

4. dass der Herr Marineminister Herrn Ballay die Mittel an die Hand gibt, um aus den Arsenalen seine Expedition vorzubereiten, und die Ausrüstung durch das staatliche Transportwesen befördern lässt;

5. dass man in Gabun die drei Europäer und die 24 Schwarzen zur Verfügung stellt, die nötig sind, um die Dampfboote zu steuern.

Forschungsreisen von 1883 bis 1886

Vortrag der dritten Reise

Kapitel I

Die Ergebnisse der zweiten Reise – Ermutigungen – Feierlicher Empfang durch den Pariser Stadtrat – Das Parlament ratifiziert den Vertrag und bewilligt die Kredite – Ernennung zum Kapitänsleutnant und Generalkommissar der Republik im Westlichen Afrika – Zusammensetzung der Mission

Bei der Reise, die ich zwischen 1879 und 1882 unternahm, war nicht alles nach Wunsch verlaufen. Unvohergesehenes hatte zu viel Raum eingenommen und zu abträglichen Verspätungen geführt. Dennoch waren wichtige Ergebnisse erzielt worden. Im Laufe dieser drei Jahre hatten mir meine Streckenerforschungen ein doppeltes Ergebnis beschert. Franceville war gegründet und organisiert worden; eine Wegtrasse war zwischen dem Ogowé- und dem Kongobecken angelegt und das Tal von Niari und Kouilou war erkundet worden. Ein Vertrag mit dem Makoko schließlich, dem Oberhaupt der Bateke, unterstellte große Gebiete dem Schutz Frankreichs und gab uns den Schlüssel zum oberen Kongo.

In Übereinstimmung mit dem französischen Komitee der Internationalen Afrika-Gesellschaft war es der Wunsch der Geographischen Gesellschaft gewesen – ich bin nicht schuld –, unserer ersten Station am Kongoufer den Namen Brazzaville zu geben. Dürfte ich die Gesellschaft bitten, nicht allein meinen Namen mit dem westlichen Afrika zu verbinden? Müsste nicht der Name des Mannes, der sich vor mir an die Aufgabe gemacht hat und der nun der Vergangenheit angehört, der

Name des verstorbenen Marquis de Compiègne[66], eine unserer Stationen am Ogowé zieren, um an diesen Ufern die Erinnerung an den Forscher wachzuhalten, der sie als erster betrat?

Als ich Ihnen von dieser letzten Reise berichtete, schloss ich meinen Vortrag an der Sorbonne mit den Worten: »Und was mich betrifft, so könnten Sie mir keine größere Ehre zuteilwerden lassen, als mir zu sagen: ›Vorwärts!‹«[67]

Vorwärts! Sie haben es gewollt, meine Herren, Sie haben es gesagt. Die Regierung hat mir diese Ehre zugebilligt, um die ich Sie ersuchte, und mir die so überaus bedeutende und glorreiche Aufgabe anvertraut, auch weiterhin im Namen Frankreichs Frieden und Freiheit in jene Lande zu bringen. Die erste Empfindung, die mir dieser Gedanke einflößt, ist tiefe Dankbarkeit, und daher möchte ich Ihnen danken.

Habe ich diese Aufgabe so erfüllt, wie das Land es von mir erwartete?

Sie werden mir verzeihen, dass ich nicht Richter in eigener Sache bin: Meinen Fall zu untersuchen, ist Sache der Öffentlichkeit. Was ich Ihnen versichern kann, und zwar mit bestem Gewissen, ist, dass ich alles getan habe, was in meiner Macht stand, und mit Eifer und Inbrunst über die Interessen Frankreichs und die Ehre der mir anvertrauten Fahne gewacht habe. Gab uns auch bisweilen die Enttäuschung ein Stelldichein und haben unvorhergesehene Verzögerungen und Langsamkeiten die rasche Verwirklichung des Projektes und die Vollendung des Werkes in einem gewissen Maße behindert (solcherlei Widrigkeiten kennt jede neue Unternehmung),

66 Der Marquis de Compiègne hatte mit seinem Freund Alfred Marche von 1872 bis 1874 den Ogowé erkundet. Brazza war den beiden Forschungsreisenden bei ihrer Rückkehr begegnet, bevor er das Projekt seiner ersten Reise entwarf. Victor de Compiègne starb 1877 in Kairo.

67 Brazzas Vorbild David Livingstone soll 1863 gesagt haben: *»I am prepared to go anywhere, provided it be forward.«*

hat doch mein Glaube nie gewankt. Stets ruhte er auf der Überzeugung, dass meine Handlungen an dem Tag, an dem ich sie der Öffentlichkeit unseres Landes unterbreiten würde, ein unparteiisches Urteil erhalten würden.

Dieser Tag ist gekommen, meine Herren, und ich trete vor die Schranken Ihres Gerichtes, zuversichtlich ob Ihrer Sympathiebekundungen und bereits stolz und geehrt durch den herzlichen Empfang, den mir die Presse und das Publikum bei meiner Rückkehr bereitet haben. Ich freue mich, Ihnen die Ergebnisse meiner Anstrengungen nun vorzulegen und Ihrem Urteil anheimzugeben.

Wie bereits gesagt, hatte die Regierung, dem Wunsch des Landes und dem Willen der Kammern[68] entsprechend, mir ihr »Vorwärts!« ausgegeben. Der Vertrag, der unsere souveränen Rechte an den Ufern des Kongo festlegte, war auf

68 Fußnote des Herausgebers Ney: Am 27. Dezember 1882 fand in der Abgeordnetenkammer die Diskussion des Gesetzesentwurfs zur Finanzierung der Ausgaben der Expedition im Westlichen Afrika statt. Die Regierung beantragte 1 275 000 Francs, die auf drei Ministerien aufgeteilt werden sollten: das Ministerium für Erziehung und Bildung (980 000 Francs), das Außenministerium (65 000 Francs), das Ministerium der Marine und der Kolonien (200 000 Francs). Die Diskussion war sehr kurz und beschränkte sich auf einen Austausch von Beobachtungen zwischen dem Berichterstatter Herrn Turquet und den Herren Cunéo d'Ornano und Gerville Réache. Der Kredit wurde mit 441 Stimmen bei 444 Stimmberechtigten fast einstimmig angenommen. Am 11. Januar 1883 wurde das Gesetz im *Journal officiel* veröffentlicht.
Herr Brazza wurde per Dekret vom 15. Februar 1883 zum Kapitänsleutnant ernannt. [A. d. Ü.: Andere Quellen nennen die Rückkehr Brazzas von seiner ersten Mission als Datum seiner Ernennung zum Kapitänsleutnant.] Darüber hinaus erhielt er den Titel des Generalkommissars der Republik im Westlichen Afrika. Ein kleines Dampfboot, die *Olumo*, wurde ihm zur Verfügung gestellt, um den Fluss von der Mündung bis zu den zu gründenden Stationen hinaufzufahren. Der Kriegsminister stellte ihm außerdem eine Abordnung von algerischen Schützen zur Verfügung, die sich den 30 senegalesischen Schützen anschließen sollten.

Vorschlag des Kabinetts Duclerc ratifiziert und ein Zuschuss von 1 275 000 Francs zu Lasten verschiedener Ministerien verabschiedet worden. In meiner Eigenschaft als Kommissar der Regierung hatte ich uneingeschränkte Vollmacht; zudem wurde meine Mission unter die besondere Schirmherrschaft des Ministeriums für Erziehung und Bildung gestellt: Aus dem friedlichen und wissenschaftlichen Charakter meines Unterfangens ergab sich ganz natürlich, welchem Teil der Staatsgewalt es unterstellt werden sollte.

Übergehen wir die wenig interessanten Einzelheiten einer überstürzten Planung. Es galt, schnell zu handeln: Rekrutie-

---

Die Mission war wie folgt zusammengesetzt:

Führungsstab
Die Herren
Michelez, ehemaliger Schüler der nationalen Bergbauakademie.
De Lastours, ehemaliger Schüler der nationalen Bergbauakademie.
Blondel, Buchhalter.
P. Michaud, ehemaliger Schüler der nationalen Handwerksakademie.
Decazes, Leutnant der Kavallerie, der sich lange im Senegal aufgehalten hat.

Hilfskräfte
Die Herren
De Chavannes, Sekretär des Kommandanten der Expedition.
Joseph Michaud, ehemaliger Schüler der nationalen Handwerksakademie, der schon an der vorhergehenden Mission teilgenommen hat.
De Montagnac, der im Oberen Senegal gewesen ist.
Eckermann, Angestellter.
Pierron, der lange in Madagascar gewesen ist.
Brazza. (A. d. Ü.: Giacomo di Brazzà, Bruder von Pierre)
Weisthoffer (A. d. Ü.: richtig: Veistroffer)
Rouf.
Buffert, Angestellter.
Borderie.
Lescau.
Rabuteau.
Henri Rochefort, Sohn.
Manchon.
De Ménerville.
Flicotteaux.

rung des notwenigen Personals, Erwerb von Material und Waren, Abfahrtsvorbereitungen – alles musste in weniger als drei Monaten geschehen, sehr schnell, allzu schnell vielleicht, als dass man alle Elemente der Expedition in vollendeter Weise auf ihre Zwecke hätte abstimmen können.

Kapitel II

Abreise der Vorhut mit Herrn Lastours. Malamine in Dakar – Schwierigkeiten in Gabun bei der Entladung der Waren – Auf dem Ogowé – Die Niederlassungen am Fluss. Herr Kapitänsleutnant Cordier kommandiert auf dem Sagittaire *– Seine politische Geschicklichkeit – Vertrag von Loango. Die Herren Dolisie und Manchon an der Küste*

Meine Vorhut war am 1. Januar 1883 unter dem Kommando von Herrn Rigail de Lastours abgereist. Mit ihr fuhr mein Bruder Giacomo, der ob seines Titels als Doktor der Naturwissenschaften vom Ministerium angestellt worden war, um die wissenschaftlichen Sammlungen und Daten zusammenzuführen, und den vor allem brüderliche Zuneigung antrieb, mir zu folgen.

Einen Monat später reiste Herr Leutnant Decazes ab, um im Senegal die Laptots zu rekrutieren, die wir benötigen würden, während Herr Leutnant Manchon aus Algerien die Schützen holte, die der Herr Minister mir zur Begleitung gewährt hatte.

Am 19. März schließlich fuhr ich nach Bordeaux. Es war Zeit. Zeit für die Öffentlichkeit, die darauf brannte, mich ans Werk gehen zu sehen; Zeit vor allem für mich, der besser als jeder andere um den Schaden wusste, den diese unabdingbaren Vorbereitungen geschuldete Verzögerung verursachte.

Le Précurseur [der Vorreiter], ein Boot der Reederei Tandonnet, nahm das ganze Personal der Expedition an Bord. Im Ganzen war es eine Gruppe von 48 Europäern, die hierarchisch organisiert war und noch ganz in der Euphorie des Anfangs schwelgte.

In den ersten Apriltagen liefen wir Dakar an; 130 Laptots – unsere gesamte Streitkraft – kamen an Bord, darunter mein tapferer Sergeant Malamine, der vor einigen Monaten auf Befehl von Herrn Mizon aus Brazzaville zurückgekehrt war.[69] Eine Mischung arabischen und mauretanischen Blutes floss in diesem Malamine, von dem ich schon berichtet habe, ein hochgewachsener Mann mit kräftigen Muskeln. Sein Profil ist fast europäisch und seine Physiognomie strahlt einen männlichen Stolz aus. Man spürt in ihm sofort den Mann, der fähig ist, Befehle mit Intelligenz und dem notwendigen Feingefühl auszuführen, um sie den jeweiligen Umständen entsprechend auszulegen. Als ich ihn 1880 ganz allein zur Bewachung der französischen Flagge am Kongoufer zurückließ, mittellos und 500 Kilometer von unserer nächstliegenden Station entfernt, wusste ich im Voraus, wem ich diese gefahrenreiche Ehre anvertraute. Als kühner Verteidiger der Schwachen wurde Malamine bald von den Einheimischen geliebt, die er wiederum lehrte, Frankreich zu lieben.

Zusammen mit ihm hatten mich mehrere meiner alten Diener von damals begleiten wollen. Wir nahmen noch einige Krouboys* im Golf von Guinea auf, und nach einer vortrefflichen Überfahrt gingen wir am 22. April 1883 in der Bucht von Gabun vor Anker. Ich war auf meinem Arbeitsterrain angelangt, und hier begannen die eigentlichen Schwierigkeiten.

In Gabun musste ich das Löschen der gesamten Ladung von Material und Waren (ungefähr 800 Tonnen) mit meinen eigenen Mitteln bewältigen. Ich durfte mich dazu der staatlichen Lastkähne bedienen, das war alles. Das kleine Dampfschiff, das ich für den Unterlauf des Ogowé mitgebracht

---

69 Fußnote des Herausgebers Ney: Die Evakuierung Brazzavilles, die Herr Mizon angeordnet hatte, wurde in Europa gegen Ende des Jahres 1882 von Herrn Stanley bekannt gegeben.

hatte, musste auf einem freien Platz zusammengebaut werden und sich in einen Schlepper verwandeln. Material, Waren, Munition, Lebensmittel, alles stapelte sich auf den Kais und Straßen, den Wolkenbrüchen der Regenzeit, Diebstählen und der Vergeudung ausgesetzt, da sie nicht zum Schutz in den Lagerhallen der Kolonie untergebracht werden konnten.

Solcherlei Sorge um die »absolut vorrangigen Interessen der Kolonie Gabun«, wie es hieß, entsprach durchaus nicht dem Wohlwollen, das mir die aus Europa gesandten Befehle bezeugten. Wegen der Verspätungen beim Entladen musste ich 2000 Francs Überliegegeld an den *Précurseur* zahlen; der fehlende Schutz für mein Material und meine Waren sollte mich das Hundertfache kosten.

Was tun? Klagen verliert nur Zeit. Anderswo war meine Anwesenheit notwendig; ich gab also Anweisungen und fuhr ab. Ein Handelsschiff brachte mich zum Unterlauf des Ogowé, wohin ich gleich nach meiner Ankunft in Gabun unter dem Befehl des Herrn de Kerraoul schon einen kleinen Teil des Personals geschickt hatte, das angemessen verproviantiert und dazu bestimmt war, gleichsam meinen ersten Meilenstein darzustellen.

Es war der 30. April; ich hatte weniger als acht Tage in Libreville verbracht. Mit mir fuhren an die 15 Europäer. Ein Teil von ihnen sollte unter der Führung von Herrn Michelez so schnell wie möglich nach Franceville gelangen, meine Befehle Herrn Lastours überbringen und sich zur Alima aufmachen. Die anderen würden den Posten von Lambaréné und die Station von N'Djolé gründen und dort so schnell wie möglich Lagerräume bauen, um den Nachschub, der für den Oberlauf des Flusses bestimmt war, unterbringen zu können.

Meine Befehle gab ich in Lambaréné aus, und von dort brach man auf. Durch einen glücklichen Zufall hatte ich dort mehrere Mannschaften der Okanda getroffen, die mit ihren

Der Sergeant Malamine.

Pirogen voller Kautschuk bis zu den Handelsniederlassungen gefahren waren. Diese tüchtigen Leute, ehemalige Ruderer, die ich ausgebildet und einst, als ich ihnen den Weg zur Küste zeigte, geführt hatte, empfingen mich mit wahren Ovationen und brachten die erste Kolonne, die abfuhr, bis nach Franceville.

Ich hatte einen Europäer losgeschickt, um bei Kap Lopez eine Station zu gründen, die unser eigentliches Versorgungszentrum werden sollte. Recht schnell kehrte ich zur Küste zurück, von der besorgten Frage angetrieben, welches Ergebnis der Kapitänsleutnant Herr Cordier in Loango wohl erreicht haben mochte.

Ich ahnte, da mir die Beauftragten des Komitees zur Erforschung des oberen Kongo vorausgeeilt waren, ja, hatte schon vor meiner Abfahrt aus Europa geahnt, dass deren Unterfangen mit Gewissheit darauf angelegt war, uns durch die Besetzung des Kouilou-Tals, eines der schönsten Gebiete der Region, von unseren Besitzungen im Kongo weitestmöglich abzuschneiden. Aus dieser Vorahnung heraus, die im Übrigen nur allzu gut begründet war, hatte ich darum gebeten, dass man ein Schiff nach Loango sende, um die Lage zu sondieren. Die Regierung, die meine Befürchtungen ernst nahm, hatte sofort das von Herrn Cordier geführte Kanonenboot *Le Sagittaire* ausgesandt. Die Wahl hätte besser nicht sein können. Nicht genug kann ich das Feingefühl, den Takt und die Entschiedenheit loben, mit denen der Kommandant Cordier in wunderbarer Weise eine schwierige Situation ins Vorteilhafte wandte. Seine Verträge von Loango gaben uns die einzig praktikable Bucht der Küste zwischen Gabun und Banana.

Sobald ich diese Nachrichten erhalten hatte, fuhr ich mit der *Oriflamme* los und nahm das Personal mit, welches dasjenige ablösen würde, das der *Sagittaire* an diesem provisorischen

Der Sagittaire.

Posten an der Küste abgesetzt hatte. Ein Teil des Materials und der Waren folgte.

Da der *Sagittaire* leider bereits aufgebrochen war und unterwegs an uns vorüberfuhr, traf ich in Loango ohne den mündlichen Bericht ein, den Herr Cordier mir hätte geben können, und ohne Informationen über Einzelheiten, deren Kenntnis sehr nützlich gewesen wäre. Der Zufall jedoch, der manchmal so ein schlechter Helfer war, wollte es einmal gut und spielte mir schnell und kampflos ein Territorium in die Hände, auf das unsere Rivalen ein Auge geworfen hatten und über das sie bereits verhandelten. Ein Beiboot der *Oriflamme* war auf der Sandbank gekentert; die Matrosen der Besatzung hatten sich all ihrer Kleider entledigt, um bei ihrem Manöver in der Brandung mehr Bewegungsfreiheit zu haben. Bergung beendet, Kleider fort; alles war gestohlen. Zornig standen unsere tapferen Matrosen vor einer Gruppe von Einheimischen, die ihnen die Diebe verhehlten und über ihr Missgeschick lachten. Vergeblich setzten sie, um wieder in

Besitz ihres Eigentums zu kommen, Argumente ad hominem ein, in denen Ruder und Fäuste die Hauptrolle spielten. Nichts zu machen, sie mussten im Adamskostüm zum Strand zurückkehren.

Wir schworen, diese Missetat zu bestrafen. Die Diebe waren von einem bedeutenden *mafouk* (Oberhaupt) angestiftet worden, dem Besitzer der Stätte, die Zeugin des Diebstahls geworden war. Ohne uns an den *mafouk* zu verweisen, machte der König von Loango, der nichts mit der Sache zu tun hatte, die Beleidigung wieder gut, indem er einen Teil des Territoriums des Schuldigen, der ihm untergeben war, an Frankreich übertrug.

Ich überließ die Leitung der Küste von Loango Herrn Dolisie mit dem Befehl, sie bei seinem Kommen Herrn Manchon zu übergeben, und kehrte mit einem festen Entschluss zurück. Uns gehörten nun zwar die Bucht von Loango und die Mündung des Kouilou, das gesamte Innere jedoch war von der Gesellschaft gekauft, besetzt, umzingelt, und diese Gegenden, die uns von Rechtswegen zu gehören schienen, dieses Tal von Kouilou-Niari, das ich als erster aufgetan hatte, wollte man uns wegnehmen. Jetzt bereits war ich entschlossen, unser volles Recht im Landesinnern geltend zu machen und das zurückzugewinnen, was wir ob der organisationsbedingten Verzögerungen der Mission verloren hatten. Das war das erste Ziel, das es zu erreichen galt, und von Brazzaville aus wollte ich es sogleich verfolgen.

Kapitel III

In Lambaréné – Ballay auf der Alima – Das Dampfboot ist zusammengebaut – Gründung von N'Djole, Ashouka, Madiville – Herr de Rhins kehrt nach Europa zurück – In Franceville – Der Doktor Ballay bei den Apfourou – Herr de Chavannes organisiert den Landtransport vom Ogowé zum Kongo – Glücklicher Verhandlungsausgang – Ich fahre zu Ballay – Die Apfourou geleiten ihn bis zum Kongo

Nur kurz ging ich in Libreville an Land, wo sich noch dieselben Haufen von Waren und Material auf denselben Kais stapelten, immer noch denselben Havarien und denselben Gefahren ausgesetzt. In großer Sorge über den zukünftigen Proviantnachschub sagte ich Gabun Adieu, wo ich den Buchhalter und zwei Europäer zurückließ.

Drei Tage später war ich zum zweiten Mal in Lambaréné, wo der Rest meines Personals versammelt war, nebst der Verpflegung, die, so gut es eben ging, aus der wachsenden Unordnung an der Küste hinaufgeschafft worden war. Herr de Lastours hatte sich genau zum verabredeten Zeitpunkt ebenfalls dort eingefunden; er war mit einer kleinen Flotte von 58 Pirogen und einer Besatzung von mehr als 800 Ruderern von Franceville hinuntergefahren.

Die Kolonne wurde beladen, meine letzten Anordnungen wurden nach Europa geschickt, Herr Decazes erhielt von mir die Vollmacht über die Küste und sollte sie Herrn Laporte, dem Kommandanten der *Oloumo*, bei dessen Ankunft übergeben. Am 10. Juni machten wir uns endgültig auf den Weg ins Landesinnere.

Doktor Ballay hatte mir soeben per Brief mitgeteilt, dass er sich an der Alima, bei Ossika, niedergelassen hatte; der Zusammenbau seines Dampfbootes würde bald abgeschlossen sein. Ich hatte es sehr eilig, meinen alten Gefährten wiederzusehen. Herr Mizon, den ich im Flussdelta getroffen hatte, fuhr mit mir stromaufwärts, um mithilfe von Mitteln, die ich ihm zur Verfügung stellte, eine neue direkte Strecke von Franceville zur Küste zu erkunden. Zwei Pater der apostolischen Mission von Gabun, Pater Davezac und Pater Bichet, hatten darum gebeten, mich begleiten zu dürfen, da sie eine Erziehungsanstalt am oberen Ogowé gründen wollten. Mit mir fuhr der Großteil des Personals.

Auf dem Weg stromaufwärts gründeten wir Stationen und Posten. N'Djole wurde von Herrn Kerraoul am Tor zu den Stromschnellen errichtet, dann nacheinander Asouka und Madiville[70].

Herr Dutreuil de Rhins, der gekommen war, um sich einen allgemeinen Eindruck vom Land zu machen und eine sehr detaillierte Skizze vom Ogowé erstellt hatte, verließ uns am Zufluss des Lolo, um nach Europa heimzukehren. Er sollte uns später Vorräte schicken, die uns genau in dem Augenblick erreichten, als wir sie am dringendsten brauchten. Am 22. Juli erreichte die Spitze der Bootskolonne ohne besondere Vorkommnisse Franceville.

Franceville ist wirklich schön gelegen, auf dem hohen Vorsprung einer Erhebung des Geländes, das, nachdem es vom Zusammenfluss des Ogowé mit der Passa an merklich angestiegen ist, steil aus mehr als 100 Metern Höhe zum Fluss hin abfällt, der zu deren Füßen fließt. Der ferne Horizont der Hochebenen in einem fast kreisrunden Panorama, die gleichmäßigen Reihen der Dörfer, welche die niedrigen Hänge

70 Fußnote des Herausgebers Ney: Stadt des Öls.

Eine Fabrik in Libreville.

bedecken, der helle, frische Ton der Bananenpflanzungen, der sich von den Rottönen des Lehmbodens abhebt: All dies macht diesen Ort zu einer der hübschesten, hinreißendsten Ansichten des westlichen Afrika. Sie weckt in einem sozusagen das Bedürfnis, in staunender Betrachtung auszuruhen, und zugleich eine unbestimmte Lust, den Horizonten entgegenzustreben, die sich vor einem auftun.

Auf dem Weg nach Franceville hatte ich neue Verträge abgeschlossen, vor allem in Hinblick auf eine Organisation, von der ich später noch erzählen muss. Dank dieser Verträge war von nun an unser Ruderdienst gesichert.

Wie überrascht und enttäuscht war ich, als ich in Franceville noch den Teil der Vorhut antraf, der Lambaréné vor drei Monaten verlassen hatte und den ich schon längst auf der Alima wähnte.

Meine erste Sorge war, mich mit Herrn Ballay in Verbindung zu setzen, und ich erhielt die gute Nachricht, dass man mit ebenjenen Apfourou in Verhandlung stand, die uns einst den Weg versperrt hatten, als wir die Alima hinabfuhren. Diese Unterhandlungen standen so kurz vor dem Abschluss, wie Herr Ballay mir sagte, dass er deswegen eine Reise zum Makoko aufschob, die eine Depesche aus dem Ministerium ihm angeordnet hatte. Das war nun wirklich eine gute Nachricht, die mich allerhand Verdrießlichkeiten vergessen ließ.

Der kleine Teil der Vorhut, der in Franceville geblieben war, musste zur Küste zurückgeschickt werden. Von diesem Moment an lichteten sich die Reihen des Personals. Krankheiten, Ausfälle durch Fluchten und Unfähigkeiten ließen uns sowohl an der Küste als auch im Landesinneren auf eine Zahl schrumpfen, die für die Aufgabe recht unzureichend war. Auf diejenigen aber, die blieben, konnte ich zählen. Das waren wackere Leute, deren Ergebenheit und Eifer nie nachgelassen haben. Mutig stellten sie sich jeder Mühe, waren überall und

Die Hütte des Reisenden in Franceville.

ohne Unterlass zur Stelle; so ist nur recht und billig, dass ich sie hier ehre und Ihnen einige Namen nenne. Es waren:

Bei mir am Ogowé: die Herren Devy, Roche, Flicotteau, Jegou.

An der Küste: die Herren Decazes, Manchon, P. Michaud, V. Chollet, Kleindienst, J. Michaud, etc.

Herr Dufourcq, den das Bildungsministerium geschickt hatte, war noch nicht angekommen. Angesichts meines Personalmangels beschloss ich, auf meinen Sekretär zu verzichten und ihm eine neue Aufgabe zu übertragen. Er fuhr zu Herrn Ballay, um ihm dabei zu helfen, sowohl unsere neue Station in Diélé einzurichten als auch den Lastenträgerdienst zu Land zwischen den beiden Becken des Ogowé und des Kongo ins Leben zu rufen. Dieser Dienst, zu dem einst Herr Ballay und ich die Grundlagen gelegt hatten, wurde mit so viel Umsicht und Feinsinn eingerichtet, dass wenige Tage später eine Karawane von 160 Trägern in Franceville ankam, um Fracht aufzunehmen, und weitere Karawanen folgten. Meine Hoffnungen wurden damit weit übertroffen. Dieser Dienst hat seither prächtig und beständig funktioniert. Mein alter treuer Laptot Metouta und drei Senegalesen haben all diese Karawanen geleitet, ohne dass es je nötig gewesen wäre, für diese mühselige Aufgabe einen Europäer abzustellen. Bei diesem Transportdienst, der so unzureichend überwacht schien, wurde nie der kleinste Diebstahl begangen.

Sobald als möglich, das heißt, nachdem ich über die Einrichtung unserer Lagerräume in Franceville gewacht und die Europäer, die dort bleiben sollten, in die Verhältnisse des Landes eingewiesen hatte, machte ich mich zu Herrn Ballay auf. Die Verhandlungen mit den Apfourou zogen sich in die Länge, und ich fürchtete, den Vorteil, den uns die freie Abfahrt auf der Alima geben sollte, durch einen beachtlichen Zeitverlust dahingeronnen zu finden.

Welch heftige Freude empfand ich, meinen einstigen Strapazengefährten wiederzufinden! Mit welcher Wonne umarmte ich ihn nach drei Jahren der Trennung!

Einer Lobrede auf Doktor Ballay bedarf es nicht. Jeder weiß, welch ein Herz, welche Intelligenz, welch geduldiger und starker Wille sich hinter seiner Physiognomie versteckt, die eine übertriebene Bescheidenheit sanft und fast schüchtern aussehen lässt. Diese Qualitäten wurden zu Recht gewürdigt, als man Herrn Ballay in die französische Delegation der Berliner Konferenz berief. Er brachte dorthin neben seinen einschlägigen Kenntnissen auch die Dokumente mit, die unsere Rechte sicherten.

Mit vereinten Kräften trieben Herr Ballay und ich die laufenden Verhandlungen voran, während der Brigadier Roche um den Preis vieler Mühen und Scherereien auf drei Karren die Kessel des Dampfschiffs heranschaffte, das ungeduldig auf der Alima dümpelte. Endlich fanden die Verhandlungen einen Abschluss. Das Oberhaupt M'Dombi und verschiedene andere Häupter der Apfourou entschlossen sich nach einigen vorfühlenden Besuchen in unserer Niederlassung von Diélé zu einer großen *palabre*. Die Geduld und die Geschicklichkeit von Herrn Ballay trugen Früchte.

Unsere neuen Verbündeten und künftigen Freunde verpflichteten sich, uns eine riesige Piroge zu verkaufen und Herrn Ballay auf der Abfahrt selber bis zum Kongo zu begleiten.

Sie hielten Wort. Am 15. Oktober 1883 machte eine Piroge, die vermochte, fast acht Tonnen Fracht zu transportieren, an der Landungsbrücke von Diélé fest. Waren und Lebensmittel für sechs Monate wurden darin verstaut. Und am nächsten Tag glitt Herr Ballay begleitet von 14 Männern auf der schnellen Strömung der Alima hinab und nahm die Wünsche und Abschiedsworte mit sich fort, die im Gesang der Ruderer und dem dunklen Rollen der Apfourou-Trommel verhallten.

Ergreifend ist der Abschied in diesen fernen Himmelsstrichen. Nur wer selbst Zeuge wurde, weiß, welch heftig stumme Regung die Trennung hervorruft, welch tiefe Freundschaft im letzten Händedruck, welch brüderliche Zärtlichkeit in der letzten Umarmung liegt.

Doktor Ballay sollte also jenen Ort wiedersehen, an dem wir einst im Angesicht grundloser Feindseligkeiten hatten anhalten müssen. Welche Regung würde ihn wohl überkommen, wenn er zwischen diesen niedrigen bewaldeten Ufern entlangfahren würde, von denen einst mit Gewehren auf uns geschossen worden war? Was hatten wir noch zu fürchten? Konnten wir hoffen, unser Ziel auf friedliche Weise zu erreichen? Das waren unsere Gedanken, als wir dem sich entfernenden Boot ein letztes Lebewohl winkten.

Ich hatte Ballay allein fahren lassen, wie groß auch mein Wunsch gewesen war, ihn zu begleiten und über diesen neuen Weg unserem Verbündeten, dem Makoko, so schnell wie möglich die ratifizierten Verträge zu übergeben. Eine zweifache Besorgnis hielt mich zurück. Es war möglich, dass ich mich auf den Kongo begäbe, ohne über eine Lage informiert zu sein, die sich ernstlich als schwierig erweisen konnte. Machte ich mich zu früh auf den Weg, liefe ich Gefahr, eine falsche Entscheidung zu treffen. Wegen des Durcheinanders aber, in dem ich unsere Vorräte an der Küste hatte zurücklassen müssen, schien mir andererseits meine rückseitige Flanke schlecht gesichert.

Zwei Wochen später teilte mir Dr. Ballay in einem Brief, der vom Zusammenfluss von Alima und Kongo abgegangen war, mit, dass alles nach Wunsch verlief. Wo er auch ging, hatten die Einheimischen stets eine scheue, völlig ungefährliche Neugier an den Tag gelegt, und bisweilen wandelte sich diese sogar in einen wahrhaft guten Empfang. Herr Ballay hatte uns auf friedliche Weise den Weg eröffnet.

Kapitel IV

Neu geschaffene Stationen – Le Ballay – Flicotteaus trauriger Tod – Keine Nachricht von der Küste – Mit Dampf auf der Alima – Neuigkeiten aus Gabun – Ankunft von Herrn Dufourcq – Im Kongo – In N'Gantchou – Empfang durch eine Abordnung – Feierliche Audienz – Übergabe des Vertrages –Treue und Ehrerbietung der Einheimischen – Feierliche palabre *– Frankreichs Rechte sind festgelegt*

Währenddessen hatte Herr de Lastours den N'coni erkundet, einen Zufluss des Ogowé, der sehr weit in das Gebiet der Bateke vordringt und vielleicht ermöglicht, beim Lastentragen über Land an die 100 Kilometer einzusparen. Wir trennten uns in Diélé. Herr von Chavannes sollte mit einigen Männern die Lékéti-Station gründen, wo die Alima für Dampfboote wirklich schiffbar wird und ein vorgelagertes Handelszentrum der Bateke liegt. Mein Bruder sollte die Alima bis zur Quelle erkunden und nach einem kurzen Aufenthalt auf der zentralen Hochebene der Achicouya stromabwärts wieder auf den Fluss treffen, wozu er einen seiner Zuflüsse, den Lékéti, hinunterfahren würde. Herr Flicotteau sollte über die N'Gampo[71] eine Verbindung zwischen der Alima und dem Léconi suchen, den Herr Lastours erforschte; Herr Roche leitete die Arbeiten bei Diélé; was den Maschinistenmaat Ourset angeht, so arbeitete er von morgens bis abends am Einbau der Heizkessel in das Dampfboot, das Doktor Ballay unter großen Strapazen von der Küste herbeigeschafft hatte. Dieses erste französische Dampfboot auf dem Kongo nannte ich »*Le Ballay*«.

71 Beim Zusammenfluss von Diélé und N'Gampo beginnt die Alima.

Eine traurige Nachricht erreichte mich, als ich gerade nach Franceville zurückkehrte, um unsere Vorräte aufzufüllen und so gut wie möglich für die Zukunft vorzusorgen: Flicotteau war gerade gestorben, von einem verletzten Büffel getötet. So hatten wir einen tapferen Gefährten weniger, und noch oft habe ich sein kluges Wirken und seine treuen Dienste vermisst.

In Franceville erfuhr ich einige interessante Neuigkeiten. Unter der klugen und entschiedenen Führung von Herrn de Lastours ging alles gut vonstatten; neue Posten waren geschaffen worden, darunter auch der wichtige Posten von Booué, den Herr Decazes aufgebaut hat. Von der Küste jedoch noch immer nichts Neues! Dieses Schweigen schien mir der Beweis für den bereits geahnten Mangel an Ordnung, das Anzeichen der Auflösung, die sich in meiner Abwesenheit vollzog. Bei meiner Rückkehr zur Alima war ich darum sehr in Sorge, denn ich würde bald mit Vorräten zum Kongo fahren müssen, die alles andere als beachtlich waren, und weiterhin so sparsam wirtschaften und in dieser asketischen Kargheit leben, die seit sechs Monaten den Grundton unseres Lebens angab. Die Achtung, die wir den Kranken schuldeten, denen es nie an irgendetwas gefehlt hat, und die Pflichten der französischen Gastfreundlichkeit gegenüber den Fremden, unseren Nachbarn am anderen Flussufer, geboten sie uns.

Zwei Briefe von Herrn Ballay brachten mir gute Nachrichten. Er hatte sich in N'Gantchou niedergelassen und war von Makoko herzlich begrüßt worden, der seinem Wort treu geblieben war, trotz aller Versuche und Versprechungen, mit denen man ihn davon hatte abbringen wollen. Gewiss lag im Misserfolg dieser Versuche der Ursprung für die Gerüchte, die damals in Europa die Runde machten und die Annahme verbreiteten, dass Makoko entthront worden sei. Bald darauf wurde sein Tod verkündet, dann der meine, schließlich der

Das erste französische Dampfschiff auf dem Kongo nannte ich »Le Ballay«.

meines Bruders – drei Personen, denen es keineswegs schlecht ging und um deren Angelegenheiten es bestens stand.

Das Dampfboot war bereit, es hatte seine Probefahrten bestanden. Unsere Verpflegung wurde nach Lékéti transportiert und dort gesammelt; wir hatten Pirogen gekauft, alles wurde eingeladen und ich fuhr los. Wir stoppten einige Tage lang am Unterlauf der Alima, wo ich die Einwohnerschaft für uns einnehmen und zugleich eine gute Stelle für einen Posten finden wollte.

Genau hier erreichte mich fünf Tage später Herr de Chavannes mit wichtiger Post, die ihm Herr Decazes übergeben hatte, der am Tag nach meiner Abreise in Diélé angekommen war. Diese Neuigkeiten, die ersten, die ich von der Küste erhielt, bestätigten nur allzu sehr meine Befürchtungen. Da man im Erziehungsministerium wusste, dass ich länger im

Landesinneren weilen würde, hatte man mir als Stellvertreter Herrn Dufourcq an die Küste gesandt, der zum direkten Beauftragten des Ministeriums in der maritimen Zone ernannt worden war. Die Ankunft von Herrn Dufourcq führte zu einer gewissen Missstimmung beim Personal, das seit meiner Abfahrt gewohnt war, es ruhig angehen zu lassen. In weite Ferne gerückt waren jener schöne Enthusiasmus des Anfangs, jene Tüchtigkeitsversprechen und die Schwüre, alles klaglos zu ertragen. Alles war verpufft angesichts der schlichten Notwendigkeit, auf Trägheit und Behaglichkeit zu verzichten. Die Ausfälle wurden zum Glück teilweise durch sechs Europäer aufgefüllt, die Herr Dufourcq als Verstärkung mitgebracht hatte. Ich muss hier noch hinzufügen, dass uns viele der Altgedienten trotz allem treu blieben und keinen Hehl daraus machten, was sie vom Entschluss ihrer Kameraden hielten.

Im Ganzen war es mir so lieber; das zu leistende Opfer war erbracht, und jetzt stand hinter mir ein Mann der Tat, der mich seiner Ergebenheit versicherte. Ich konnte vorwärts schauen und entlastet von der Besorgnis, die mich bisher verfolgt hatte, weiter vorangehen.

Indem der Erziehungsminister Herrn Dufourcq zu seinem unmittelbaren Vertreter machte, nahm er mir das Recht, ihn zu loben. So will ich mich darauf beschränken zu sagen, dass Herr Dufourcq sich großen Schwierigkeiten gegenübersah und trotz einer Erkrankung aus seinem Patriotismus die nötige Energie geschöpft hat, um sich von Enttäuschung und Entmutigungen nicht überwältigen zu lassen und stets und überall zur Stelle zu sein.

Nachdem ich eine ganze Nacht mit der Erledigung der Korrespondenz zugebracht hatte, begab ich mich wieder in mein Hauptquartier, das ein wenig weiter flussaufwärts gelegen war, während Herr de Chavannes seinen Weg auf dem Kongo fortsetzte und auf fünf Pirogen all unsere reiche Habe mitnahm. Er würde in N'Gantchou in der Nähe von Herrn Ballay halten und unser baldiges Kommen ankündigen. Ich meinerseits kaufte einige Pirogen, die wir noch benötigten, und dann machten wir uns, diesmal endgültig, auf den Weg. Überall wurde ich mit Freundschaftsbekundungen empfangen, die keinen Zweifel am günstigen Einfluss von Doktor Ballays Besuch ließen. Bei jeder Ansammlung von Dörfern ließ die ganze wimmelnde Bevölkerung ihr Tagwerk liegen und umringte uns mit größter Herzlichkeit.

Die Alima, die zunächst lange Zeit in einem Bogen nach Nordosten, dann nach Osten geflossen war, lenkte ihren Lauf nun immer weiter nach unten; die Pflanzenwelt veränderte sich, die Sümpfe des Deltas erschienen mit ihren hohen Gräsern, aus denen Borassus-Palmen ragten; und plötzlich waren wir völlig unvermittelt auf dem Kongo. Welch prachtvolles Schauspiel! Eine unermessliche, mit unzähligen kleinen Inseln übersäte Wasserfläche berührte fern am Horizont den Himmel. Ein gleißendes Licht ergoss sich darüber bis ins Unendliche und tauchte alle Gegenstände und alle Ebenen in einen lauen gelblichen Dunst.

Doch lassen wir die Schönheiten des Ortes wie auch die Zwischenfälle einer viertägigen Reise in den Mäandern des Kongo zurück. Ich hatte an der Station von Bolobo festgemacht und deren Leiter Herrn Librecks begrüßt, einen sehr zuvorkommenden und freundlichen Offizier der belgischen Armee. Am 27. März erreichte ich N'Gantchou. Herr Ballay war dort aufs Beste eingerichtet und stand auf sehr gutem Fuße mit den Oberhäuptern der Umgebung, Lehnsmännern von Makoko. Ich fand mich auf vertrautem Boden wieder. Von dort aus war ich drei Jahre zuvor losgefahren, um die uns bei N'Kouna überlassenen Gebiete in Besitz zu nehmen, die Sie unter dem Namen Brazzaville kennen. Alle Oberhäupter und viele ihrer Untertanen waren für mich alte Bekannte.

Ich wurde mit Besuchen bestürmt und es gab kein Ende des Händeschüttelns mit all diesen Freunden von einst.

Makoko hatte auf die Kunde von meiner Ankunft hin eine Abordnung gesandt, um mich zu begrüßen. In großer Eile suchten wir die Geschenke zusammen, die als Dank für seine Loyalität gedacht waren, und ein nächtlicher Marsch brachte uns bis vor seine Residenz. Es würde zu lange dauern, die Zeremonien der Begrüßung und der Überreichung der Verträge im Detail zu beschreiben, ich fasse sie kurz zusammen:

Muss gesagt werden, dass das Zeremoniell durchaus nicht ganz der strengen Steifheit der Etikette entsprach, die in solchen Fällen in unserem Land verlangt wird?

Makoko empfing mich mit einem wenig protokollarischen Pomp und heftigen, überbordenden Bekundungen der Freude. Als erstes improvisierte er zu meinen Ehren ein Lied, das auf die falschen Gerüchte anspielte, die sowohl in Afrika wie in Europa über mich umgegangen waren, und wandte sich an das anwesende Volk:

»In Wahrheit, in Wahrheit,
ihr alle, die ihr da seid,
seht hier den Totgesagten
zu uns zurückgekehrt.
Arm wurde er geheißen,
Nun seht seine Geschenke.«

Und er zeigte, während er so sprach, auf einen prachtvollen Teppich und ein Samtkissen, das wir auf seine Löwenfelle gelegt hatten. Das Volk antwortete im Chor und in einer Art Kehrreim:

»Jene, die so sprachen, waren Lügner.«

Dem traditionellen Zeremoniell gemäß erhob sich Makoko dann gleichzeitig mit mir, machte dieselbe Zahl an Schritten

Makoko empfing mich mit Pomp und Freudenbekundungen.

und dann, seinen alten Freund in ein nie ermüdendes Lächeln hüllend, umarmte er mich kräftig.

Ich bat ihn, seine obersten Vasallen zu benachrichtigen, damit die Verträge in einer feierlichen Sitzung übergeben werden konnten. Die Zeremonie wurde auf den übernächsten Tag gelegt.

Alle Oberhäupter und deren namhafteste Untertanen kamen der Einberufung nach. Die *palabre* wurde unter einem Sonnensegel aus roter Wolle abgehalten, jenem ähnlich, unter dem unser erster Empfang stattgefunden hatte. Man hatte die prunkvollsten Gewänder angelegt und alle Pracht der hohen Tage entfaltet. Und um der Zeremonie noch mehr Feierlichkeit zu verleihen, hatte ein jeder seine Hausgötter als Zeugen mitgebracht.

Welch kurioses Schauspiel war diese vielköpfige Versammlung, eine dicht nebeneinander hockende kompakte Menge, wo im Kunterbunt der in leuchtenden Farben strahlenden Stoffe mitunter bei einer Bewegung das Metall eines Speers oder eines Gewehres aufblitzte. Hier und da stach ein Lendentuch aus Satin oder aus Samt hervor und zeigte an, dass fremde Großzügigkeiten den unseren zuvorgekommen waren und dass nicht alle so wie das große Oberhaupt den Mut gehabt hatten, sie zurückzuweisen.

Makoko thronte auf seinen Löwenfellen, nachlässig auf Kissen gestützt und von seinen Frauen und Günstlingen umgeben. Ihm gegenüber saßen einige Schritte entfernt auf Leopardenfellen M'pohontaba, einer seiner ersten Vasallen, und die anderen Oberhäupter und warteten darauf, dass der Souverän das Zeichen gab, die *palabre* zu eröffnen. Wir befanden uns zwischen beiden Gruppen, ein wenig seitlich. Makoko hieß, ohne sich zu erheben, all die Seinen willkommen; er erklärte in wenigen Worten das Ziel der Versammlung. Danach bezeugte jedes Oberhaupt, allen voran M'pohontaba, auf Knien seine Treue gegenüber Makoko, dem einzig wahren Oberhaupt, wie sie sagten, dem einzigen Besitzer und Souverän aller Gebiete der Bateke.

Wie damals erklärten sich alle froh und stolz, unter dem Schutz unserer Flagge zu stehen und schworen bei den Fetischen und bei den Manen ihrer Väter. Ich brachte meinerseits die Vergangenheit mit wenigen Worten in Erinnerung. Meine Männer präsentierten die Gewehre, es gab einen Trommelwirbel, und ich übergab Makoko im Namen Frankreichs die Verträge.

Die Niederschrift der Zeremonie wurde angefertigt und unterzeichnet, und wir begaben uns in die improvisierte Vorhalle, wo sich die einem jeden zugedachten, mit Namen versehenen Geschenke der allgemeinen Bewunderung

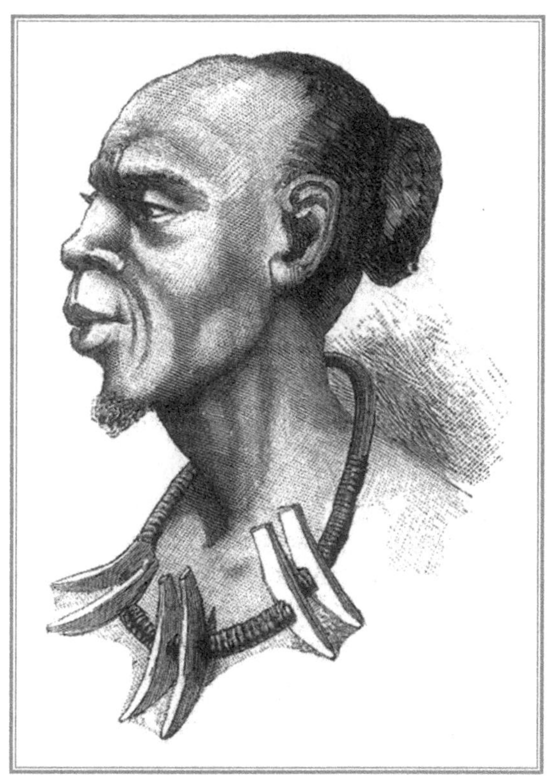

M'pohontaba, erster Vasall von Makoko.

darboten. Die Überraschungsrufe, Freudenbekundungen, Danksagungen mischten ihr fröhliches Gelärm ins Kommen und Gehen der neugierigen Menge; dann nahm ein jeder seine neuen Reichtümer mit und wir sagten uns fröhlich auf Wiedersehen.

Kapitel V

Herr de Chavannes bleibt in Brazzaville – Seine Geschicklichkeit – Seine Dienstanweisungen – Die Jagd. 101 Elefanten in drei Tagen – Auf dem Landweg zurück nach Franceville – Mit dem Dampfer auf dem oberen Kongo – Treffen mit Herrn Dolisie, der über den Kouilou-Niari kam – Ich schicke ihn nach Osten – An der Küste aufgehalten (Dezember 1884)

Ich musste noch einige Tage bei Makoko bleiben, um ihm dabei zu helfen, Zwistigkeiten zu beenden, die seit meiner letzten Durchreise zwischen einigen Vasallen aufgekommen waren.

Herr de Chavannes war mein Botschafter, und ich schätzte mich glücklich, in ihm einen Diplomaten einer neuen Art an der Hand zu haben, dessen erste Verhandlungen von Erfolg gekrönt waren. Wie einst konnte ich auch bei diesem Aufenthalt angesichts des liebenswürdigen Umgangs und der beflissenen Fürsorge, die uns die Königin und ihre Diener angedeihen ließen, mein Los nur preisen.

Ich stand kurz vor der Abreise. In einer *palabre* in kleinem Kreis, an der nur die wichtigsten Oberhäupter teilnahmen, wurde beschlossen, dass M'pohontaba und ich uns gleichzeitig nach Brazzaville begeben sollten, ich über den Fluss und er mit der Vollmacht Makokos über Land, um mir dort feierlich im Namen seines Oberhaupts die Hoheit über die Gebiete und die kleineren Vasallen, die sie verwalten, zu übergeben. M'pohontaba, sei hier gesagt, ist jener große Vasall Makokos, der seinen Souverän eigentlich hatte vom Thron stoßen sollen.[72]

72 Fußnote des Herausgebers Ney: Der Vertrag, den ein Vertreter des »Komitees« mit M'pohontaba abgeschlossen hatte, war mit »Falla, 21. Dezember 1882« datiert. In der Landessprache heißt »Falla« Frank-

Am folgenden Tag waren wir wieder bei Herrn Ballay; zwei Tage mit erneuten Vorbereitungen, und das Dampfboot, mit rund zehn Pirogen im Gefolge, brachte die Herren Ballay, de Chavannes und mich nach Brazzaville.

In Brazzaville wurden wir gut empfangen. Man hatte mich nicht vergessen und zwei Tage nach unserer Ankunft erwiesen mir dieselben Einheimischen, die die Angebote Herrn Stanleys und der Vertreter der Internationalen Afrika-Gesellschaft abgelehnt und in einem Übermaß an Zurückhaltung selbst Hochwürden Prosper Augouard und seinen Missionaren den Zutritt zu ihrem Gebiet verweigert hatten, erwiesen mir diese Wilden, die, wie man sagte, mich zwangsläufig auch vor die Tür setzen würden, alle Zeichen der Ehrerbietung, ohne dass ich ihnen nur ein einziges Geschenk gemacht hätte. Sie waren sogar damit einverstanden, mir gegen einen Wert von weniger als 200 Francs ein ganzes Dörfchen zu überlassen, dessen Hütten meine Männer beherbergten und das wir wegen seiner Lage in guter Luft, oberhalb des Flusses, als neuen Standort der Station von Brazzaville ausgewählt hatten.

Das vielbesagte Brazzaville liegt am äußersten Rand eines recht breiten Höhenrückens, der über dem Kongo aufragt und 100 Meter vom Ufer entfernt jäh in lehmigem Sandklippen abfällt. Der Höhenrücken wirkt wie das erste Hindernis, auf das der Fluss stößt, um sich dann davon abzukehren und in einer Windung den ersten Katarakt hinabzustürzen. Von dort oben umfasst der Blick die ganze Unermesslichkeit des Stanley-Pools und das gesamte Rund der hohen Berge, die ihn umschließen. Das Land ist bevölkert, der Boden ist fruchtbar,

reich. Dieser Name wurde dem Gebiet 1880 vom Makoko gegeben, im Anschluss an den zwischen ihm und Frankreich geschlossenen Vertrag. A. d. Ü.: Das »Komitee« ist das oben genannte Komitee zur Erforschung des oberen Kongo.

Blick von Léopoldville auf den Stanley-Pool.

die Luft ist gesund und eine stete Brise von Westen bringt die Frische der Hochebenen mit, die sie durchwehte.

Bei meiner Abfahrt aus Europa hatten gewisse ausländische Zeitungen behauptet, am Kongoufer werde mich ein »heißer Empfang« erwarten: Sie behielten Recht. Aber nicht so, wie sie dachten. Tatsächlich sind wir wärmstens und sehr herzlich empfangen worden. Mit diesem guten Eindruck vom Empfang verließ uns Herr Ballay in Richtung Europa.

Er nahm die Hände aller und legte sie in die meinen.

Wir hatten uns am rechten Flussufer niedergelassen, genau oberhalb der ersten Stromschnellen. Die Internationale Afrika-Gesellschaft hatte gegenüber am linken Flussufer drei oder vier Stationen gegründet, darunter auch Léopoldville. All diese Einrichtungen lagen in einem von nachgeordneten Vasallen des Makoko verwalteten Gebiet und hatten daher uns gegenüber nicht die völlige Unabhängigkeit, die ihnen die Gesellschaft zuschrieb. Da ich unsere Verhältnisse sofort klären wollte, versuchte ich unverzüglich Verhandlungen mit dem Stellvertreter von Herrn Stanley aufzunehmen; meine Vorschläge zur gütlichen Einigung stießen jedoch allesamt auf taube Ohren.

Vergeblich ging ich dreimal nach Léopoldville: Dreimal schützte man Abwesenheit vor. Dann lud ich zu mir ein: Man war krank. Ich schrieb: Stets antwortete man mir ausweichend und schien nicht zu verstehen.

Der Ausflüchte überdrüssig, die meine Verhandlungsbereitschaft und Offenheit so schlecht beantworteten, sandte ich Herrn Chavannes, um mein Einigungsangebot ein letztes Mal zu überbringen. Und am nächsten Tag stellte mir in einer feierlichen *palabre* der Vertreter Makokos die Oberhäupter der beiden Kongoufer vor und befahl ihnen, nur mir zu gehorchen. Dann nahm er die Hände aller und legte sie zum Zeichen ihrer Überantwortung in die meinen.

Diese Zeremonie war im Übrigen nur die Wiederholung derjenigen, die bei meiner ersten Reise 1880 stattgefunden hatte. Ein Protokoll der Übereinkunft wurde angefertigt und am nächsten Tag dem Vertreter der Gesellschaft zugestellt. Auf diese Sendung antwortete man mit einem Brief, dem es an Höflichkeit durchaus gebrach. An derlei Vorgänge jedoch gewöhnt, erklärte ich, dass ich meiner Regierung Bericht erstatten und um eine Schlichtung bitten würde, und ging fort. Unsere Rechte waren festgestellt worden, nur die Aufteilung der Gebiete war vertagt.[73]

Abgesehen davon, dass es strikt zu meiner Aufgabe gehörte, die Rechte Frankreichs in Gänze zur Geltung zu bringen, verfügte ich, da ich mit Brazzaville den Schlüssel für den Oberlauf des Kongo in der Hand hielt, über ein sicheres Mittel, um in den Besitz des Kouilou-Niari-Tals und der 360 Küstenkilometer zu gelangen, die das Komitee zwischen Le Sette Bama und Ciolango besetzt hatte.

73 Die hier berichteten Ereignisse fanden zwischen ca. April und Dezember 1884 statt. Die Kongo-Konferenz in Berlin lief im November 1884 an und dauerte bis Februar 1885. Noël Ballay fuhr als Vertreter Frankreichs zu dieser Konferenz. Alle Beteiligten im Kongo handelten im Kontext des Wettlaufes um Afrika und versuchten noch Ansprüche zu untermauern. Die Entscheidung über die Aufteilung des Kongobeckens zwischen König Leopolds Gesellschaft und Frankreich fiel dann im Wesentlichen auf der Konferenz.

Den ein Jahr zuvor in Loango gefassten Entschluss hatte ich umgesetzt.[74] Mein erstes Ziel war erreicht: Der Schaden, den die verlorene Zeit und die an der Küste herrschende Unordnung und tatenlose Apathie angerichtet hatten, war repariert.

Mehr als ein Jahr hatte ich nun Zeit gehabt, Herrn de Chavannes kennenzulernen und wusste ihn daher geduldig und scharfsinnig genug, um sich in der bedrängten Lage, die uns die Schwierigkeiten mit der Gesellschaft schufen, allein in Brazzaville halten zu können. Auch wenn ich ihn ob der wenig beneidenswerten Situation, in der er dort verblieb, bedauerte, ließ ich ihn unbesorgt mit meinen Vollmachten zurück.

Es war der 1. Juni 1884. Ich hatte über ein Jahr gebraucht, um mein erstes Ziel zu erreichen; und wie sehr ich mir auch wünschte, sofort die nächsten zu verfolgen, entschloss ich mich doch, müde von der fortwährenden Anspannung meines Geistes und außerdem krank, acht Ruhetage in unserer Station in N'Gantchou einzulegen.

Nach einer Woche ging es mir besser und ich erprobte meine Kräfte, indem ich Makoko einen Besuch abstattete, der auf die Nachricht von den Meinungsverschiedenheiten hin, die in Brazzaville zwischen uns und dem Komitee zur Erforschung des oberen Kongo aufgetreten waren, nicht weniger vorhatte, als sich mit den versammelten Kräften seiner Vasallen selbst dort hinzubegeben, um seine Verfügungen durchzusetzen. Nur mit Mühe konnte ich ihn beruhigen.

Bei diesem kurzen Spaziergang hatte ich 101 Elefanten in drei Tagen gezählt, und ich hatte ihre Gutmütigkeit ausgenutzt, um vier von ihnen zu töten, deren Stoßzähne, die ich

74 Diesen Entschluss nennt Brazza am Ende von Kapitel II, S. 214: »unser volles Recht im Landesinnern geltend zu machen und das zurückzugewinnen, was wir ob der organisationsbedingten Verzögerungen der Mission verloren hatten.«

einigen Oberhäuptern zum Geschenk gemacht hatte, mir nun das Ansehen eines Mannes verliehen, den die Güter dieser Welt nicht im Geringsten interessierten.

In Diélé war kaum Zeit, Herrn Decazes die Hand zu schütteln, und wenige Tage später schon war ich in Franceville und fuhr den Ogowé bis zu den Aduma hinunter. Zweifellos hätte ich eigentlich bis zur Küste fahren, ein wenig nach dem Stand der Dinge sehen und ein Weilchen mit Herrn Dufourcq plaudern müssen; mündliche Berichte hätten ihn besser als Briefe über unsere Lage und unsere Bedürfnisse aufgeklärt. Der Mangel an Personal zwang mich jedoch, wieder aufzubrechen und mich schleunigst selbst um unsere Angelegenheiten oberhalb der Alima zu kümmern.

Zu meiner größten Befriedigung waren im Ogowé-Gebiet unter der Leitung von Herrn de Lastours Fortschritte zu verzeichnen. Er hatte seine Organisationsaufgabe gut gelöst und ganz beträchtlich Einfluss auf die Bevölkerung gewonnen. Im Mai hatte er dies unter Beweis gestellt, indem er vom Ogowé bis zum Kongo und weiter bis nach Brazzaville 50 Aduma oder Okanda geführt hatte, deren Gegenwart damals ernsthaft dazu beitrug, unser Ansehen wieder aufzubessern.

Ich wählte eine Anzahl dieser Männer aus und brach mit meinen neuen Hilfskräften sofort vom Ogowé auf, um im Kongo einzugreifen. Meine Absicht war, diesen Fluss so weit als möglich stromaufwärts zu fahren und dort unseren Einfluss durch Verträge zu sichern.

Ich eilte an Franceville, Bateke und unserem Posten an der Alima vorbei.

Als ich mit dem Dampfboot und seiner Flottille im Gefolge in den Kongo einfuhr, traf ich zu meiner freudigen Überraschung Herrn Dolisie dort an, den ich zuvor in Loango zurückgelassen und der sich über das Tal des Kouilou-Niari und Loudima zum Oberlauf des Kongo begeben hatte.

Herr Rigail de Lastours.

Erschöpft von Brazzaville aufgebrochen, um sich in Europa die nötige Erholung zu verschaffen, war Herr Dolisie durch die frische Luft des Flusses und wohl mehr noch dank der ihm eigenen Energie unverhofft wieder zu Kräften gekommen. Als ich ihn traf, war er fast bei guter Gesundheit und bat mich selbst darum, die Arbeit wieder aufnehmen zu können. Ich willigte umso lieber ein, als meine Anwesenheit anderswo vonnöten war und ich wusste, dass Herr Dolisie für den Bereich, in dem es zu handeln galt, ein absolut fähiger Vertreter meines Wirkens war. In der Schule von Herrn de Chavannes hatte er schnell die Fähigkeit zur Geduld erworben, die hier benötigt wird, war mit den Sitten des Landes vertraut geworden und hatte soeben wichtige Verträge mit den Ubangi oberhalb der

Alima abgeschlossen. Ich überließ ihm also das Dampfboot, umriss ein paar kurze Anweisungen und machte kehrt, um schnell zur Küste zu gelangen, wo ich am 1. Dezember 1884 ankam.

Zu diesem Zeitpunkt sicherten unsere festgesetzten Rechte in Brazzaville uns im Voraus den künftigen Besitz des Kouilou, und unser Einfluss würde sich auf das rechte Ufer des Kongo ausweiten, oberhalb der Alima. Nun blieben noch ein paar wichtige Erkundungen anzustellen, die ich wegen Personalmangels bisher noch nicht hatte durchführen können; auch brauchte es noch eine Unternehmung, um so weit wie nur möglich auf den oberen Kongo auszugreifen, um zur rechten Stunde etwas in der Hand zu haben, das als Ausgleich dienen konnte. Das war der zweite Teil des Plans, der interessantere, aber in Anbetracht unserer geringen Ressourcen und eingeschränkten Handlungsmöglichkeiten keineswegs der leichtere.

Bevor ich mich diesem neuen Teil der Aufgabe widmete, musste ich eine möglichst klare Situation hinter mir zurücklassen, Elemente der zukünftigen Expeditionen zusammentragen und diese vorantreiben. Auf diese Arbeit verwandte ich ungefähr drei Monate; drei Monate, in denen ich von einem Punkt zum anderen lief, in Loango eine Schwierigkeit regelte, in Vivi über Politik plauderte, mich um die Versorgung aller kümmerte, überall Ratschläge oder Befehle gab und die Vorbereitungen für meine eigenen Abreise überwachte.

150 Träger aus Loango, die ich rekrutiert hatte, folgten unter der Führung des Quartiermeisters Weistroffer dem Lauf des Ogowé bis nach Franceville hinauf. Es war Anfang März. Zehn Tage wurden noch auf meine letzten Vorbereitungen verwandt, und dann machte ich mich auf ins Landesinnere, fest entschlossen, weit zu gehen, wenn sich meinen Vorhaben nichts in den Weg stellte.

Kapitel VI

Ufer des Ogowé – Das Kanonenboot außer Betrieb – Herr Dolisie entdeckt die Mossaka und die Sangha – Zahlreiche Verträge – Der Tod von Herrn Lastours – Die Herren G. di Brazzà und Pecile auf dem Weg zum Benué – Das Berliner Abkommen[75] – Befehl zur Rückkehr nach Frankreich – Ankunft in Libreville (Oktober 1885)

Der Ogowé schien in jenem Jahr verrückt geworden; ein mitten in der besten Zeit des Jahres jäh aufgetretenes Hochwasser hatte uns schon in den ersten Tagen den Verlust mehrerer wichtiger Teile des zerlegbaren Kanonenboots *Le Djué* beschert. Wir mussten in Europa Ersatz für die verlorenen Teile anfordern.

Auf das Sinken des Wasserstandes wartend hielt ich überall, wo Gruppen von Dörfern die Ufer säumten, um die bedeutende Organisation einheimischer Arbeit abzurunden, zu der ich damals die Grundlagen geschaffen und die Herr de Lastours in meinem Sinne vorangetrieben hatte. So verlor ich meine Zeit nicht.

Ich wurde in Madiville, der Station der Aduma, von dem fortdauernden Hochwasser des Flusses aufgehalten. Herr de Lastours organisierte die erste der geplanten Expeditionen, an deren Spitze er aufbrechen sollte. Diese Expedition würde sich vom Ogowé abkehren, um direkt in das Becken des Benué zu gelangen, wobei sie sich so weit wie möglich entlang des Höhenkamms bewegen würde, der das Kongobe-

75 Gemeint ist hier die General-Akte der Berliner Konferenz (Kongo-Konferenz).

cken von den anderen nördlichen Becken der Küstenregion trennt.

Schließlich fiel der Wasserpegel des Ogowé in wenigen Tagen um mehrere Meter, und die Schifffahrt normalisierte sich. Innerhalb einer Woche war ich in Franceville, wo ich auf Herrn Decazes stieß, der sich gerade von einem Fieberschub erholte. Er hatte gute Nachrichten vom Kongo und von der Alima für mich. Herr Dolisie hatte in zwei aufeinanderfolgenden Reisen die Mossaka und die Sangha entdeckt und erkundet, danach den Oberlauf des Ubangi-N'Koundja[76] und hatte zahlreiche Verträge mit den dortigen Stämmen abgeschlossen sowie neue Posten gegründet.

Herr Decazes führte mit dem geduldigen Feingefühl, das den Grundton seines Charakters bildet, sein ganzes Gefolge und wurde von allen geliebt. Unter seiner Leitung hatte sich unser Einfluss bei den Bateke sehr viel weiter entwickelt und mit diesem Einfluss auch die Leichtigkeit, mit der wir benötigte Mittel erhielten, ob Nahrung oder Arbeitskräfte. Der Trägerdienst war so gut organisiert, dass unser Dampfboot *Le Djué*, dessen Gewicht bei über 30 Tonnen lag, in weniger als einem Monat vom Ogowé bis zur Alima transportiert worden war.

Einer ähnlichen Aufgabe ging man zur selben Zeit an zwei anderen Orten nach. Die Regierung von Senegambia hatte über eine Strecke von 900 Kilometern ein Kanonenboot von wesentlich geringerer Tonnage als *Le Djué* vom Senegal zum Niger transportiert. Die Kosten des Transportes betrugen 400 000 Francs. Das Komitee zur Erforschung des oberen Kongo hat über eine Strecke von 450 Kilometern ein Dampfboot mit etwas größerer Tonnage von Vivi bis nach Léopold-

76 Die von Brazza behauptete Erkundung des Oberlaufes des Ubangi hatte zu diesem Zeitpunkt nicht stattgefunden. Vgl. Glossar zu Licona-Nkundja und Ubangi-Nkundja.

ville gebracht und dafür mehr als 400 000 Francs bezahlt. Der Transport der *Djué* über eine Strecke von ungefähr 700 Kilometern in den Stromschnellen und ungefähr 200 Kilometern über Land hat uns ungefähr 27 000 Francs gekostet. Dieses Ergebnis ist der Organisation unseres Transportdienstes mit einheimischen Hilfskräften zu verdanken. Dieser Transport über Land erforderte zur Überwachung lediglich vier schwarze Soldaten aus dem Senegal.

Gerade als ich Franceville verlassen und meinen Weg mit all meinen Leuten fortsetzen wollte, brachte ein Eilbote schlechte Nachrichten, die mich erneut aufhielten. An der Küste waren soeben zwei neue Mitglieder der Mission, die Herren Taburet und Desseaux, gestorben. Und Herr de Lastours, der just, als er aufbrechen wollte, einen gefährlichen Fieberanfall erlitten hatte, bat mich inständig, eiligst nach Madiville zu kommen, um seinen letzten Willen entgegenzunehmen.

Was kann grausamer sein, als sich zwischen Herz und Vernunft gestellt zu sehen, zwischen die Pflichten der Menschlichkeit und die absolute Pflicht, ohne sich umzublicken seiner Aufgabe nachzugehen?

Einer meiner eifrigsten Mitarbeiter lag im Sterben und flehte mich an, ihm in seinen letzten Augenblicken beizustehen, und der Ogowé, dieser Donnerstrom, konnte mich in weniger als zwei Tagen zu ihm bringen; ich zögerte einen Moment, dann gewann das Herz Oberhand über den Verstand, ich sprang in die Piroge und kam gerade noch zur rechten Zeit, um eine Hand zu ergreifen, die sich in einer letzten Umarmung fast an die meine schweißen wollte, um Augen zu schließen, die in den meinen erloschen. Herr de Lastours war ein Franzose im wahrsten Sinne des Wortes; einer derer, die sich selbstlos den großen Ideen hingeben, einer der Männer mit flammendem Mut, die ihr Land über alles lieben.

Mögen diese meine Worte heute jenen, die dort schlummern, den angemessenen Tribut der Trauer zollen, für den das Werk, das im Gange ist, keinen Raum gewährt. Erst wenn der Kampf vorüber ist, kann man sich erlauben, seine Toten zu zählen und zu beweinen. Auf ewig wahren die unsrigen an den Ufern von Ogowé und Kongo den Namen Frankreichs, als Märtyrer des patriotischen Glaubens und der Aufopferung für das Vaterland, als stumme Wachen, gebettet in den Faltenwurf der französischen Flagge.

Sobald ich meine letzten Pflichten gegenüber unserem beklagten Freund erfüllt hatte, zwang ich meine Trauer nieder und eilte nach Franceville. Ich hoffe, man wird mir diesen vierzehntägigen Zeitverlust verziehen haben, ein Opfer aus Gefühlsschwäche, derer ich nicht Herr zu werden verstand. Hatte ich während dieser Zeit zwar nicht gearbeitet, so hatte ich immerhin sehr gelitten.[77]

Als ich in Franceville ankam, trösteten mich Herr Decazes und mein tapferer Roche so gut sie konnten. Herr Roche ist jener Brigadier der republikanischen Garde, der einige Zeit lang der Station von Diélé vorgestanden hatte und den ich erst kürzlich als Oberhaupt von Franceville eingesetzt hatte. Als einer, der Anweisungen skrupulös befolgt, war er so vernarrt in Ordnung und Wirtschaftlichkeit, dass er sich selbst das Nötige versagte und den anderen alles wegstrich, was er für überflüssig hielt.

Als ich die Aduma verließ, hatte ich in Ermangelung anderer mir zur Verfügung stehender Europäer meinen Bruder mit der Leitung der Expedition beauftragt, deren Kommando Herr de Lastours gerade übernehmen wollte, als er starb. Es wäre höchst bedauerlich gewesen, nicht alles sogleich zu

77 Brazza, dem in Frankreich seine Langsamkeit und Ineffizienz vorgeworfen wurde, rechtfertigt sich hier mit bitterer Ironie.

verwenden, was bereits für die Reise vorbereitet war und andernfalls restlos verloren gegangen wäre. So brach mein Bruder auf, begleitet von einem tief ergebenen Kameraden, der ihm überall hin gefolgt war, Herrn Pecile.

Es war schon der 15. Juli 1885 und, wie es schien, schon spät für das Unterfangen einer langwierigen Reise. Die Nachricht über die Vereinbarung vom 5. Februar zwischen Frankreich und der Gesellschaft[78] und das Ergebnis der Konferenz in Berlin, die mich zu jenem Zeitpunkt erreichten, machten die geplanten Maßnahmen im oberen Kongo überflüssig. Die Truppe einheimischer Hilfskräfte, die ich anführte, würde mir immerhin, so dachte ich, bei der weiteren Erkundung der Nkundja-Ubangi dienlich sein. Wir würden diesen Zufluss so weit wie möglich hinauffahren und versuchen, an die Grenze seines Beckens zu gelangen und die orographischen[79] Knoten zu erkunden, die, genau genommen, das Kongobecken im Norden bestimmen. Von diesen Hypothesen träumte ich, als mich jäh der Befehl überraschte, nach Frankreich zurückzukehren. Die westafrikanische Mission war für beendet erklärt worden und die Verwaltung der Marine übernahm meine Arbeiten; ich sollte so schnell wie möglich heimkehren.

Zwei Rückwege boten sich mir: über den Ogowé zurückzukehren, wo ich nichts zu tun hatte (dort stapelten sich der Vorräte mehr als genug, alles war organisiert und ruhig), oder über die Alima und den Kongo weiterzureisen und von Brazzaville aus direkt wieder zur Küste zu gelangen. Ich entschied mich für diese zweite Route, die mir erlaubte, mir mit eigenen Augen einen Eindruck von der politischen und materiellen Lage in unseren Besitzungen im Kongo zu verschaffen, in

78 Gemeint ist hier die Internationale Kongo-Gesellschaft.

79 Orographie ist ein Fachbegriff für ein Teilgebiet der Geographie, das sich mit dem Zusammenhang von Bergformationen und Flussverläufen beschäftigt. Oros ist das altgriechische Wort für Berg.

denen ich schon lange nicht mehr gewesen war. Zudem war es meine Pflicht, nicht nach Europa zurückzukehren, ohne den Mitteln und Kräften, die ich mit allerhand Schwierigkeiten zur Alima gebracht hatte, eine Leitung gegeben zu haben; sonst wären die ersten Ergebnisse geopfert und restlos verloren. Zusammen mit Herrn Decazes, dem ich bei meiner Abreise die Leitung über das gesamte Innere übergeben würde, fuhr ich also stromabwärts.

Am selben Tag, als unsere kleine Flotte aus 15 Pirogen den Posten am Unterlauf der Alima erreichte, kam dort auch Herr de Chavannes an. Der Anblick unserer Flaggen auf Halbmast kündigte ihm schon von weitem traurige Neuigkeiten an. Auch er brachte uns welche: Der Steuermannsmaat Le Briz war gerade am Kongo gestorben. Als tapferer Seemann starb er, wie er am Tag einer Schlacht auf der Brücke seines Schiffes gestorben wäre. Als es soweit war, sagte er mit noch fester Stimme: »Ich gehe nun, sagen Sie Herrn de Brazza, dass ich stets meine Pflicht getan habe.« Er schien vom Leben nur die Befriedigung der erfüllten Pflicht zu vermissen. Oh, welch große Dinge könnte man mit solchen Männern und solcher Hingabe erreichen!

Froh, Herrn de Chavannes nach langer Trennung wiederzusehen, wurde ich von ihm rasch auf den Stand der Dinge im Kongo gebracht, dann reisten wir alle weiter. Herr Decazes wollte direkt nach Brazzaville, um dort auf uns zu warten, während ich zum Ubangi[80] hochfuhr.

Der Befehl, schnellstmöglich heimzukehren, erlaubte mir nicht, so lange wie ich wünschte in diesem Land zu bleiben, das ich zum ersten Male sah. Meine Mitarbeiter hatten hier unseren Einfluss genauso gut und umsichtig geltend gemacht,

80 Richtigerweise müsste es hier heißen: zur Licouala-Mossaka. Vgl. Glossar zu Nkundja.

wie ich es selbst vermocht hätte. Herr Dolisie war von einer dritten Expedition in den Ubangi[81] zurückgekehrt, die er bis auf etwa drei Grad nördlich des Äquators vorangetrieben hatte. An diesen neuen Ufern hatte er die Grundlagen einer zukünftigen Organisation geschaffen.

Nachdem ich unseren Posten in Bonga und N'Kundja einen Besuch abgestattet hatte, verließ ich voll Bedauern diese Gefilde, in denen ein friedfertiger Ruf mir vorausgeeilt war. Ich sah im Voraus all den Nutzen, der aus diesen neuen Bevölkerungen zu ziehen war, die in Hinblick auf ihre Rasse, ihre Sitten und ihre Sprache manchen der lebhaften Einwohnerschaften des Ogowé ähnelten.

Ein kurzer Aufenthalt bei diesen Bewohnern des Ubangi hatte in meinem Geist die Hoffnung geweckt, eines Tages diesen neuen Landbesitz mit dem älteren durch eine ähnliche Organisation zu verbinden. So Gott will, werden wir eines Tages zu diesem Ergebnis kommen und diese bisher unberührten Landstriche sich im Kontakt mit unserer Zivilisation in wenigen Jahren wandeln. Die Schuld der Dankbarkeit werden sie Frankreich dann erstatten, indem sie ihm zu einer Quelle von Entwicklung und Reichtümern werden.

Ich beeilte mich, nach Brazzaville zurückzukehren, um dann zur Küste bei Banana zu gelangen. Dabei kam ich an der schönen apostolischen Mission von Linzolo und den Stationen des neuen Kongo-Staates vorbei, der aus zwei verschiedenen Elementen hervorgegangen war: der Internationalen Afrika-Gesellschaft und dem Komitee zur Erforschung des oberen Kongo.[82] Überall genoss ich den herzlichsten Empfang

81 Auch hier müsste es heißen: in die Licouala-Mossaka.

82 Fußnote des Herausgebers Ney: Der Leitsatz der Internationalen afrikanischen Gesellschaft lautete: »Wissenschaft und Humanität.« Derjenige des Komitees zur Erforschung des Oberen Kongo lautete: »Politik und Handelsfreiheit.«

und beste Gastfreundschaft. Am 18. Oktober dieses Jahres erreichte ich Libreville, wo ich gerne geblieben wäre, um Herrn Pradier in für ihn völlig neue Umstände und in eine Organisation einzuweisen, die so anders ist als die unserer Kolonien. Ihr Funktionieren hängt jedoch vor allem vom Einsatz und von der Erfahrung jener ab, die sie vor Ort leiten. Der Tatendrang und die Intelligenz, die Herr Pradier unter Beweis stellte, waren außerdem von vornherein durch seine Stellung als Gouverneur von Gabun gebremst, da diese ihn an die Küste band. Wie hätte ich ihm in kurzer Zeit meine zehnjährige Erfahrung vermitteln können? Und was hätte er dann nach einem Jahr an seinen Nachfolger weitergeben können?

Nachdem ich meine Vollmachten endgültig übergeben hatte, kehrte ich schließlich zwei Jahre und neun Monate nach meiner Abreise nach Frankreich zurück.

A. d. Ü.: Handelsfreiheit wird in der Kongo-Akte, also den Vereinbarungen von Berlin 1884–85, beschlossen, Afrika wird für die Europäer zur Freihandelszone.

Kapitel VII

Schlussbetrachtungen – Vollbrachte Arbeiten aller Art: astronomische, geographische und hydrographische – Wichtige wirtschaftliche Ergebnisse – Friedliche Eroberung der Bevölkerungen – Vergrößerung unseres Gebietsbesitzes – Desiderata

Was haben wir während dieser Reise von 33 Monaten getan? Wie habe ich im Interesse des Landes die Vollmachten und Geldmittel genutzt, die man mir anvertraut hatte?

In geographischer Hinsicht wurden zahlreiche Strecken abgesteckt und Skizzen angefertigt; die Arbeiten der Herren de Rhins, Dufourcq usw. haben meine früheren Arbeiten zum Ogowé vervollständigt; das Alima-Becken findet sich in den Arbeiten der Herren Ballay, de Chavannes, Decazes, meines Bruders Giacomo und meinen eigenen wiedergegeben; diese Arbeiten, die gegeneinander abgleichbar sind, gewährleisten also eine gewisse Genauigkeit.

Von der N'Kundja[83] bis Brazzaville wurden die Ufer und die Deltagebiete von den Herren Dolisie und de Chavannes erfasst. Bemerkenswerte hydrographische Arbeiten zur Küste von Loango verdanken wir dem Herrn Kommandanten Cordier; eine überblickshafte Topographie der Küste selbst wurde von Herrn Manchon angefertigt, der mit dieser Arbeit die Mußezeiten seines anstrengenden Dienstes als Gebietswächter ausfüllte. Die von den Herren Manchon und Dolisie erkundeten und beschriebenen Wege und Streckenverläufe schaffen eine Verbindung zwischen Loango und unseren

83 Gemeint ist, wie zuvor im Kap. VI, wahrscheinlich die Leconi-Licouala-Mossaka.

Stationen an der Loudima und in Brazzaville. Und schließlich wandern zwei Expeditionen gleichzeitig durch die Gebiete, die als weiße Stellen auf der Karte im Norden des Ogowé und der Alima liegen. Eine wird, wie oben erwähnt, von meinem Bruder Giacomo geleitet; die andere von Herrn Dolisie, unterstützt von Herrn Froment, einem jungen, zähen Mann, der zuvor ein Jahr bei den Einwohnern der Ubangi-Gegend[84] verbracht hatte. Diese beiden Expeditionen sind gleichsam die Krönung des Auftrags und werden unzweifelhaft in jeder Hinsicht wichtige Informationen bringen.

Astronomische Angaben wurden geliefert, um geographische Punkte festlegen zu können, und zusammen mit diesen wurden auch meteorologische, mineralogische und geologische Beobachtungen festgehalten. Schöne naturgeschichtliche Sammlungen[85] wurden unter Mithilfe aller und mit besonde-

---

84 Auch hier handelt es sich wahrscheinlich eher um die Bevölkerung des Leconi-Licouala-Beckens.

85 Fußnote des Herausgebers Ney: Im März 1886 sind 101 Sammlungskisten in Paris angekommen. Die ersten wurden von Herrn Schwebisch und Herrn Thollon geschickt und beziehen sich vor allem auf die Ethnographie des Ogowé-Beckens; Botanik und Zoologie waren darin nur zweitrangig vertreten.
Dann kommt die Sammlung von Herrn Cholet. Sie wurde im Loango-Gebiet und dem Kouilou-Niari-Becken zusammengetragen und umfasst 144 Stücke, davon 47 Werke aus Baumwolle, Fasern und Flechtarbeit; 24 Metallarbeiten – Werkzeuge und Erzeugnisse –, 15 Musikinstrumente; fünf Räucherartikel; 33 Gegenstände des häuslichen Gebrauchs und 15 Kunstgegenstände, Ritualgegenstände, Schmuckstücke usw., schließlich eine Sammlung von Insekten sowie interessante Aufzeichnungen über die Gruben der Loudima.
All diese von Herrn Thollon mitgebrachten Sammlungen wurden überwiegend im Ober-Ogowé, an der Alima und dem Kongo zusammengetragen. In ethnographischer Hinsicht findet man darin alle Erzeugnisse des einheimischen Handwerks, darunter Armreifen der Familie des Makoko sowie Halsketten und Armreifen aus Kupfer, die er seinen Vasallen gibt.
In den vollständigen Sammlungen zur Naturgeschichte wird man Insekten, Reptilien und Fische entdecken; noch unbekannte Arten von Affen und Gorillas der Kongo-Region; aber wenige neue Vogelarten.

rer Unterstützung durch meinen Bruder zusammengestellt; sie sollten bald in Paris eintreffen. Zu diesen Sammlungen kommt noch eine gewisse Zahl von Skizzen, Zeichnungen, Photographien und ethnographischen Aufzeichnungen von großem Interesse hinzu.

All diese Arbeiten wurden neben den täglichen Aufgaben ausgeführt, welche die Schaffung von acht Stationen oder Posten im Kongo- sowie von acht weiteren in Ogowé-Becken und fünf anderen an der Küste oder im Tal der Kouilou erforderten.

Zu diesen wissenschaftlichen Ergebnissen kommen noch bedeutendere wirtschaftliche Ergebnisse hinzu. Das erste ist, dass wir jenen entscheidenden Einfluss auf die Bevölkerungen gewonnen haben, der meiner Meinung nach das vorrangige und wesentliche Element jeder Gründung einer Kolonie ausmacht. Sich die Einheimischen zunutze zu machen, ihre Interessen mit den unseren zu vereinen, sie zu unseren natürlichen Hilfskräften zu machen, das war für mich eines der Hauptziele meiner Mission.

Zur gegenwärtigen Stunde sind die alteingesessenen Stämme des Ogowé ganz in unserer Hand. Durch die Verträge, die sie binden, sind uns die Männer jährlich für

---

Die geologischen Sammlungen sind, so sagt man, sehr reich. In den botanischen Sammlungen finden sich die meisten der bei der Herstellung einheimischer Erzeugnisse verwendeten Pflanzen. Es war weise, mit Blumensammlungen noch zu warten, aber vielleicht wurden die Sammlungen der Waldpflanzen vernachlässigt.
Schließlich gibt es zahlreiche Skizzenbücher mit Zeichnungen und ungefähr 400 Photographien, die wir vor allem den Herren di Brazzà, Pecile, de Chavannes, Beauguilaume, Didelof etc. verdanken.
Wir warten nun darauf, dass der Herr Bildungsminister mit Unterstützung der Gesellschaft für Geographie, des Museums für Naturgeschichte und des Museums für Ethnographie eine Ausstellung der Arbeiten und der Sammlungen der westafrikanischen Mission organisiert, um sie wertschätzen zu können.

eine bestimmte Zeit zum Dienst verpflichtet; abgesehen von ihrem Gehalt finden sie in ernstzunehmenden ökonomischen Vorteilen und in unserem Schutz einen Ausgleich für die Zeit, die sie uns widmen.

Selbst die Mpangwe, jene kannibalischen Stämme, die von mächtigen Wanderungsbewegungen einst bis an die Ufer des Ogowé getragen wurden und deren Wildheit, die im Übrigen mit einem Hang zur Plünderung gepaart ist, sie lange von uns fernhielt, sind allmählich soweit. Dieselben Mpangwe, die sich seit 20 Jahren beständig gegen die Autoritäten von Gabun auflehnen, sind durch die Vorteile, die wir ihnen geschaffen haben, dazu gebracht worden, mit uns auf denselben Grundlagen zu verhandeln wie alle anderen Gruppen Einheimischer. Auch sie mussten der Lieferung von Hilfskräften zustimmen, und das ist eine beträchtliche Gewähr für Ruhe und Frieden. Vielleicht ist es sogar das einzige Mittel, um eine völlige Sicherheit in einem Land aufrechtzuerhalten, das gänzlich – fast hätte ich gesagt, zum Glück – außerhalb der Reichweite der Kanonenboote liegt. Diese neu Angeworbenen haben sich ohne allzu viel Widerwillen in die Reihen unserer ersten Hilfskräfte eingegliedert – die Aduma, Okanda, Apingi, Okota, Bangoués, alles Stämme, von denen sie sowohl eine instinktive Feindseligkeit als auch irregeleitete und schlecht verstandene Interessen entfernt gehalten hatte.

Nach und nach werden diese Mpangwe die Zahl unserer Hilfskräfte verdoppeln oder verdreifachen; ihre natürlichen Fähigkeiten, ihre körperliche Kraft, ihre äußerste Mäßigung und Zurückhaltung befähigen sie ganz wunderbar dazu, uns in diesen neuen Landstrichen zur Hilfe zu kommen.

Darin besteht die gemeinsame Grundlage der handhabbaren Elemente am Ogowé; all diese Männer, vereint durch dieselben Interessen im selben Gefühl der Abhängigkeit von uns, sind heute durch eine Organisation an uns gebunden,

Fang-Ruderer.

zu der mich die französische Einrichtung einer Marine-Wehrpflicht für alle Seeleute inspirierte.

Ob als Ruderer, Träger oder Soldat: Je nach Bedarf steuern diese Männer unsere Pirogen durch die Stromschnellen, transportieren unsere Waren und sind immer bereit, unserer Flagge zu folgen und sie zu verteidigen. Das ist letztlich die Antwort auf ein Problem, für dessen Lösung ich zehn Jahre gebraucht habe.

Zehn Jahre, um in diesen Gebieten den Embryo einer zugleich ökonomischen und politischen Organisation zu schaffen – das mag Personen, denen diese Art von Fragen fremd ist, als eine beträchtliche Zeit erscheinen. Nun, ich kann ehrlich versichern, dass ich vor zehn Jahren nicht glaubte, in so kurzer Zeit ein solches Ergebnis erzielen zu können. Dazu brauchte es nicht weniger als die intelligente Unterstützung meiner Mitarbeiter und beständiges Hegen und Pflegen, um zur jetzigen Lösung zu gelangen, die, so glaube ich, die einzig mögliche ist. Was Geduld und Ausdauer in zehn Jahren erreicht haben, hätte Kraft nicht vollbringen können, selbst um den Preis der größten Opfer.

Anderswo als am Ogowé, auf den Hochebenen, die das Becken dieses Flusses vom Kongobecken trennen, haben wir in den Gruppierungen von Dörfern, die am Wege liegen, mehr als 3000 Bateke, die, auch wenn sie noch nicht formgerecht angemustert und zur Disziplin gebracht sind, nichtsdestoweniger ehrlich und regelmäßig unsere Transporte ausführen.

Die Bateke von der oberen Alima werden allmählich unsere Ruderer. Und im Westen von Brazzaville liefern uns die Ballali, in Erwartung, unsere Träger zu werden, mehr Arbeiter, als wir einsetzen könnten.

Im oberen Kongo schließlich, bei den noch barbarischen Einwohnerschaften, sind unsere Maßnahmen noch zu neu, um schon ähnliche Erfolge verzeichnen zu können; ich zweifle jedoch nicht daran, dass wir sie durch Geduld erreichen können. Die Menschenopfer, die zu den Bräuchen dieser Völker gehören, werden seltener. Hätten wir sie mit Gewalt zur Moral führen wollen, so hätten wir diesen Anfang eines Fortschritts nicht erreicht, der uns für die langen und friedlichen Anstrengungen entschädigt.

Mit einem Wort, unter verschiedenen Umständen und in verschiedenen Gegenden, vom Einheimischen, der sich zum Soldaten wandelt und ein Jahr lang Dienst an der Waffe tut, bis zu dem, der für sieben Tage einen Ballen trägt, sind ungefähr 7000 Männer jährlich in unseren Diensten. Sie verlieren im Umgang mit uns die Laster ihrer primitiven* Wildheit, unsere Sprache und unser Einfluss breiten sich in ihren Familien und in ihren Stämmen aus, und diese Gruppe, die eine Bevölkerung von ungefähr fünf Millionen Seelen darstellt, wird nach und nach in der Schule der Arbeit und der Pflicht ausgebildet. Ein Einfluss auf solcher Grundlage muss solide und fruchtbar sein, was ich beweisen kann.

»Vor zwölf Jahren war der einzige Handel am Ogowé der Sklavenhandel; der gesamte Handelsumsatz von Gabun erreichte kaum zwei Millionen. Heute hat der legale Handel den alten ersetzt und das Handelsvolumen erreicht ungefähr 14 Millionen Francs.«[86]

Schließlich haben sich unsere Besitzungen, die einst nicht mehr als einen schmalen, unbedeutenden Küstenstreifen zwischen Kap San Juan und dem Kap Sainte-Catherine umfassten, gegenwärtig mehr als verhundertfacht. Ihre heutigen Grenzen sind diese: im Norden der Fluss Campo, im Osten Zentralafrika, da ja das Abkommen vom 5. Februar 1885

86 Fußnote des Herausgebers Ney: Les colonies françaises, Paris, Guillaumin et Cie, 1886.

uns das Becken der Nkundja-Ubangi[87] zuspricht; im Süden schließlich berühren sie den Kongo, eine Grenze, die den Ansprüchen einer befreundeten Nation im Norden Einhalt gebot. Diese mehr historische als wirkliche Grenze haben wir immer sorgfältig geachtet, dazu haben wir uns verpflichtet; Portugal möchte sie heute sicherlich seinerseits achten.

Herr Ballay und ich haben zehn Jahre gebraucht, um diese Ergebnisse, die ich gerade dargelegt habe, zu erzielen. In diesen zehn Jahren haben wir 2 250 000 Francs ausgegeben.

Unsere moralische Glaubwürdigkeit bei den Einheimischen und unsere Handlungsweise haben für uns die beträchtlichen Summen aufgewogen, die die Internationale Afrika-Gesellschaft hat ausgeben müssen. Unsere Langsamkeit selbst hat ermöglicht, dass wir in diesen Gebieten Ansehen gewinnen und unsere Autorität dort Fuß fassen konnte, ohne dass Europa oder Afrika Blutzoll dafür entrichten mussten, und ohne dass wir die geringste Verstimmung oder Unruhe in der allgemeinen Politik Frankreichs verursacht hätten.

Lassen wir nun die Vergangenheit und wenden uns der Zukunft zu: Was bleibt noch zu tun?

Diese Gegenden Westafrikas, die unsere neue Kolonie ausmachen, sind bei weitem nicht alle vollständig untersucht und organisiert worden und können erst an dem Tag der Ausbeutung zugeführt werden, an dem die Verkehrswege das Meer mit dem ungeheuren Schifffahrtsnetz im Inneren verbunden haben werden. Bleibt also noch unser Forschungs- und Organisationswerk weiterzuverfolgen. Um es unter bestmöglichen Bedingungen fortzusetzen, bräuchte es nicht mehr als 50 Europäer und ungefähr 200 Schwarze, was eine Ausgabe von ungefähr einer Million jährlich bedeutet: Das wäre ein

87 In der Kongo-Akte ist von der Licona-Nkundja oder Licona-Kundja die Rede.

Wechsel auf die Zukunft, den ich für einlösbar halte, aber es wäre von größter Notwendigkeit, ein ernsthaftes Gesamtprogramm dafür aufzustellen. Zuallererst bräuchte es von heute an mehrstufige Kredite, die von Jahr zu Jahr sichergestellt wären. Ohne eine solcherweise gesicherte Zukunft kann ein vollständiges Programm der Erkundung und Organisation weder durchgeführt noch überhaupt vorbereitet werden.

Ich füge hinzu, dass sich dieses Programm ganz und gar von den Ansichten und Verfahrensweisen leiten lassen muss, die wir angewandt haben. Sie sind die einzige Gewähr der Sicherheit und der klugen wirtschaftlichen Entwicklung des Landes, die einzige Gewähr der Aufrechterhaltung unserer Handlungsmöglichkeiten und der Wirtschaftlichkeit in unseren zukünftigen Haushaltsmitteln.

Die Zukunft des Kongo-Bassins hängt, ganz allgemein betrachtet, zum Teil von den zu schaffenden Verkehrswegen ab. Bei den gegenwärtigen Unklarheiten in der Frage weiß ich nicht zu sagen, wo, wann und wie diese Wege geschaffen werden. Aber ich kann versichern, dass es sie eines Tages geben wird, früher oder später, und das hängt mehr noch als alles andere von den Vorgehensweisen ab. Damit setze ich mich vielleicht von so manchen Meinungen ab, die, allzu leichtfertig vorgebracht, Zeit und Umstände nicht genügend berücksichtigen. Diese Meinungen unterscheiden sich auch darin von der meinen, dass ich das westliche Afrika und das Kongobecken als ein Land betrachte, dessen Zukunft vom Handel und von der Kultur der Einheimischen abhängt und nicht von einer Kolonisierung durch Auswanderung.[88] Wir stehen hier vor einem sehr schwierigen ökonomischen und

88 Brazza spricht hier aus der Sicht der Europäer, die als Siedler in die Kolonien auswandern. Aus der Sicht der afrikanischen Bevölkerung handelt es sich um Kolonisierung durch europäische Einwanderung.

sozialen Problem. Um Lösungen zu finden, wird die Wissenschaft all ihrer Begrifflichkeiten bedürfen.

Das ist ein noch neuer Landstrich, an dessen Klima sich wohl einzelne Europäer anpassen können, wo sich jedoch der Europäer im Allgemeinen, vor allem der Nordeuropäer, in einer seinem Temperament abträglichen Umgebung befindet. Indes besteht Einigkeit darüber, wie beträchtlich die natürlichen Reichtümer dieses mit Regen gesegneten Landes sind. Aber man muss sie im Herzen des Kontinents aufsuchen, sie zu großen Strömen zusammenführen und zur Küste leiten.

Weiterhin ist zu erwägen, dass manche sinnvoll angesiedelten Kulturpflanzen noch zu den natürlichen Reichtümern hinzukämen, unter einer Breite, die der von Sumatra, Borneo und Brasilien entspricht, allerdings in näherer Reichweite von Europa liegt.

Ohne hier von der Öffnung der Verkehrswege zu sprechen, derer man sich in besonderer Weise widmen müsste, so braucht es schon für die Ernte der Bodenfrüchte und die Anpflanzung der Kulturen eine beträchtliche Arbeitskraft, die man weder von den Arabern noch von den Chinesen,[89] und vor allem nicht von den Arbeitern der weißen Rassen fordern kann.

Doch eben diese Arbeitskraft finden wir vor Ort, in den zugegebenermaßen sehr primitiven, aber keineswegs unintelligenten Bevölkerungen, mit denen es sich gut umgehen lässt, wenn man sich darauf versteht, sie nicht vor den Kopf stößt und sich in den Beziehungen mit ihnen zugleich entschlossen,

---

89 Hier geht Brazza die kolonialen Ausbeutungsmöglichkeiten Frankreichs durch: Araber (und Berber) gehören seit der Eroberung Algeriens in den 1830er- und 1840er-Jahren und der Annektierung Tunesiens 1881 zum französischen Imperium; »Chinesen« ist der sehr ungenaue Name für die Bevölkerung der französischen Kolonialgebiete südlich von China, in den heutigen Staaten Laos, Vietnam, Kambodscha.

unerschütterlich wohlwollend und grenzenlos geduldig zeigt. Wenn wir ihnen jäh und grob unsere Regeln aufzwingen wollten, unsere Art zu handeln, zu sehen und zu denken, käme es unweigerlich zu einem Kampf, in dem wir sie in die Vernichtung führen würden. Abgesehen von der Frage der Humanität scheint mir der Schutz der Einheimischen in diesem Fall die sicherste Weise, das Huhn, das goldene Eier legt, zu hegen.[90]

So gut wie jeder andere weiß ich um die Schwierigkeiten, eine Kolonie zu gründen, ohne ihre Entwicklung voranzuzwingen, ohne sie in eine bestimmte Form pressen zu wollen. Die Spitzen des Handels mögen sich davor in acht nehmen, allzu schnell eine Besitzung schröpfen zu wollen, die wir streng genommen noch nicht genügend kennen und deren Einwohner noch nicht in das, was wir von ihnen wollen, eingeführt sind. So müssen unsere Maßnahmen bis auf weiteres vor allem darauf zielen, die Umwandlung der Einheimischen in Kräfte der Arbeit, der Produktion und der Konsumtion vorzubereiten; später wird der Europäer dann in der schlichten Rolle des Vermittlers kommen.

Ich kann es nicht oft genug wiederholen: Ein Land auf die Kolonisierung vorzubereiten, ist ein Werk der Zeit und der Geduld. Es bleibt noch, auf unsere Besitzungen im oberen Kongo die Maßnahmen auszudehnen, die wir gerade an den Ufern des Ogowé anwenden, und diese Aufgabe ist weder an einem Tag zu erfüllen noch von Organisationsleitern, die erst alles zu erlernen hätten, so intelligent und gutwillig sie auch sein mögen.

90 In einer Fabel von Jean de la Fontaine mit dem Titel »Das Huhn, das goldene Eier legt« heißt es: »Die Geldgier verliert alles, indem sie alles gewinnen will.« Als Beweis führt la Fontaine eine Person ein, die das Huhn, das goldene Eier legt, schlachtet, in der Hoffnung, im Inneren einen Schatz zu finden. Innen aber ist das tote Huhn genauso wie die anderen Hühner, die keine goldenen Eier legen.

Der persönliche Einfluss ist das A und O in diesen Fragen. Statt wechselnden und unterschiedlichen Einflüssen ist daher das ununterbrochene, beharrliche Wirken derselben Männer vorzuziehen, das bei primitiven Einwohnerschaften alle gewünschten Resultate erzielt. Diese Einwohnerschaften lieben die Fahne zuerst um ihres Trägers willen und die vage Idee des fernen Landes, von dem man ihnen erzählt, personifiziert sich für sie in dessen ihnen bekannten Vertretern. Deswegen bräuchte es, soweit nur irgend möglich, stets dieselben Absichten bei derselben Aufgabe, an denselben Orten, dieselbe Hingabe an dieselben Interessen. Wird ihnen nicht immer in ähnlicher Weise begegnet, verlieren die Einheimischen schnell das Vertrauen, und vom Misstrauen zur Angst, vom Argwohn zur Arglist ist es nur ein Schritt.

Abgesehen davon, dass Gewalt ein schlechtes Mittel ist, so ist es auch zurzeit unmöglich, sie in den Gegenden im Landesinnern anzuwenden. Die Anwesenheit unserer Kanonenboote aus Gabun im Remboé und im Kongo hat alles andere erreicht als Zivilisierung oder Befriedung im Lande. Außerdem sind die Stromschnellen des Ogowé für solche Kriegsmaschinen ein unüberwindbares Hindernis.

Was wir vor allem fürchten müssen, ist, an einem Tag das Werk von zehn Jahren zu zerstören, denn der Einsatz von Gewalt in einem Werk, das mit Geduld und Sanftmut vorbereitet wurde, kann alles auf einen Schlag verderben und verlieren.

Es ist nur recht und billig, dass ich Ihnen die Namen einiger der Mitarbeiter nenne, die dort hinterblieben sind. Ihre liebsten Wünsche opfernd und ihr Recht auf Rückkehr preisgebend, haben diese eingewilligt, auf dem Posten zu bleiben, den ihre Erfahrung stets zu verteidigen versteht. Sie heißen:

Leutnant Decazes, die Herren de Kerraoul, Laneyrie, Chollet, Weistroffer, der Adjutant Pierron, die Herren Ponel,

Roche, Jégou, Manas[91], Devy, Pouplier, Kleindienst und andere, darunter Herr Thollon, der älteste von allen, mit vier aufeinanderfolgenden Jahren Aufenthalt im westlichen Afrika, wo er wirklich gute Dienste geleistet hat.[92]

Ich habe volles Vertrauen in diese Männer, die sich schon bewiesen haben, volles Vertrauen vor allem in den, der sie leitet, Herrn Decazes. Ich kann mich allerdings einer gewissen Unruhe nicht erwehren, wenn ich daran denke, dass ein Teil des schwarzen Personals, das dort in unseren Diensten steht, seit mehr als sechs Monaten Anrecht auf seine Heimführung hat, was gewisse Risiken birgt.[93] Schon im letzten Mai habe ich die Zuständigen über diesen Sachverhalt in Kenntnis gesetzt: Ich kann von nun an keine Verantwortung mehr für eine Situation übernehmen, deren Kontrolle mir nicht mehr obliegt.

Das ist die Zusammenfassung unserer letzten Operationen in der Region des Ogowé und des Kongo. Es wäre die Ehre meines Lebens, wenn Frankreich sich unseres Werkes annähme, und keine größere Belohnung könnte mir vergönnt sein für die paar Mühen, Erschöpfungen und Sorgen, die mich dieses Ergebnis gekostet hat.

Die bereits recht ausgedehnten Gebiete, die jene Verträge, die ich mit verschiedenen Oberhäuptern abgeschlossen habe,

---

91 Fußnote des Herausgebers Ney: Herr Manas hat in Léketi eine primitive Fabrik eingerichtet, wo er Ananasschnaps, Erdnussöl und Seife herstellt, die von unseren Europäern am Kongo konsumiert werden.

92 Fußnote des Herausgebers Ney: Ich nenne nicht alle, die noch zum Schluss gekommen sind; nur Herrn Coste, Buchhalter, muss ich noch erwähnen.

93 Brazza hat hier seinen hochgeschätzten Sergeant Malamine Kamara im Sinn. Malamine Kamara, den Brazza sehr erschöpft und mit dem Wunsch, in seine Heimat zurückzukehren, auf seinem Posten zurückgelassen hat, ist zu dem Zeitpunkt, als Brazza diese Rede auf der außerordentlichen Sitzung der Geographischen Gesellschaft von Paris im Cirque d'Hiver hält, schon an den Folgen der Strapazen seiner Dienstjahre im Kongo gestorben.

unter den französischen Einfluss gestellt hatten, hat der Kongress von Berlin noch erweitert. Er hat auf der Karte von Afrika neben den portugiesischen Besitzungen zwei neue Staaten eingetragen: den Französischen Kongo, der größer ist als Frankreich selbst, und den Freistaat Kongo. Kraft der Protokolle sind diese beiden unermesslichen Gebiete, die Kinder der Natur bevölkern, gleichsam in das Konzert der zivilisierten Staaten eingetreten. Damit meine ich, dass sie je nach den Umständen, ob gewollt oder nicht, ihre Metropolen mehr oder weniger belasten werden.

Der Freistaat Kongo, Nachbar des Französischen Kongo, untersteht nominell dem Souverän eines Königreiches, mit dem Frankreich die besten Beziehungen unterhält; diese werden an den Ufern des Kongo sicherlich dieselben sein. Denn ich zweifle nicht daran, dass die edlen Absichten, denen der Freistaat seine Ursprünge verdankt, auch weiterhin über seine Entwicklung wachen werden.

Briefe der dritten Reise

Aus den Briefen von Attilio Pecile[94]

Brief VI

Lambaréné, 3.Mai 1883

(...) Pierre de Brazza ist angekommen, und mit ihm die ganze Expedition. Wenn Du all das Gedränge und Hin und Her sähest! Wir sind hier mehr als 300 Leute, darunter ungefähr 20 Weiße.

Die Ankunft von Pierre de Brazza war überaus bewegend, und mir treten Tränen in die Augen, glaub mir, wenn ich sehe, welchen Empfang die Schwarzen ihm bereiten.

Die Nachricht von seiner Ankunft hat sich sehr schnell verbreitet. Von überall her trafen Pirogen ein, bis an den

94 Während seiner Zeit im Kongo als Mitglied der Mission Westliches Afrika schrieb Attilio Pecile viele Briefe an den Vater, die Mutter und den Bruder Domenico. 42 davon sind erhalten, und die meisten davon wurden schon während der Reise in Italien veröffentlicht, in italienischen Tageszeitungen und Zeitschriften: *Bollettino della Società geografica italiana*, 1884 und 1885; *La Patria del Friuli*, Udine, 1883–1885; *La Tribuna*, Rom, Dez. 1883 bis März 1884; Italie, Rom, 1. Sept. 1884 sowie *Illustrazione Italiana*, 17. Mai 1885.
Diese Angaben zur Biographie und dem Veröffentlichungsort der Briefe sind der vom Istituto della Enciclopedia Italiana herausgegebenen Italienischen Nationalbiographie Dizionario Biografico degli Italiani – Bd. 82 (2015) entnommen.
Die hier folgenden Briefe sind ein Ausschnitt aus der Auswahl, die Napoleon Ney für seine Ausgabe der Vorträge und Briefe von Pierre Savorgnan de Brazza übersetzt hat. Ney hat die Briefe Attilio Peciles z. T. gekürzt und durchgehend den Adressaten unkenntlich gemacht, weil ihn hier nicht das persönliche Verhältnis, sondern nur Peciles Blick auf Pierre Savorgnan de Brazza und die Mission interessiert hat. Diese Briefpassagen sind hier aus der französischen Übersetzung ins Deutsche übersetzt. Weitere Literatur zu Attilio Pecile s. S. 61.

Rand voll mit Schwarzen, die kamen, um ihn zu sehen, zu begrüßen, und die laut riefen:

»Unser Vater ist zurückgekehrt, unser Vater ist zurückgekehrt.«

Die Aduma, ein kleines Volk vom oberen Ogowé, die sich gerade wegen des Kautschuk-Transports hier aufhielten, liefen alle herbei, ihm die Hand zu schütteln und ihn zu umarmen.

Alle hier würden gerne mit ihm fahren und sogar die Händler verlassen, mit denen sie den Fluss hinabgekommen sind, um sich den Befehlen von Pierre de Brazza zu unterstellen. Glaub mir, ich verstehe nicht, wie ein Weißer diesen misstrauischen, undankbaren Leuten mit so verlogenem Charakter solch ein Vertrauen und Zuneigung hat einflößen können.

Seit zwei oder drei Wochen warte ich auf die Pirogen von Franceville, auf denen ich den Fluss hochfahren soll, um zu Giacomo di Brazzà aufzuschließen.

A. P.

Brief X

An den Ufern der Alima, 28.12.1889

Brazza behandelt die Eingeborenen als Brüder, binnen Kurzem werden sich ihm alle angeschlossen haben.

Mit dieser Vorgehensweise ist er sehr zufrieden; diese paar Neuigkeiten werden mit der Post abgehen, die er auf den Weg bringt und die in kürzestmöglicher Zeit in Europa ankommen wird.

Es ist schwierig, Euch eine klare Vorstellung von diesem Land zu vermitteln. Wenn ich oder jemand anderes Euch sage, dass das Land schön ist und die Schwarzen gute Leute, würde

Euch ein anderer aus der Expedition sagen, dass er es nicht ausgehalten hat, weil das Land unerträglich ist, die Schwarzen wild und ungesittet sind, man mit ihnen nichts zustande bringt, weil die Luft schlecht ist und man nicht jahrelang von Maniok und ein paar mageren Hühnchen leben kann.

Ich für meinen Teil fühle mich hier wohl, und Brazza hat es verstanden, dieses Land zu dem seinen zu machen, und zwar nicht durch Anwendung von Gewalt, sondern auf seine Weise. Du kannst täglich mit deinem Stab in der Hand und ein paar Perlen in der Tasche spazieren gehen, als wärest du irgendwo in Europa auf dem Lande.

Alles in allem lebt die Expedition von dem, was das Land bietet – die Lebensmittelkonserven heben wir für den Kongo auf –, Maniok, Bananen, die köstliche Jamswurzel, so lecker wie die Kartoffel, Hühner und Eier, ein wenig Wild und Fisch bilden die Grundlage unserer Ernährung; dann füge noch die Erdnuss hinzu, die geröstet der Mandel ähnelt, Ampfer, Ajaka (ein Art Spinat aus Maniokblättern), die Süßkartoffel, Hirse und Mais, die Ananas und andere Kleinigkeiten, die unserem Menü eine gewisse Vielfalt geben.

Wenn wir auch nicht prunkvoll leben, so essen wir doch immerhin gesunde Lebensmittel. Meinem Magen geht es besser und seit acht Monaten habe ich nicht die kleinste Verdauungsstörung gehabt. Ich glaube, ich habe nicht ein Kilo abgenommen.

Als einziges Mitglied der Expedition habe ich meine bäuerliche Bräune behalten und unter der tropischen Sonne ist sie noch bäuerlicher geworden. Ich denke, das Fieber dürfte es schwer haben, mich anämisch zu machen.

Die Schwarzen sind im Allgemeinen gute Leute, man muss nur wissen, wie sie zu nehmen sind; man muss mit ihnen wie mit Kindern umgehen: sie mal direkt angehen, mal von der Seite, mal sie überzeugen und ihnen dabei wie den Kindern Bonbons geben. Dem Udumbo beispielsweise muss man befehlen, darf ihn aber nicht schlecht behandeln. Der Bateke dagegen, stolzer und misstrauischer, ist mit Geschenken und viel Geduld einzunehmen. Was die Apfourou betrifft, ein kriegerisches, aber intelligentes, freimütiges und loyales Volk, so erhält man von ihnen alles durch Überzeugung, Reden und auch durch einige Geschenke, die im Grunde das wirkungsvollste Mittel sind.

Der Kommunikations- und Transportdienst von der Küste über den Ogowé zum Kongo ist vollständig organisiert; Pirogenkolonnen kommen und gehen beständig von Franceville nach Ngioué und bringen zur Station von Franceville Waren von mehr als 100 Tonnen Jahresgewicht. Lastours und Michaud stehen diesem Dienst vor, der zur Gänze von den einheimischen Aduma und Okanda ausgeführt wird; diese sind eingezogen, eingegliedert und gedrillt und leisten einen hervorragenden Dienst. Hunderte und Aberhunderte von Bateke, die stets bereit sind, der Expedition ihre Hilfe anzubieten, werden die in Franceville angekommenen Waren dann weiter nach Diélé transportieren.

Von dort werden sie flussabwärts dann über die Alima zum Kongo gebracht und diesen Dienst werden teils die Pirogen der Apfourou und teils die Dampfboote übernehmen, von denen das erste in weniger als zwei Wochen über die Wasser der Alima ziehen wird. Wir werden dann weitere vergleichbare Posten einrichten und dort die für den Kongo bestimmten heimischen Vorräte lagern.

Ich schreibe, um die Zeit totzuschlagen; ich bin hier (Nghimi) seit zwei Tagen ganz allein, ohne ein Buch, ohne ein Jagdgewehr, und meine Füßen sind voller Blasen.

Nghimi ist, oder besser war, das Lager für die Waren der Expedition. Ich bin hierhergekommen, um mit den Leuten aus den Nachbardörfern über den Bau einer Hütte für Giacomo und mich zu verhandeln, da wir diesen Ort zu unserem

Hauptwohnsitz erkoren haben. Hier sind wir ungefähr zehn Kilometer von der Station Franceville entfernt, der Ort ist nicht sehr heiter, weil er tief und eingeschlossen liegt, sein großer Vorteil aber ist, dass wir dort allein und ungestört sind, was eine wesentliche Voraussetzung für unsere Arbeit ist.

Ich warte hier seit ein oder zwei Tagen auf Giacomo, der mir Kleidung, Bücher und Freunde mitbringen soll und auch etwas für meine Hungerschmiede, die *fabbrica dell'appetito.* Zu dieser Stunde, in der ich Dir schreibe (es ist zehn Uhr morgens), habe ich auf einem Tisch zwei Eier und ein wenig Maniok stehen, meine Tagesmahlzeit, es sei denn, eine wohltätige Seele brächte mir noch ein paar Ananas oder ein Huhn.

Achte nicht darauf, wenn mein Brief dumm und zusammenhangslos ist, ich habe ein wenig Fieber und mein Kopf ist anderswo. Ich schreibe Euch, weil ich das Bedürfnis verspüre, mich mit Euch zu unterhalten. (Ich unterbreche meinen Brief, um ein halbes Gramm Chinin zu nehmen.)

Die Hütte, in der ich mich befinde, ist aus Baumrinden gemacht. Es sind Kisten und Hängematten darin, die der Expedition gehören, ein Tisch und zwei Bänke, sowie zwei einheimische Betten. Diese sind aus zwei Stangen gemacht, an denen mit Lianen ungefähr 30 Latten befestigt sind, die mehr oder weniger krummen Spalierstangen ähneln, über die man eine geflochtene Matte ausbreitet, und eine Decke, sofern man eine hat. Das ist alles andere als weich und doch schläft man darauf.

Gerade bringt mir mein *boy* mein Essen, das luxuriöser ausfällt, als ich zu hoffen wagte; vier Gänge: Maniok, Bananen, geröstete Pistazien und eine Ananas.

Ich habe Dir, glaube ich, noch keine vollständige Aufzählung der »Plagen Afrikas«, dieser unsichtbaren Begleiter der unglückseligen Forschungsreisenden gegeben:

1. Die Mücken: Sie sind hier überall, wie bei uns in den Sümpfen. Glücklicherweise ist das Mückennetz auch bei den

Schwarzen bekannt und dient dazu, sich wenigstens in der Nacht ihrer Angriffe zu erwehren, vorausgesetzt natürlich, dass Du beim Herrichten von Bett und Mückennetz besondere Sorgfalt walten lässt.

2. Die »Furu«, kleine, fast unsichtbare Mücken, die einen morgens und abends verfolgen und sich überall verstecken, ohne dass man sie hören oder sehen könnte. Ihr Stich, der dem der Mücke ähnelt, macht einen fast wahnsinnig. Man kann sich vor ihr nur retten, indem man sich in eine einheimische Hütte flüchtet, wo Feuer und Rauch sie verjagen.

3. Die Kopfhautringelflechte und die Flöhe, die unvermeidlich sind, wenn man mit den Schwarzen im Kontakt steht.

Gerade behandle ich an mir erste Anzeichen von Krätze, die aber schon wieder abklingt ...

4. Der »Chic«, der tropische Sandfloh[95], eine der schrecklichsten Geißeln sowohl für die Weißen wie für die Schwarzen. Im Normalzustand gleicht er einem kleinen Floh und springt auch so, aber er bohrt sich in die Haut, insbesondere unter die Fußnägel. Wenn man ihn nicht vollständig entfernt, wird er erbsengroß und legt Eier, die zu Wunden führen. Die Wunden werden zu Nestern für diese winzigen Tiere, die einem schließlich die Fußsohle zerfressen, was den Schwarzen oft widerfährt, die zu träge sind, um sich, wie wir alle, morgens und abends zu pflegen. Gleichwohl ist die Socke ein vollständiger Schutz, aber man kann in diesen Ländern nicht immer welche tragen. Jeden Abend nach dem Gang in die Dörfer pult man sich 15 oder 20 Stück heraus. Hinzu kommt, dass in wunden Füßen jeder entfernte Sandfloh eine eiternde Stelle hinterlässt.

Dieses winzige Tier ist vor zehn oder zwölf Jahren aus Mexiko nach Gabun eingeschleppt worden (vielleicht über die Sklavenschiffe) und hat sich in diesem Land mit einer

95 *Tunga penetrans* oder *Sarcopsylla penetrans.*

unglaublichen Geschwindigkeit verbreitet. Anfangs, als es noch unbekannt war, forderte es wegen der unbehandelbaren Wunden und Pusteln Menschenleben. Die natürliche Folge davon ist, dass man hierzulande seine Füße ständig in den Händen hat.

5. Die »Crocros«[96] – Achtung, *Crocro*-Angriffe! Was ist das? Wie kommt es dazu? Wie heilt man sie? Ich glaube, das kann niemand sagen. Tatsache ist, dass sie die Fußknöchel, die Beine und manchmal auch die Lenden zieren. Es bildet sich zuerst eine kleine Blase, daneben bildet sich eine zweite, die dann aufbricht und Wunden und Krusten bildet, bis eines Tages alles heil und trocken ist, aber zu anderen Wunden und Krusten geführt hat.

Wenn man sie behandelt, bleiben diese Wunden oberflächlich und schmerzen nur wenig. Was aber auf die Dauer unerträglich wird, ist, dass man sich überall mit Verbänden umwickeln, die Haut mit Karbolsäure abwaschen, sich zwei- bis dreimal am Tag mit Stärke einpudern muss und immer wunde Beine und Füße hat.

So weiß man, wenn man zu einem mehrtägigen Marsch aufbricht, buchstäblich nicht, ob die Beine einen tragen werden, denn erwartungsgemäß werden sie anschwellen, ihre Wunden suppen, und sie werden höllisch schmerzen. Natürlich bricht man hierzulande deshalb nicht ab, aber es ist ungemein lästig, eine Wanderung als Invalide zu bestreiten. Die starken und sanguinischen Temperamente sind am anfälligsten für den *Crocro*.

---

96 Onchozerose, auch »Craw-craw« oder »Crow-crow« genannt (wahrscheinlich eine Umschreibung des vom Juckreiz der Hautsymptomatik ausgelösten Kratzens, die aus dem in Südafrika gesprochenen Holländischen kommt, in dem Kratzen »kraauwen« hieß). Die Onchozerose ist eine chronische Krankheit, die durch einen Fadenwurm, *Onchocerca volvulus*, verursacht wird. In 10 % der Fälle wird schließlich auch das Auge beschädigt, es kommt zur sogenannten Flussblindheit. Überträger der Wurmlarven sind Kriebelmücken.

Er befällt vor allem Neuankömmlinge, mich zum Beispiel, der ich alle dafür nötigen Eigenschaften besitze. Und obendrein artet jede kleine Verletzung an den Händen und Füßen, jede kleine Abschürfung in *Crocro* aus, und acht oder zehn Tage später darf man sich über eine hübsche Wunde wundern.

6. Das Fieber erscheint zwar als das größte Übel, fällt vielleicht jedoch am wenigsten zur Last. Es geht seinen Gang, und dann lässt es einen ohne Nachwirkungen für eine Weile frei. Im Übrigen gewöhnt man sich daran, wie an alles.

7. Giftschlangen, Tausendfüßler, Skorpione, Spinnen usw., usf. Auch wenn das Land voll von solch wenig sympathischen Tieren ist, sind Bisse und Stiche selten.

Nimm noch die roten Ameisen hinzu, die bisweilen nachts die Hütte heimsuchen, sodass man aufspringt und hüpfend woanders Zuflucht suchen muss.

Jetzt ist die Aufzählung der sieben Plagen Afrikas beendet, und ich verabschiede mich in mein »weiches Federbett«, um von diesem wenig anstrengenden Tag auszuruhen.

Gute Nacht, ein andermal dann die Folge.

A. P.

Brief XV

8. März 1884

Gestern Vormittag ist Pierre de Brazza mit der Schaluppe und dem Mechaniker fortgefahren, um eine Tagesreise von hier eine große Piroge zu kaufen; ich glaube, es werden vier oder fünf Tage vergehen, bevor er wieder zurück ist. So bin ich hier allein mit meinem *boy* und einem Schwarzen; du kannst Dir ausmalen, wie vergnüglich das ist.

Seit ich hier bin, habe ich von Anfang bis Ende mitsamt den Anzeigenseiten die zwölf Zeitungspakete durchgelesen, die ich neulich erhalten habe, wie auch ein anderes Paket mit Zeitungen, das mir Brazza geschickt hatte. Unter anderen schönen Neuigkeiten fand ich die vom Tod Pierres und seines Bruders Giacomo. Einerseits lache ich über all diese Geschichten, und andererseits habe ich mir gesagt, wie dumm es ist, derlei Nachrichten in die Zeitungen zu setzen, nur um eine Neuigkeit in der Welt zu verbreiten, ohne daran zu denken, dass Afrika-Erforscher eine Mutter und eine Familie haben.

Ich schreibe Dir auf einer Matte sitzend, auf dem Fußboden, umringt von ungefähr 20 Apfourou, die mir staunend zusehen, wie ich meine Feder in einen Pappbecher tauche, der mir als Tintenfass dient, und dann diese Linien ziehe.

Sie verstehen, dass die Weißen ihre Worte auf das Papier zu bringen wissen.

Überall entlang der Alima findet man weiterhin Apfourou-Lager; manche sind sogar echte alte Dörfer.

Ich habe zwei ganze Tage gearbeitet, um mir ein Kostüm anzufertigen, einen prächtigen Anzug aus weißer, reichgemusterter Cretonne, den ich gerade trage. Er besteht aus einem Hemd mit sehr weiten Ärmeln im senegalesischen Stil, einem Paar marokkanischer Sandalen sowie einer türkischen Hose: ein echtes Pierrot-Kostüm, in dem ich aussehe, als wäre ich einem Mummenschanz entflohen.

Ich habe in Franceville ganze Kisten voll mit europäischer Kleidung, aber seit ich im Landesinneren bin, trage ich nur helle Kleidung aus Cambrai-Leinen vom eben beschriebenen Zuschnitt. Ich finde das bequemer, kühler und, was noch besser ist, hygienischer als die vorgeschriebenen Stoffe, die wie die großen Bauchbinden aus Wolle sind. Mit meinem System habe ich je weder Erkältung noch Durchfall noch Kolik bekommen, und deshalb ziehe ich es weiterhin der klassischen Kleidung vor, bei der man sich die Seele aus dem Leib schwitzt.

Bei meiner Ankunft in Afrika habe ich anfangs geglaubt, man könne sich hier unmöglich bewegen, ohne mindestens ein Paar Revolver im Gürtel stecken zu haben. Und für ebenso unmöglich hielt ich es, sich unbewaffnet inmitten eines wilden Stammes aufzuhalten. Seit nunmehr acht oder neun Monaten ruhen die Revolver auf dem Grund meiner Truhe und ich streune von Dorf zu Dorf, ohne mich auch nur ihres Daseins zu erinnern.

Anderntags, als ich auf der Jagd war und die Nacht mich überraschte, kam ich von meinem Weg ab und schlief in einem Dorf, auf das ich unterwegs stieß. Es kam mir überhaupt nicht in den Sinn, mein Gewehr durchzuladen, ehe ich mich schlafen legte. Es gibt keine friedlicheren Leute als diese Wilden, wenn man sie gut zu nehmen weiß.

Kaum war ich, so gegen acht Uhr abends, in dem Dorf angekommen, machte ich mich daran, einen von den Pharaonen zu rupfen, die ich geschossen hatte, ihn auf einen Spieß zu ziehen und schließlich zu braten.[97]

Während ich am Werk war, begannen die Einheimischen, die bei meiner Ankunft alle entsetzt geflüchtet waren, sich mir anzunähern, und als der Pharao durchgebraten war, gab ich ein Viertel dem Oberhaupt, ein Viertel einer Frau, die einen Säugling in den Armen hielt, ein Viertel behielt ich für mich, und den Rest verteilte ich an die Ärmsten. Das genügte, um sie allesamt hinsichtlich meiner Absichten zu beruhigen und uns anzufreunden.

97 Mit dem »Pharao« könnte entweder der Wüstenuhu oder der Pharaonenuhu (*Bubo ascalaphus*) gemeint sein, den es jedoch eigentlich so weit südlich nicht gibt, oder, wahrscheinlicher, das Helmperlhuhn, *Numida meleagris marungensis,* auch »Pharaonenhuhn« (poule du pharaon) genannt. Dieses ist im Kongobecken heimisch.

In dem Kostüm sehe ich aus, als wäre ich einem Mummenschanz entflohen.

Danach brachte mir das Oberhaupt Matten und Maniok. Ich habe seelenruhig geschlafen und am nächsten Morgen ließ ich mich vom Oberhaupt zu unserem Lager geleiten, wo ich ihm seinen Maniok bezahlte und einen Spiegel schenkte, der ihn zum glücklichsten Mann auf Erden machte.

A. P.

Brief von Giacomo di Brazzà

Gancin, 19. Februar 1884

Ich lebe, ich esse und ich habe Kleidung. Ich fange meinen Brief deshalb so an, weil Freund Ballay, bei dem ich am 14. dieses Monats ankam, und ich uns fest, sehr fest umarmt haben, als wären wir auferstanden. Vor Kurzem nämlich hatte ein Engländer Ballay die Nachricht überbracht, dass Giacomo di Brazzà, vulgo Jacques, tot sei. Alles in allem geht es mir bestens und seit einer guten Weile habe ich auch kein Fieber mehr.

Ich bin von Diélé am Zweiten dieses Monats abgereist und kam am 14. abends zu später Stunde bei Ballay an. Die Reise über die Alima und auch die über den Kongo stand unter einem glücklichen Stern. Alle Einwohnerschaften, denen ich begegnet bin, haben mich aufs Herzlichste empfangen.

Am Oberlauf der Alima folgt ein Dorf oder Lager der Apfourou dem nächsten. Eine unglaubliche Zahl von Maniokkörben türmt sich an den Ufern aufgereiht, man zählt sie zu Hunderten. Auf der gesamten Abfahrt begegnete ich hoch mit Maniok beladenen Pirogen der Apfourou und leeren Pirogen, die neue Körbe aufnahmen.

Unerklärlich bleibt mir allerdings, wieso diese unermessliche Menge von Maniok, der am Oberlauf der Alima gesammelt wurde und den Fluss hinabfährt, verschwindet, bevor sie den Kongo erreicht. Wohin fließt dieser enorme Maniokstrom, der nicht bis zum Kongo gelangt? Das frage ich mich.

Nun ist im Grunde die Mündung der Alima ein riesiger, von tausend und abertausend Wasserläufen durchzogener Sumpf.

Wenn man die Region der Alima, in der die Maniokkörbe hergestellt und gefüllt werden, verlässt, werden die Ufer sumpfiger, die Dörfer kleiner, und die Hütten stehen auf Inseln, die kaum größer sind als die Hütten selbst. Es sind kleine Landzungen, die der Mensch mit Steinen gegen die bewegten Wasser verteidigt. Auf diesen kleinen Landzungen wachsen Bananenstauden, Mais und ein paar Maniokpflanzen.

Ich habe in diesen Hütten auf dem See eine Menge Kochtöpfe, Teller und Näpfe für Fischer gesehen, da der Fischfang sehr ergiebig ist.

Was ich bei der Ankunft an der Mündung der Alima empfand, vielmehr an einer ihrer Mündungen (ich glaube, es gibt drei oder vier) in der Nähe des Kongo, ist mit Worten nicht zu fassen. Es ist, ohne jede Übertreibung, etwas Großartiges, Unermessliches, Irrsinniges, der Kongo ist ein riesiger See, mit etlichen Inseln übersät, zwischen denen man nichts als Himmel und Wasser sieht.

Wahre Herden von Flusspferden versperren oft die Durchfahrt, ich habe sie in Gruppen zu 50 gesehen. Manchmal landet das Heck der Piroge auf einem der Tiere in der Herde, dann führt mein Gewehr das Wort. Einmal habe ich drei an einem Tag getötet, und zwei davon waren wirklich kolossal. Man muss ihnen in den Kopf schießen, wenn man sie erlegen will. Eines habe ich mit einer einzigen Kugel zwischen Auge und Ohr getötet, das andere wurde ungefähr zwei fingerbreit neben dem Ohr getroffen. Obwohl das Geschoss mehr als vier Zentimeter tief in den Kopf eingedrungen war, kämpfte das Tier noch, und erst zwei weitere Kugeln, die ich an dieselbe Stelle, aber auf der anderen Seite, setzte, haben den Dickhäuter erledigt, der auf einer Sandbank zusammenbrach.

Doch lassen wir die Jagd beiseite, die hier reich an wilden Büffeln, Elefanten und Flusspferden ist, auch Leoparden sind nicht selten. Ein Leopard hatte eine Ziegenkeule gestohlen, die ein Mann in eine Decke eingewickelt unter sein Bett gelegt hatte. Er wurde vor meiner Ankunft mit einer Gewehrfalle getötet, die darin bestand, dass an der Mündung des Gewehrs ein Huhn angebunden war. Am folgenden Tag wurde mit demselben System ein anderer riesiger Leopard in der Station von Stanley getötet, die genau gegenüber am anderen Ufer liegt.

Hier am Kongoufer ist das Leben so angenehm wie nirgends sonst, man meint, am Meer zu sein. Für die Sammlungen und die Studien ist es ein wahres Paradies.

Der Handel ist hier äußerst seltsam. Die Einheimischen kommen, um mit kleinen Barren oder Stangen (Messingdraht von ungefähr 60 Zentimetern Länge und einem halben Zentimeter Durchmesser) Stoff zu kaufen. Ein Stück ist drei, fünf oder 10 kleine Barren wert.

Sie kaufen mit diesen kleinen Barren auch Essen: Maniok, Hühner, Ziegen, Zuckerrohrwein (*malafou*), ein köstliches Getränk. Wenn sie direkt mit den Stoffen einkaufen wollten, würden sie gewaltige Verluste machen, deswegen tauscht man den Stoff erst gegen Messingdraht.

Ich habe noch nie solche Trunkenbolde unter den Einheimischen gesehen wie hier. Sie saufen wirklich wie ein Loch, zu 20 oder 30 um ein riesiges Tongefäß von der Größe und Form eines Ölfasses versammelt (hier und da habe ich welche gesehen, die waren einen Meter hoch), und dann trinken sie, bis das Gefäß leer ist und sie sternhagelvoll.

Diese Einheimischen sind reiche Memmen, aber voller Hochmut.[98]

98 Diesen Brief schrieb Giacomo wahrscheinlich an seine Herkunftsfamilie. Der Adressat ist in der Ausgabe von Ney nicht genannt.

Die Hütte von Giacomo di Brazzà und Attilio Pecile.

Glossar

Begriffe

Anthropophagie Berichte über kulinarische Anthropophagie, d. h. den tabulosen Verzehr von Menschenfleisch aus Hunger oder Geschmacksgründen, sind bisher ohne entscheidende Belege geblieben. Belegt ist Anthropophagie für viele Kulturen aber im Rahmen von Begräbnisritualen, im religiösen, rituellen Kontext, als Dominanzgeste und in extremen Notlagen. Auf Menschenfleisch liegt in allen Gesellschaften ein Tabu, aber Machtstreben verbunden mit einer magischen Vorstellungswelt ist ein mächtiger Grund, es zu brechen. Bis heute werden Ritualmorde begangen, um die Körperteile der Ermordeten dann zur Steigerung der eigenen Kraft zu essen. Für Europa selbst sind bis ins 19. Jahrhundert verbreitete Praktiken der medizinischen Anthropophagie bekannt, d. h. das Essen von Teilen des menschlichen Körpers in der Hoffnung auf Heilung. Trotz dieser eigenen Praktiken war im europäischen Selbstbild die Anthropophagie ein Schrecken, der nur am Rande der bekannten Welt zu lauern schien.

Féticheur Das aus dem Portugiesischen stammende Wort *feitiço* (von lat.: *factitius*, »künstlich, nachgemacht«) wurde von portugiesischen Händlern in den westafrikanischen Kontext übertragen und beschrieb dann die in medizinischen, magischen, rituellen oder religiösen Praktiken wirkmächtigen Gegenstände. Lange Zeit wurde der Begriff Fetisch innerhalb der europäischen Kultur nur auf das Andere, Fremde angewandt, obwohl man auch Heiligenbilder, Reliquien usw. als Fetisch bezeichnen könnte. Dem Begriff haftet die koloniale und pauschale Abwertung der verschiedenen Praktiken als rückständiger Aberglaube an. Zur Kritik des Begriffs Fetisch vgl.: Susan Arndt u. Nadja Ofuatey-Alazard (Hg.), Wie Rassismus aus Wörtern spricht. (K)Erben des Kolonialismus im Wissensarchiv deutsche Sprache. Ein kritisches Nachschlagewerk, Münster, Unrast Verlag, 2011, S. 634.

Kannibalismus Anthropophagie ist die ältere Bezeichnung. Brazza verwendet beide. Christoph Kolumbus traf 1492 Einwohner einer Karibikinsel, die von ihren Nachbarn behaupteten, Menschenfresser zu sein. Diese Nachbarn nannten sie »Caniba«. Aus diesen Berichten und denen von Kolumbus entwickelte sich die Begriffe Kannibalismus und Kannibale.

Krouboys Alternativ Krowmen, Krumen, Krooboys. Ursprünglich die Sprechergruppe der Kraoh oder Krumen, die entlang der Küste von Liberia und der Elfenbeinküste lebte. Sie sind eine Untergruppe der Grebo. Im Inland Liberias gibt es eine verwandte Gruppe der Kru-Leute. Der Küstenabschnitt, an dem sie leben, heißt Kru, alternativ Krow oder Kroo. Laut Catherine Coquery-Vidrovitch wurden vor allem junge Männer dieser Gruppe als Sklaven genutzt. Sie wurden von Portugiesen und Franzosen lange Zeit über zumeist in Liberia gekauft. Die ersten Monatslöhne der Männer gingen an die Sklavenhändler. Später rekrutierten die Franzosen junge Männer der Gegend zwangsweise für ein Jahr und verpflichteten sie in den Handelsniederlassungen von Gabun gegen sehr schlechte Bezahlung zu schwerer körperlicher Arbeit. Krowmen und Krowboys wurden, so Coquery-Vidrovitch, von den Weißen, insbesondere von Portugiesen, mit einer unglaublichen Grausamkeit und Brutalität behandelt. Bezahlt wurden sie mit Stoffen, billigem Fusel und Tabak. Der Einsatz fern von ihren Heimatländern machte die Krouboys wehrlos gegenüber Ausbeutung und Misshandlung. Brazza versucht, diese Tradition der Zwangsarbeit abzumildern durch den Einsatz von korrekter bezahlten und behandelten Einheimischen. Es gelang ihm, Einheimische einzusetzen, aber die Arbeitsbedingungen waren desaströs. Kroumen arbeiteten auch auf den Schiffen europäischer Sklavenhändler.
Die Bezeichnung Krouboy oder Krowmen dehnte sich dann auch über die ursprünglichen Kru-Leute aus auf alle, die von der Küste rekrutiert wurden oder anheuerten. Vgl. Coquery-Vidrovitch, Catherine (Hg.), Brazza et la prise de possession du Congo 1883–1885. La mission de l'Ouest africain. Documents pour servir a l'histoire de l'Afrique Equatoriale Française, Ed. Mouton, École pratique des Hautes Études, Paris 1969, S. 36, 356.

Laptot In der westafrikanischen Sprache Wolof heißt Laptot Seemann. So wurden in Frankreich die westafrikanischen Matrosen der Marine genannt. Laptots wurden wie die Kroumen mehr zwangsrekrutiert, als dass sie sich freiwillig gemeldet hätten. Sie wurden für zwei Jahre verpflichtet und wurden zumeist zur Sicherung und Wartung der Posten eingesetzt.

Mohammedanisch Der veraltete Ausdruck »mohammedanisch« ist insofern problematisch, als er in Parallele zum Christentum suggeriert, dass der Prophet Mohammed angebetet wird. Das aber ist nicht der Fall. Aus diesem Grund lehnen viele Muslime diese Bezeichnung ab.

Oberhaupt Brazza verwendet durchgehend »chef«, das im Französischen ein sehr viel breiteres Bedeutungsspektrum hat als das, was man heute im Deutschen unter einem Chef versteht. Chef bezeichnet ursprünglich das Haupt, lateinisch *caput*, und davon abgeleitet etliche Arten von leitenden, verantwortlichen Positionen. Um die Unbestimmtheit dieses Begriffes anklingen zu lassen, haben wir uns für die durchgängige Übersetzung mit Oberhaupt entschieden, ein- oder zweimal auch Leiter. Das als »chef« bezeichnete Oberhaupt kann in Brazzas Text ein König eines mehr oder weniger großen Reiches sein oder auch das Oberhaupt einer großen regionalen Gruppe oder eines kleinen Dorfes. Das politische System einer Machtkonzentration in den Händen einer Person (monarchisch) oder einer Reihe von Personen (oligarchisch) unterschied sich in seiner afrikanischen Erscheinungsweise von den in Europa bekannten Systemen hauptsächlich durch die geringere Größe der Machtbereiche und Anzahl der Untertanen, eine wenig ausdifferenzierte Verwaltung, geringere Zentralisierung und eine andere Aufteilung von weltlicher und religiöser Macht.

Palabre Das französische Wort *palabre*, eingedeutscht Palaver, kommt vom spanischen *palabra* (»Rede, Wort«) und stammt laut dem *Trésor de la Langue Française Informatisé* von afrikanischen Händlern, die erst mit den Spaniern und später mit den Franzosen kommunizierten. Da die Verständigung zwischen Europäern und Afrikanern durch Dolmetschen und langwieriges Klären von Missverständnissen verlangsamt wurde, erhielt es den abwertenden Beigeschmack eines langen Geredes. »Tatsächlich jedoch«, erklärt Tierno Bah, »hat das Konzept des *palabre* in den traditionellen afrikanischen Gesellschaften, wo verschiedene, angemessenere Ausdrücke dafür verwendet werden, eine ganz andere Bedeutung. So sprechen etwa die Bamiléké von *Tsang*, das ›die Geister besänftigen‹ (*pouhotrim*) soll. Als Organisationsrahmen für Beratungen, das Einholen verschiedener Ansichten, das friedliche Austragen von Meinungsverschiedenheiten und den Einsatz verschiedener Schlichtungsmechanismen ist die *palabre* jahrhundertelang die spezifische Form der Konfliktlösung in Afrika gewesen. Dieses Grundelement afrikanischer Gesellschaften ist Ausdruck einer lebendigen Friedenskultur.« Vgl. Tierno Bah, Les mécanismes traditionnels de prévention et de résolution des conflits en Afrique noire, in: Edouard

Matoko (Hg.), Les fondements endogènes d'une culture de la paix en Afrique: Mécanismes traditionnels de prévention et de résolution de conflits, UNESCO, Paris 1999 (ohne Seitenzahlen).

Primitiv Im kolonialen Kontext ein Begriff, der einen radikalen Gegensatz zum »Zivilisierten« aufbaut. Der Begriff wird fast immer abwertend verwendet und impliziert, dass es höher oder weiter Entwickeltes gibt oder einen angemessenen Stand, der noch nicht erreicht ist oder einen alten Stand, den diejenigen, die zählen, schon hinter sich gelassen haben. Das Wort zieht eine Grenze und setzt auf Distanz, sodass das so Bezeichnete unmöglich als das Eigene, die eigene Vergangenheit, gar Gegenwart oder Zukunft, als die eigene Verhaltensweise, Kultur etc. oder als eine Variante davon verstanden werden kann.

Schwarze Frz. *les noirs*. Im damaligen Sprachgebrauch waren »africain« und »noir« eher neutrale beschreibende Begriffe. Dagegen war das Wort »nègre« deutlich rassistisch konnotiert. Brazza verwendet es für die damalige Zeit bemerkenswert selten.

Stamm Frz. *tribu*, engl. *tribe*, ist, wie auch der modernere Begriff der »Ethnie«, ein problematischer Begriff, der biologische und außergeschichtliche Vorstellungen aufruft und die sozialen und kulturellen Aspekte der kollektiven Identität verdeckt. Im Allgemeinen werden diese Begriffe nur auf außereuropäische Bevölkerungsgruppen angewandt. Der Stammesbegriff im Sinne eines biologisch bestimmten »Volksstamms« hat wissenschaftlich keine Grundlage. Was so bezeichnet wird, sind meist auf der Basis der gemeinsamen Sprache und kulturellen Praktiken geeinte, historisch gewachsene Gesellschaften mit komplexen kulturellen und politischen Strukturen. Für eine Verwendung des Begriffs spricht allerdings, dass er eine eigenständige, bis heute existierende politische und soziale Organisationsform von Gesellschaften benennt und dass es keine naheliegende, den historischen Text nicht verfälschende alternative Übersetzung gibt. Zur Kritik beider Konzepte vgl. Susan Arndt u. Nadja Ofuatey-Alazard, a. a. O., S. 631ff. und 696ff.

Wild Frz. *sauvage*. Wie »primitiv« wird »wild« im kolonialen Kontext abgrenzend, abwertend, in Distanz setzend und polarisierend eingesetzt. Im Hintergrund steht unausgesprochen eine Norm des Menschlichen, aus der das Wilde ausgegrenzt wird. So entfernt aus der menschlichen Ordnung wird es in die Nähe des Tiers gerückt. Wilden wird der Schutz des Rechts verweigert, das für Menschen gilt. Das Wilde wird zum Anderen des »Zivilisierten«. Während das »Zivilisierte« eine Zeit und eine Geschichte hat, ist das »Wilde« als geschichtslos und kulturlos konstruiert. Vgl. Arndt, Ofuatey-Alazard, a. a. O., S. 678.

Zivilisiert Aus der sich selbst zugeschriebenen Zivilisiertheit leiteten Europäer das Recht ab, über andere, denen Zivilisation abgesprochen wurde, zu herrschen. Die Selbstzuschreibung »zivilisiert« braucht als Gegensatz das Unzivilisierte, Barbarische, Primitive, Wilde. Zur Kritik des Begriffs Vgl. Arndt, Ofuatey-Alazard, a. a. O., S. 677ff.

Einige der Sprachen und Sprechergruppen

Fast alle Namen von einheimischen Bevölkerungsgruppen, die in diesem Text erwähnt werden, bezeichnen Niger-Kongo-Sprachen bzw. deren Dialekte. Es gibt weit über 1000 Niger-Kongo-Sprachen. Die größte Untergruppe sind Bantu-Sprachen, eine andere hier vorkommende große Gruppe sind die Adamawa-Ubangi-Sprachen. Große Untergruppen der hier vorkommenden Bantu-Sprachen sind Teke-Sprachen und Fang-Sprachen.
Für all diese Sprachen und Dialekte und damit auch für die gleichnamige Bevölkerungsgruppe gibt es neben der im Text auftauchenden Schreibweise Alternativen, die ebenso gültig und zum Teil heute geläufiger sind. Sie sind im Folgenden aufgeführt, um Interessierten eine eventuell weiteführende Recherche zu erleichtern.
Manche der Namen bezeichnen in Brazzas Text zugleich auch eine Gegend.

Aboma Alternativ auch Boma, Bamboma. Eine Teke-Sprache, auch Teke-Eboo genannt. Teke-Eboo ist die Sprache der Herrscher des alten Teke-Königreiches.

Achicouya Alternativ u. a. Achikuya, Chikuya, Kukuya, Kukuwa, Kikuwa etc. Eine Teke-Sprache.

Aduma Alternativ u. a. Adouma, Badouma, Duma, Liduma. Die Duma-Sprache ist eine Bantu-Sprache und wird in Gabun gesprochen. Wie Awandji eine Untergruppe der Nzebi-Gruppe. Aduma leben südlich von Latoursville bei den Doumé-Wasserfällen des Ogowé. Sie sind Experten im Bau und im Steuern der Einbäume.

Anghié Bewohner der Ufer des Likouala.

Apfourou Alternativ u. a. Afourou, Bafourou. Ein Name, der sich so nur in diesem Text findet. Etwas häufiger schon findet sich Bafourou, aber meist mit Bezug auf den Bericht Brazzas. Brazza selbst klärt im zweiten Teil, d. h. im Bericht zur zweiten Mission, darüber auf, dass die Apfourou Ubangi sind. Brazza nennt sie auch die Ubanko Ubangi und in einem Brief über die »piroguiers« des Kongo schreibt er: »Die Abanhos heißen Oubangui apfuru-acuru-ngogiu-mu« (Brief vom 05.09.1880). Die Apfourou gehören zur Gruppe der Ubangi, die im ausgehenden 17. Jahrhundert vom Fluss Ubangi in Richtung Alima migriert sind und dort in Konflikte mit den Bateke gerieten. Seit dem 20. Jahrhundert ist ein gängiger Name für die hier angesprochene Gruppe »Likouba«.

Apingi Alternativ u. a. Pinzi, Apindje, Apindzi, Gapinji, etc. Eine Bantu-Sprache.

Avumbo Alternativ auch Bawumbu, Woumbou. Eine Gruppe am Oberlauf von Ogowé und Ngounié im Südosten Gabuns.

Awandji Alternativ u. a. Wandji, Bawandji, Wanzi. Eine Bantu-Sprache, verwandt mit Aduma, beide sind eine Untergruppe von Nzebi.

Bakalai Alternativ u. a. Akele, Akelle, Kélé, Dikele, Kili, Bakale, Bongom. Der zeitgenössische deutsch-österreichische Forscher Oskar Lenz, dem Brazza bei dieser Mission auch begegnet, schreibt: »Ich erwähne hier, dass Akelle der richtige Name für dieses Volk ist und ich es überall so aussprechen hörte. Mit dem Ausdruck Bakelle, wie ich früher schrieb, wird ein einzelner Mann dieses Stammes bezeichnet, während Akelle die Mehrzahl ist. Ebenso verhält es sich mit Adumba und Badumba, Abongo und Babongo etc. Der jedenfalls von den Franzosen gegebene Name Bakalai hat gar keine Berechtigung.« (Oskar Lenz, Reise auf dem Okande in Westafrika. Bericht an den Vorstand der deutschen afrikanischen Gesellschaft in Berlin, in: *Zeitschrift der Gesellschaft für Erdkunde zu Berlin*, 1875, Bd. 10, S. 236–265, dort S. 238) Was die Namen der Sprachen in Gabun und im ehemaligen französischen Kongo angeht, findet sich allerdings beides: Die Sprache Duma z. B. wird alternativ auch »Aduma« und »Baduma« genannt, die Sprache Kaninigi wird alternativ auch »Bakaningi« genannt, Ndumu auch »Bandoumou«, aber Pinji wird alternativ auch »Apinji« genannt. Für die Kélé-Sprache findet sich Akele als Alternative, aber nicht Bakele.

Bakanike Alternativ u. a. Bakaningi, Kanigui, Bakani. Sprecher im Südosten Gabuns.

Bantu Bantu bedeutet in vielen Sprachen vor allem im südlichen Afrika »Mensch«. Es war der deutsche Linguist Wilhelm Bleek, der dieses Wort benutzte, um diese größte Niger-Kongo-Sprachgruppe zu bezeichnen. Bantusprecher haben sich nicht selbst als Bantu bezeichnet, empfinden sich nicht als Nation oder Volk. Um die 400 Untergruppen gehören zu den Bantusprachen. Bantu-Sprechergruppen sind vor mehr als 3500 Jahren auf verschiedenen Wegen vom Nil-Tal in das Kongobecken migriert.

Bateke Alternativ Teke, Téké, Batéké, Tio. Die Teke-Sprachfamilie ist eine große Untergruppe der Bantu-Sprachen. Teke wird u. a. im westlichen Kongobecken, im Gebiet zwischen dem Oberlauf des Ogowé und dem Kongo, auf dem Bateke-Plateau und rund um Brazzaville und den Malebo-Pool gesprochen. Unter den Bantu-Gruppen sind die Teke die, die schon am längsten im Kongobecken leben, sie erreichten das Bateke-Plateau schon 1400 v. Chr. Schon damals kannten sie die Eisenverarbeitung. Die Teke gründeten ein Königreich, das mit dem Kongo-Reich rivalisierte und das einst bis in das Mündungsgebiet des Kongos reichte. Erst später wurden sie von den Kongo und den Mbosi verdrängt und zogen sich in die Region des Plateaus zurück.

Bassoundi Die Sprache ist Suundi, alternativ u. a. Kisuundi. Gehört zur Kikongo-Sprachgruppe.

Fang Alternativ u. a. Fan, Pamue, Pahouin. Eine Untergruppe der Beti-Pahouin Sprache. Eine Sprechergruppe, die viele andere verdrängt hat und ein Drittel der Bevölkerung in Gabun stellt.

Galoa Alternativ u. a. Galwa, Galois. Eine Myene-Sprache.

Inenga Alternativ u. a. Enenga. Eine Myene-Sprache.

Indumbo Alternativ u. a. Ndumu, Lindumu, Mindumbu, Bandumu, Ondumbo. Eine Bantusprache. Sprecher leben u. a. am oberen Ogowé.

Mbamba Alternativ u. a. auch Ombamba, Mbama. Eine Bantusprache.

Mbete Alternativ u. a. Mbere, Mbede. Eine große Sprachgruppe, Untergruppen Ambete, Bambete, Umbete, Bamba, Obamba. Die Sprache Mbete gehört zu den Bantu-Sprachen und ist im Grenzgebiet zwischen dem Ogowé-Becken und dem Kongobecken verbreitet.

Moboco Alternativ u. a. Mboko, Mboxo oder Mbuku. Sprache der großen Mboshi-(Mbosi-)Sprachgruppe, die ihrerseits zu den Bantu-Sprachen gehört.

Mpangwe Alternativ u. a. Pangwe, Mpongwe, Mpongue, Gabun. Mpangwe ist wie Galwa und Inenga eine Untergruppe der Myene-Sprache. Mpangwe kamen wahrscheinlich im 16. Jahrhundert an die Küste. Im 19. Jahrhundert war eine ihrer Einkommensquellen der Sklavenhandel. Sie wurden von den Fang verdrängt.

Obamba Alternativ auch Bamba, Mbama. Untergruppe der Sprache Mbete. S. auch Umbete. Wird in der Gegend des oberen Ogowé gesprochen.

Odimbo Alternativ auch Odumbo.

Okanda Alternativ u. a. Kande, Kanda, Okandé. Kande ist eine Bantusprache, verbreitet in der Booué-Gegend und weiter am Unterlauf des Ogowé. Die Okanda waren Brazzas erste Ruderer.

Okota Alternativ u. a. Kota, Ikota, Ikuta, Kotu. Selbstbezeichnung: Kotakota. Untergruppe der Kelesprache. Eine Bantu-Sprache der Ogowé-Ivindo- und der Sangha-Gegend.

Ossyeba Alternativ u. a. Oshyeba, Osheba, Chiwa, Shiwa, Fang Makina. Eine Untergruppe der Bantu-Sprachgruppe. Chiwa-Sprecher leben auf der Höhe der Booué-Wasserfälle. Die Okanda nennen sie »Ossyeba«, Europäer nannten sie »Fang Makina«.

Shake Alternativ u. a. Sake, Chake, Asake. Eine Untergruppe der Kota-Sprache.

Shékiani Alternativ u. a. Seki, Beseki, Shékiani, Sekiani. Eine kleine Gruppe an der Bucht von Gabun.

Ubangi Alternativ u. a. Oubanghi, Boubangui, Babangi, Bubangi oder Bobangi. Bei Brazza einmal auch als Obemghi. Ubangi ist keine Bantu-Sprache, sondern eine eigene Sprachgruppe mit vielen verschiedenen dazugehörenden Sprachen. Ubangi-Sprachen werden entlang der rechtsseitigen Kongozuflüsse Ubangi, Sangha und Likouala gesprochen.

Umbete Alternativ zu Mbete (s. o.).

Udumbo Alternativ u. a. Ndumu, Dumbu, Ondumbo, Bandoumou, Lendumu. Eine Sprache, die am Oberlauf des Ogowé gesprochen wird, westlich von Franceville.

Einige Flüsse und Orte

Benué Auch Bénoué, Binoué. Brazza schreibt im Text der dritten Mission »Benné«. Der Benué ist der größte Zufluss des Niger. Er fließt in Ost-West-Richtung und sein Becken liegt im Norden des heutigen Kamerun, also sehr weit nördlich von den Gebieten im mittleren Kongo und Gabun, die Brazza in seinen drei Missionen hauptsächlich erkundet hat. In der dritten Mission soll eine Expeditionsgruppe das Benué-Becken und seine Verbindung zum östlich gelegenen Tschad erkunden.

Djué Alternativ Djoué. Mündet auf der Höhe des Malebo-Pools und von Brazzaville rechtsseitig in den Kongo. An der Mündung gibt es einen gleichnamigen Ort. Der Name des Flusses taucht in den Berliner Absprachen zwischen Frankreich und Leopold II. als Grenzfluss auf und im Text Brazzas als Name eines Dampfschiffes.

Diélé Alternativ Dziélé. Einer der Flüsse, aus denen die Alima entsteht. Es gibt auch einen gleichnamigen Ort in der Nähe des Flusses.

Doumé Die Doumé-Wasserfälle des Ogowé liegen zwischen Latoursville und Franceville unterhalb des Zuflusses der Sébé.

Kouilou-Niari Der größte Fluss des nördlichen Kongogebietes und der heutigen Republik Kongo. Der Fluss ist 700 Kilometer lang, fließt vom Kongo-Plateau bis zum Atlantik und heißt im mittleren Teil Niari, im Unterlauf Kouilou. In seiner vierten Mission verfolgt Brazza das Projekt, das Flusstal für eine Eisenbahnstrecke von der Küste nach Brazzaville zu nutzen.

Lebai Ngoko Ein Zufluss des Likouala-Mossaka, der beide Namen trägt, Lebai und Ngoko. Nicht zu verwechseln mit einem anderen Ngoko-Fluss viel weiter nördlich, an der heutigen Grenze zu Kamerun, der ein Zufluss der Sangha ist. Brazza spricht von dem Gebiet Lebai Ngoko, das von den Umbete bewohnt sei.

Lebai Ocoua Alternativ Lebai Okwa. Bazza beschreibt den Fluss als 50 Kilometer südlich des Äquators fließend und als von den Okande bewohnt. Der Name soll »Salzfluss« bedeuten. In der beschriebenen

Gegend befindet sich der Oberlauf eines Zuflusses des Likouala, der Lebango, der mit der Licona zusammenfließt. Weiter flussabwärts gibt es heute einen Ort mit dem Namen »Makoua«. Ein Fluss Lebai Okoua (oder Lebai Okwa, Schreibweise eines Historikers) findet sich ansonsten nicht. Auf einer Karte von 1886, die das von Brazza durchquerte Territorium gemäß seines damaligen Wissensstandes zeigt, ist der Fluss dort eingezeichnet, wo der Lebango fließt.

Lefini Rechtsseitiger Zufluss des Kongo. Mündet oberhalb des Malebo-Pools, in der Nähe von Mbé, der Resizenz des Makoko, und unterhalb der Alima.

Lékélé Laut Brazza ein Zufluss des Ogowé. Unter den Hauptzuflüssen des Ogowé findet sich nach heutiger Nennung kein Fluss mit diesem Namen. Es gibt die ähnlich klingenden Zuflüsse Lekedi, Lekoni, Letili.

Lékéti Ein Zufluss der Alima. Von der Konfluenz mit der Alima an ist diese das ganze Jahr über schiffbar. In der Nähe liegt ein gleichnamiger Ort, am linken Ufer der Alima, westlich von Okoyo.

Lekoni Auch Leconi, Lékoni, ein rechtsseitiger, zwischen den Flüssen Sebe und Passa gelegener Zufluss des Ogowé, der weit oben im Bateke-Plateau entspringt. Es gibt ebenfalls einen Ort dieses Namens am gleichnamigen Fluss, weit oben am Oberlauf, auf der Höhe von Franceville.

Libumbay Alternativ Lebombi, Lemboumbi. Heutige Verwaltungsregion: Lemboumbi-Leyou. Wie Brazza vermutet, handelt es sich um einen linksseitigen Zufluss des Ogowé.

Licona Alternativ u. a. Lekona. Oberlauf eines rechtsseitigen Zuflusses des Kongo, der heute Likouala-Mossaka heißt.

Licona-Nkundja Es gab damals tatsächlich die Licona-Nkunja, die heute im Oberlauf Licona, und im unteren Bereich Likouala-Mossaka heißt. Wenn Brazza in dem Text zur dritten Mission von der Erkundung der Mossaka durch Dolisie berichet, handelt es sich um denselben Fluss mit all diesen Namen: Licona, Licouala, Mossaka, Kounya, Nkundja. Der Fluss ist als Licona-Nkundja in den 1885 auf die Kongo-Akte folgenden Abmachungen zwischen Frankreich und König Leopold II. erwähnt und Frankreich wird darin dessen gesamtes Becken zugesprochen.

Loudima Die Loudima fließt ungefähr 150 Kilometer vom Meer entfernt parallel zur Atlantikküste und mündet in den Niari. Zwischen Fluss und Küste liegt das alte Loango-Reich. Es gibt einen Ort namens Loudima ungefähr auf der Hälfte des direkten Weges zwischen der Küste und Brazzaville. Er liegt auf der »Straße der Karawanen«, die Brazza in der dritten Mission begann auszubauen und die der alten Wegstrecke der Elfenbein- und Sklavenhändler folgte. Sie wurde zum fast ausschließlich genutzten Transportweg für die Station Brazzaville und verlief im Wesentlichen entlang des Niari. Die heutige Nationalstraße Nr. 1 der Republik Kongo hat zum Teil noch denselben Verlauf.

Maschogo Bei Brazza auch Mashogo, Maciogo. Eigentlich Masuku. Dorf am Zusammenfluss von Ogowé und Passa. Hier schlug die Expedition bei der ersten Mission ein Hauptquartier auf und bei der zweiten gründete Brazza hier Francheville, später Franceville. Seit 1980 heißt Franceville auch Masuku.

Mossaka Auch Moussaka. Ein rechtsseitiger Zufluss des Kongo, zwischen der Alima und dem Ubangi. Heute heißt er »Likouala-Mossaka«. Mossaka ist auch ein bis heute wichtiger Fischerort auf einer gleichnamigen Insel an der Mündung des Flusses.

N'coni. Es handelt sich sehr wahrscheinlich um den Lekoni (s. dort).

Ogowé Alternativ auch Ogooué, Ogoué, Ogowe, damals auch Okande, Okandé oder Okanda. Robert Bruce Napoleon Walker, ein englischer Händler, der lange in Gabun lebte und ein Zeitgenosse Brazzas war, schrieb über den Ogowé in einem Brief von 1874, der in der damals renommierten Fachzeitung *Petermann's Mittheilungen* veröffenlicht wurde: »Der Name des Ogowe oder Okanda scheint, wenigstens an Ort und Stelle, mit den Stämmen zu wechseln, welche seine Ufer bewohnen. So heisst er im Okota- oder Bokota-Lande Orembo Okota oder Oremb'Okota; weiterhin Oremb'Apingi (...), dann weiter hinauf Oremb'Okanda; der nächstfolgende Stamm nennt ihn wahrscheinlich Oremb'Otyebo und so fort, doch ist er allgemein unter dem Namen Okanda oder Ogowe bekannt. Orembô bezeichnet Fluss (Plural Itembô), daher der Irrthum, den Fernand Vaz Rembo zu nennen, wie die Eingeborenen gewöhnlich sagen: mi keuda g'orembô, ich gehe zum Fluss.« (Brief vom 27.10.1874, *Petermann's Mittheilungen*, 1875, Bd. 21, S. 112–113, dort S. 112)

Passa Heute geläufiger Mpassa. Oberster rechtsseitiger Hauptzufluss des Ogowé. Der Oberlauf der Passa liegt in der Nähe des Oberlaufs eines der Ursprungsflüsse der Alima.

Poubara Wasserfälle in der Nähe der Konfluenz von Passa und Ogowé. Heute gibt es hier einen Staudamm.

Sangha Auch Sanga, Brazza schreibt hier im Text der dritten Mission ungewöhnlicherweise »Shanga«. Ein bedeutender rechtsseitiger Zufluss des Kongo, der weit nach Norden führt.

Ubangi-Nkundja Brazza berichtet von einem Fluss dieses Namens. Dieser ist eine pure Erfindung, mit der Brazza sich die Möglichkeit offenhalten will, das rechte Ufer des Ubangi für Frankreich zu reklamieren, indem er so tut, als wäre die Licona-Nkundja mit dem Ubangi identisch. Mit diesem groben Manöver gelingt es Brazza in den folgenden Jahren tatsächlich, die französische Kongogrenze bis an das rechte Ubangiufer auszudehnen. Die von Brazza im Bericht der dritten Mission behauptete Erkundung des Oberlaufes des Ubangi hat jedenfalls zu diesem Zeitpunkt nicht stattgefunden.

Gegenden und alte Reiche

Bornu, in französischen zeitgenössischen Quellen auch Birnie oder Bornou, bei Brazza Bimié, war ein altes Reich auf der Höhe des Tschadsees.

Loango war zwischen dem 16. und dem 19. Jahrhundert ein als Monarchie organisierter Staat, der mit den Beschlüssen der Berliner Kongo-Konferenz unterging. Das Territorium erstreckte sich entlang der Atlantikküste, nördlich des heutigen Cabinda.

Urega, auch Bulega, ist ein Gebiet weit östlich im Landesinneren zwischen dem Lualaba-Fluss und den Kivu- und Tanganyika-Seen.

Wadai Ein altes, damals unabhängiges Reich im Osten des heutigen Tschad, im Wadai-Massiv (frz. Ouadaï, Ouddaï, Wadaï, Brazza schreibt einmal auch Uadat), an der Transsahara-Route. Das Wadai liegt im Osten der Großlandschaft Sudan, von der Brazza im vierten Kapitel der ersten Mission spricht und die ein riesiges Gebiet vom heutigen Mali bis hinunter ins Kongobecken umfasst.

Verwaltungseinheiten

Westliches Afrika Dieser Ausdruck taucht in dem offiziellen Titel der dritten Mission auf: Mission Westliches Afrika. Er ist eine vorübergehende Verwaltungsbezeichnung für das »Protektorats«-Gebiet des heutigen Gabun und der heutigen Republik Kongo, das erst 1885/86 in den Status einer Kolonie überführt wurde. Nicht zu verwechseln mit der späteren föderalen Zusammenfassung von acht französischen Kolonien unter dem Namen »L'Afrique-Occidentale française« (A.-O. F.) oder »das Westliche Französisch-Afrika«. Diese Verwaltungseinheit existierte von 1895 bis 1958 und umfasste Mauretanien, Senegal, den frz. Sudan (heute Mali), Guinea, Elfenbeinküste, Niger, Obervolta (heute Burkina Faso), Togo und Dahomey (heute Benin).

Französisch-Äquatorialafrika L'Afrique-Équatoriale française (A.-É.F.). Verwaltungsbegriff, den es von 1910 bis 1958 gab. Die hier zusammengefassten Länder erstreckten sich im Norden von der Sahara bis zum rechten Kongoufer im Süden und vom Atlantik im Westen bis zu den Darfur-Bergen im Osten. Das ist recht genau das Gebiet, das Brazza in den Jahren seiner ersten drei Missionen für Frankreich annektierte. Es umfasst die damalige Verwaltungseinheit »Moyen-Congo« (mittlerer Kongo) – die dem heutigen Gabun und der heutigen Republik Kongo (Französisch-Kongo) entsprach – sowie den heutigen Tschad und die heutige Zentralafrikanische Republik, deren Gebiet damals »Ubangi-Chari« genannt wurde. Hauptstadt von Französisch-Äquatorialafrika war Brazzaville.

Senegambia Das Gebiet der Flussbecken von Senegal und Gambia, um das seit dem 17. Jahrhundert Großbritannien und Frankreich rivalisierten. Die Hoheitsrechte wechselten hin und her. Eine Zeitlang britische Kolonie, Teil von Britisch-Westafrika.

Gesellschaften

Internationale Afrika-Gesellschaft Die 1876 vom belgischen König Leopold II. gegründete Gesellschaft diente offiziell der Koordinierung von humanitären und wissenschaftlichen Projekten in Afrika. Tatsächlich ging es um die Sicherung des Zugriffs auf Land und Rohstoffe im Kongo.

Komitee zur Erforschung des oberen Kongo (Comité d'études du Haut-Congo) Auf Initiative von Leopold II. im November 1878 gegründete Nachfolgeorganisation der 1876 gegründeten Internationalen Afrika-Gesellschaft. Zuerst waren am Komitee Investoren verschiedener europäischer Länder beteiligt. Es ging um die weitere Finanzierung der Expedition von Henry Morton Stanley. Durch den Rückzug von Investoren ging dieses Komitee 1882 bankrott, bestand als Organisation aber noch zwei Jahre lang auf dem Papier.

Internationale Kongo-Gesellschaft König Leopold II. hatte diese Organisation schon im November 1879 gegründet. 1884 ließ er dann das Komitee zur Erforschung des oberen Kongo in der neuen Gesellschaft aufgehen. Die Internationale Kongo-Gesellschaft wurde auf der Afrika-Konferenz in Berlin als Souverän über das durch Stanley für Leopold II. beanspruchte riesige Terrain der heutigen Demokratischen Republik Kongo anerkannt.

Bibliographie

Texte, die unter dem Namen von Pierre Savorgnan de Brazza erschienen sind

Erste Mission

Zusammen mit Noël Ballay, Expédition sur les cours supérieurs de l'Ogooué, de l'Alima et de la Licona, in: *Bulletin de la Société de Géographie de Paris* 1879, S. 113–114.

Voyages dans l'Ouest africain, in: *Le Tour du Monde*, 2. Jahreshälfte 1887, S. 289–336 und in: *Le Tour du Monde,* 2. Jahreshälfte 1888, S. 1–64. Zusammen als Monographie, Hg. *Le Tour du Monde*, Paris 1887. (digital: www.gallica.bnf.fr)

Dieser Text wurde vom Ghostwriter Jules-Léon Dutreuil de Rhins geschrieben und erzählt nur die erste Reise.

Zweite Mission

Conférence de M. Savorgnan de Brazza, Société de Géographie de Paris: La France au Congo, in: *La Revue scientifique de la France et de l'Étranger*, Troisième série, Tome 4, Juli 1882 – Januar 1883, dort S. 1–10. (digital: www.gallica.bnf.fr).

Conférence donné à la Sorbonne le 23 juin 1882, Compte Rendu des Séances de la Société de Géographie, 13, 1882, S. 277–300.

Erste und zweite Mission

Eine Reihe von Berichten und Briefen wurde abgedruckt unter dem Titel: Voyages d'exploration de M. Brazza: Ogooué et Congo, in: *Révue Maritime et Coloniale* Nr. 69, 1883, S. 509–564, Nr. 77, S. 175–207 und S. 670–691; Nr. 78, S. 379–415.

Dritte Mission

»L'occupation du Congo«, conférence donné à la Société de Géographie, 21.1.1886, Compte Rendu des Séances de la Société de Géographie, 2 und 3, 1886, S. 49–85. Publikation als Mongraphie unter dem Titel: Expose présenté par M. P. Savorgnan de Brazza, dans la séance générale extraordinaire de la Société de Géographie, tenue au Cirque d'hiver, le 21 janvier 1886, Hg. Société de géographie (Paris) Paris 1886 (digital verfügbar: gallica.bnf.fr und Print on Demand: ReInk Books, 2014).

Geschichtswissenschaftliche Bücher zu seinen Missionen

Brunschwig, Henri (Hg.), Brazza explorateur. L'Ogooué (1875–1879), Mouton & Co, École pratique des Hautes Études, Paris, 1966.

Brunschwig, Henri (Hg.), Les cahiers de Brazza, 1880–1882, Cahiers d'Études Africaines, Nr. 22, 1966, S. 157–227.

Brunschwig, Henri (Hg.), Brazza explorateur. Les traités Makoko (1880–1882), Mouton & Co, École pratique des Hautes Études, Paris, 1972.

Coquery-Vidrovitch, Catherine (Hg.), Brazza et la prise de possession du Congo 1883–1885. La mission de l'Ouest africain. Documents pour servir à l'histoire de l'Afrique Equatoriale Française, Ed. Mouton, École pratique des Hautes Études, Paris 1969.

Coquery-Vidrovitch, Catherine (Hg.), Commission Lanessan, Le Rapport Brazza. Mission d'enquête du Congo. Rapport et documents (1905–1907), Vorwort von Catherine Coquery-Vidrovitch, Le Passager clandestin, Neuvy-en-Champagne 2014.

Dion, Isabelle, Pierre Savorgnan de Brazza. Au cœur du Congo, Collection Histoires d'outre-mer, Archives Nationales d'Outre-Mer / Images en Manœuvres Éditions, 2007.

Rabut, Elisabeth, Brazza commissaire général, le Congo français 1886–1897, Éditions de l'École des Hautes Études en Sciences Sociales, Paris, 1989.

Geschichts- und sprachwissenschaftliche Bücher zum Kontext

Arndt, Susan und **Ofuatey-Alazard, Nadja** (Hg.), Wie Rassismus aus Wörtern spricht. (K)Erben des Kolonialismus im Wissensarchiv deutsche Sprache. Ein kritisches Nachschlagewerk, Münster, Unrast Verlag, 2011.

Citron, Suzanne, Le Mythe National. L'histoire de France revisitée, Les Éditions de L'Atelier, Paris 2008.

Le Cour Grandmaison, Olivier, La République impériale. Politique et racisme d'État, Ed. Fayard, Paris 2009.

Hochschild, Adam, Schatten über dem Kongo. Die Geschichte eines der großen, fast vergessenen Menschheitsverbrechen, Klett-Cotta, Stuttgart 2000.

Manceron, Gilles, Marianne et les colonies. Une introduction à l'histoire coloniale de la France, Édition La Découverte, Paris 2003.

Matoko, Edouard (Hg.), Les fondements endogènes d'une culture de la paix en Afrique: Mécanismes traditionnels de prévention et de résolution de conflits, UNESCO, Paris 1999.

Osterhammel, Jürgen, Die Verwandlung der Welt. Eine Geschichte des 19. Jahrhunderts, Beck Verlag, München 2009.

Pakenham, Thomas, Der kauernde Löwe. Die Kolonialisierung Afrikas 1876–1912, Econ-Verlag, Düsseldorf u. A., 1993.

Biographien (eine Auswahl)

Autin, Jean, Pierre Savorgnan de Brazza, Ed. Perrin, Paris 1985.

Deville, Patrick, Äquatoria. Auf den Spuren von Pierre Savorgnan de Brazza. bilgerverlag, Zürich 2013.

Petringa, Maria, Brazzà, A Life for Africa. AuthorHouse, Bloomington 2006.

Pucci, Idanna, Brazza in Congo: A Life and Legacy, Umbrage Editions, New York 2009.

West, Richard, Brazza of the Congo, Verlag Jonathan Cape, 1962.

Dokumentarfilm

Clemente Biccochi, Africa Nera Marmo Bianco, 2012.

Webseite

http://www.brazza.culture.fr – offizielle und reich bebilderte Webseite des französischen Kultur-und Kommunikationsministeriums sowie des Staatsarchivs für Dokumente, die die ehemaligen überseeischen Territorien und Kolonien betreffen (Archives Nationales d'Outre-Mer). Französische und englische Fassung.

Informationen zu Sprachen und Sprechweisen

Hubert Deschamps: Traditions orales et archives au Gabon. Berger-Levrault, Paris 1962.

http://www.linguistics.berkeley.edu/~jblowe/CBOLD/Lgs/LgsbyGN.html – Liste von Bantu-Sprachen. Angesehen am 08.09.2016.

http://www.muturzikin.com/cartesafrique/11.htm – Eine Karte, die die Gebiete der Sprachgruppen von Kongo, Gabun und Äquatorial-Guinea verzeichnet. Angesehen am 08.09.2016.

Alle Abbildungen bis auf das Frontispiz-Portrait stammen aus der Ausgabe Pierre Savorgnan de Brazza, Conférences et lettres de P. Savorgnan de Brazza sur ses trois explorations dans l'ouest Africain de 1875 à 1886 (Paris: Maurice Dreyfous, 1887).

Bibliografische Information der Deutschen Nationalbibliothek
Die Deutsche Nationalbibliothek verzeichnet diese Publikation in der Deutschen Nationalbibliografie; detaillierte bibliografische Daten sind im Internet über http://dnb.d-nb.de abrufbar.

Der Text wurde übersetzt nach der Ausgabe: Pierre Savorgnan de Brazza, Conférences et lettres de P. Savorgnan de Brazza sur ses trois explorations dans l'ouest Africain de 1875 à 1886 (Paris: Maurice Dreyfous, 1887).
Covergestaltung: Karina Bertagnolli, Wiesbaden
Bildnachweis Cover: Départ de Lembaréné. Holzstich von F. Méaulle nach Zeichnung von E. Riou. © akg-images / François Guénet. Vor- und Nachsatzkarten: BnF, ark:/12148/btv1b530810827 und ark:/12148/btv1b77591129. Frontispiz: BnF, ark:/12148/btv1b53097853v
Der Titel wurde in der Adobe Garamond gesetzt.
Gesamtherstellung: CPI books GmbH, Leck – Germany

ISBN: 978-3-7374-0029-9

www.verlagshaus-roemerweg.de

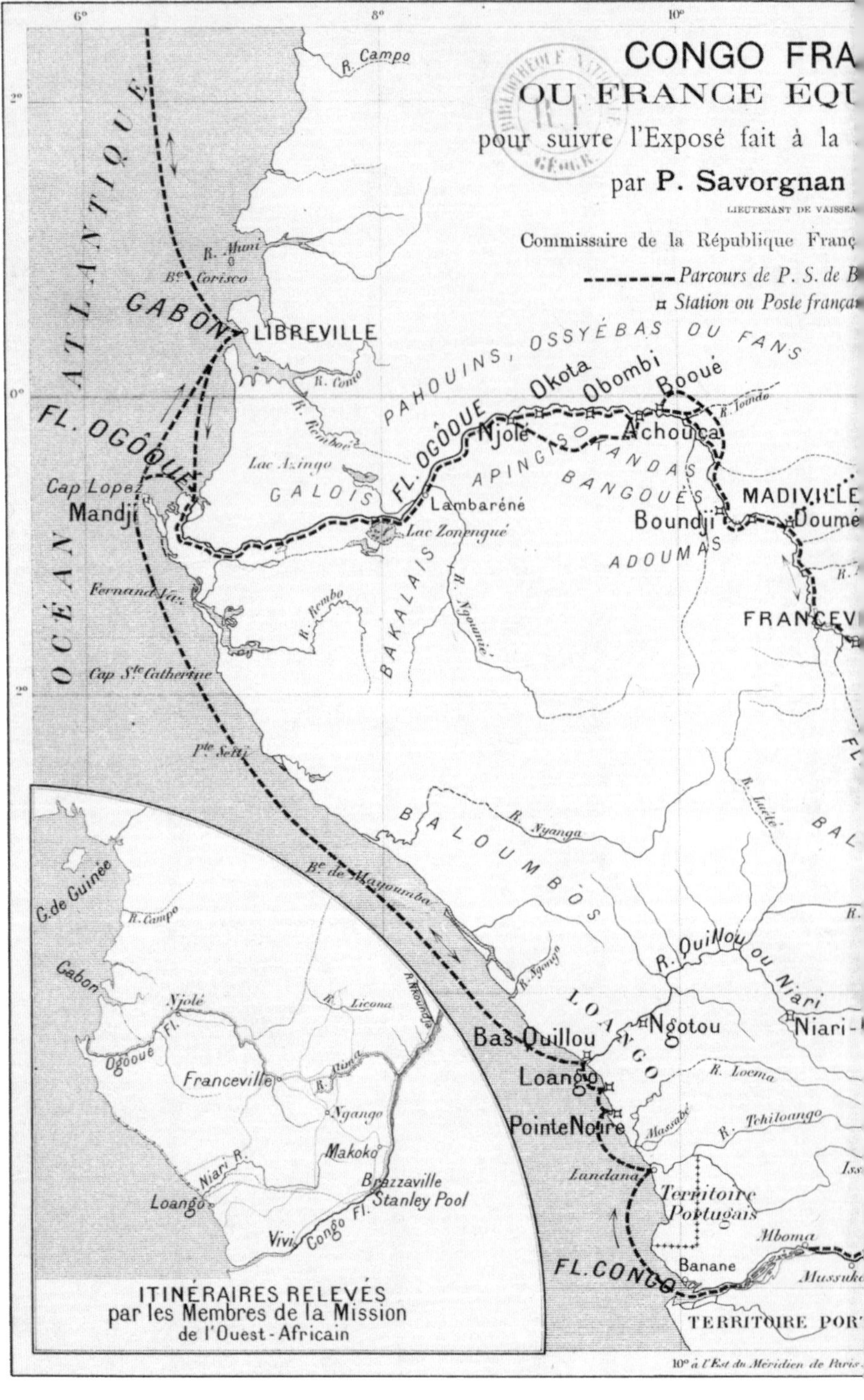
CONGO FRA
OU FRANCE ÉQU
pour suivre l'Exposé fait à la
par P. Savorgnan
LIEUTENANT DE VAISSEA
Commissaire de la République Franç
Parcours de P. S. de B
Station ou Poste françai
OCÉAN ATLANTIQUE
GABON
LIBREVILLE
FL. OGÔOUÉ
Cap Lopez
Mandji
R. Campo
R. Muni
Be Corisco
R. Como
Lac Azingo
GALOIS
PAHOUINS, OSSYÉBAS OU FANS
Okota
Obombi
Booué
Njolé
Achouca
APINGIS
OKANDAS
BANGOUÉS
ADOUMAS
Lambaréné
Lac Zonengué
MADIVILLE
Boundji
Doumé
FRANCEVI
BAKALAIS
R. Rembo
R. Ngounié
Fernand Vaz
Cap Ste Catherine
Pte Setti
BALOUMBOS
R. Nyanga
Be de Mayoumba
R. Ngongo
LOANGO
R. Quillou ou Niari
Ngotou
Niari-
Bas Quillou
Loango
PointeNoire
R. Loema
R. Tchiloango
Massabé
Landana
Territoire Portugais
Mboma
Mussuke
Banane
FL.CONGO
TERRITOIRE POR
10° à l'Est du Méridien de Paris
6°
8°
10°
2°
0°
2°
ITINÉRAIRES RELEVÉS
par les Membres de la Mission
de l'Ouest-Africain
C. de Guinée
R. Campo
Gabon
Njolé
Ogooué Fl.
R. Licona
R. Nkounja
Franceville
R. Alima
Ngango
Makoko
Niari R.
Loango
Brazzaville
Stanley Pool
Vivi
Congo Fl.